1.ª edición: mayo 2008
1.ª reimpresión: julio 2008

© Capítulo publicado originalmente en *Un cuerpo para toda una vida*,
   Txumari Alfaro, 2007
© Ediciones B, S. A., 2008
   para el sello Zeta Bolsillo
   Bailén, 84 - 08009 Barcelona (España)
   www.edicionesb.com

Printed in Spain
ISBN: 978-84-9872-097-6
Depósito legal: B. 39.230-2008

Impreso por LIBERDÚPLEX, S.L.U.
Ctra. BV 2249 Km 7,4 Polígono Torrentfondo
08791 - Sant Llorenç d'Hortons (Barcelona)

MEDICINA EN LA COCINA
Soluciones naturales para tu salud

TXUMARI ALFARO

BOLSILLO
ZETA

Txumari Alfaro, viajero incansable, ha recorrido todo el mundo, siempre con el fin de recopilar la sabiduría popular referida a remedios naturles para la salud. Suele decir que se considera un notario del pasado que no desea que se pierda una riqueza y una parte más de la cultura tan importante como es la antropología de la medicina popular y los remedios naturales. Podemos asegurar que en esta obra se recogen remedios de todas partes del mundo y de multitud de culturas diferentes. Remedios que consideramos nuestros por ser cotidianos y que en gran parte fueron traídos por los conquistadores. Asiduo conferenciante en España y América, escribe en periódicos y revistas siempre acerca de temas relacionados con los remedios populares. Su pasión por ellos lo llevó a doctorarse en Iridología, Naturopatía y Acupuntura, cursando estudios en Francia, Estados Unidos, Canadá y España.

PRÓLOGO

Medicina en la cocina reproduce la última parte de *Un cuerpo para toda una vida,* que publiqué en Ediciones B en noviembre de 2007. Aquel libro era el resultado de una pregunta que se me ha hecho de forma frecuente en las conferencias que vengo realizando habitualmente alrededor de España y otros países, como Argentina, México, Uruguay y Estados Unidos. La pregunta era: ¿dónde podemos encontrar o en qué libro podemos tener recopilado todo cuanto nos dice y enseña en sus conferencias?

Si en *Un cuerpo para toda una vida* recogía una por una todas mis experiencias adquiridas por todo el planeta, en el campo de la salud natural y la medicina biológica, y en él les brindaba todo cuanto sé, en *Medicina en la cocina* ofrezco al lector las respuestas y soluciones a las dolencias más habituales, en fichas alfabéticas y escritas en un lenguaje llano, como a mí se me explicó, entendí y asumí. Todo lo que se dice lo he experimentado personalmente o gracias a la consulta en la cual llevo más de veinticinco años atendiendo a mis pacientes.

Como en *Un cuerpo para toda una vida,* al lector le diré que este libro, *Medicina en la cocina,* no tendría sentido si, en el año 1990, no se hubiesen cruzado en mi camino la Medicina Biológica, la Macrobiótica y la Nueva Medicina. Todo esto cambió mi visión de la vida, de la enfermedad y de la alimentación.

Os sugiero que, tras consultar *Medicina en la cocina,* os adentréis también en la lectura de la primera parte de *Un cuerpo para toda una vida* y descubráis, como yo en su día, una serie de cosas básicas pero hermosas. Gracias a ellas mi vida dio un giro de 180 grados, por eso os sugiero que leáis lo que os digo y luego reflexionéis, pero no me hagáis caso: sólo pretendo que os pique la curiosidad, que os lleve a investigar, a averiguar por vosotros mismos, para que estéis en posesión del conocimiento, para poder hacer lo que hacíais hasta ahora o tomar la opción que os propongo, porque solamente el conocimiento os hará libres.

Con ello sabréis, por ejemplo, por qué ciertos alimentos tienen relación con los problemas de nuestro intestino o nuestra dentadura; qué significado tiene el cansancio y cuál es su relación con las toxinas, qué son éstas y cómo eliminarlas para no desarrollar una enfermedad; la importancia del «terreno» (es decir, de tu cuerpo), cómo mantenerlo a punto, como hacemos con nuestro automóvil, para que no nos dé problemas cuando se enciendan las alarmas; cómo envejecer en buena forma, qué factores internos y sociables aceleran este proceso y cómo, cambiando nuestra alimentación, es posible conseguir mantenernos sanos. Y no sólo esto, sino que se rejuvenece. En definitiva, que obtengáis una mejor visión de qué es tener salud.

Os dejo, sin más preámbulos, con la lectura de *Medicina en la cocina,* un libro de consulta obligada para todo aquel que quiera encontrar respuestas a las quejas de nuestro cuerpo.

TXUMARI ALFARO

[ÁCIDO ÚRICO]

¿QUÉ ES?

Es un derivado de las proteínas que contienen los alimentos. En concreto el ácido úrico es un producto residual que se produce en nuestro cuerpo después de utilizar las proteínas, presentes sobre todo en las carnes, algunas verduras como las legumbres, casi todos los pescados, etc. Cuando nuestras células «comen» las proteínas forman ácido úrico y lo eliminan enviándolo a la sangre y, más tarde, cuando la sangre se «limpia» en los riñones, es desechado con la orina (en la práctica una parte de su color amarillo característico se debe a la presencia de ácido úrico en ella). Si aumenta en exceso la cantidad de ácido úrico presente en la sangre, hablamos de hiperuricemia, y esta situación hace que se acumule en las articulaciones de mayor movimiento (dedos, codos, muñecas, hombros) y forme pequeños cristales que irritan diversas zonas como los cartílagos articulares, la membrana sinovial de las articulaciones, produciendo molestias y diversas enfermedades.

TRATAMIENTO Y PREVENCIÓN

› *Disminuir el consumo de alimentos ricos en proteínas.*
La mejor prevención del exceso de ácido úrico se basa en una buena alimentación en la que debemos limitar el consumo de ciertas verduras (las que tienen oxalatos como las espinacas, acelgas, ruibarbos, berza, col), de la mayor parte de las carnes (vísceras, salchichas, caldos de carne), mariscos, alcohol, setas, algunos pescados azules y legumbres

(soja). La carne, mariscos, levadura de cerveza y setas son ricos en purinas, un tipo de proteína que da lugar al ácido úrico.

> **Alimentos ricos en litio.** Debemos potenciar el consumo de alimentos ricos en litio (aguas minerales ricas en litio, cereales, verduras, frutos secos, plátano…) y alimentos con potasio (frijoles, nueces, calabazas, zanahoria, patata, melaza negra, germen de trigo, almendras, dátiles, aguacates), ya que el primero disuelve las purinas y el potasio las expulsa fuera del organismo. La sandía y el plátano son alimentos buenos para reducir el ácido úrico ya que ambos contienen litio y potasio, además la sandía es la fruta que más limpia la sangre y que más nos ayuda a la hora de eliminar líquidos.

> **Puerros, perejil y apio.** Podemos elaborar un sencillo remedio cociendo media docena de puerros, un apio mediano, un ramillete de perejil y un litro de agua. Para su elaboración cortaremos las raíces de los puerros y junto con el apio y el perejil las introduciremos en un litro de agua caliente que herviremos durante cinco minutos. Después colamos el líquido y lo tomamos a sorbos durante el día, a lo largo de nueve jornadas. Los puerros, el perejil y el apio poseen un notable efecto diurético y ayudan a formar grandes cantidades de orina con la que se elimina el ácido úrico sobrante. Además el apio colabora en la reducción del colesterol en la sangre.

> **Beber dos litros de agua al día.** Para ayudar al riñón a eliminar el exceso de ácido úrico es conveniente beber mucho, del orden de dos litros al día, y tomar bebidas ricas en vitamina C (zumos de frutas en general, sobre todo de naranja, manzana), así como tisanas o infusiones de escaramujo (estimula la función renal). En la comida debemos incluir muchas verduras (salvo las indicadas), así como cereales y huevos.

Sabías que...

La cantidad normal de ácido úrico en la sangre oscila entre 3 y 7 miligramos por cada 100 mililitros de sangre. Por encima de esa cifra pueden aparecer ya molestias, incluida la gota.

[ACNÉ]

¿QUÉ ES?

En la piel contamos con millones de pequeñas glándulas sebáceas que «sufren» mucho cuando se produce el acné. En la práctica el acné se caracteriza por la presencia de pequeños bultitos enrojecidos, acompañados o no de pus, que se aprecian en las zonas de la piel sobre todo expuestas al aire, como la cara y el cuello. También pueden aparecer en la espalda y pecho. Su origen hay que buscarlo en la obstrucción de las glándulas sebáceas de la piel, ya que, cuando su producción es elevada (elaboran una sustancia similar a la grasa o sebo), parte del material producido puede obstruir los canales de salida de la glándula y con ello aumentan de tamaño y facilitan la hinchazón (inflamación) e incluso la contaminación de esta zona con bacterias habituales de la piel (*estafilococo aureus*) y la aparición de pus. A partir de los 10 años, y durante la adolescencia, la actividad de las glándulas sebáceas es muy elevada (por efecto de las hormonas sexuales, sobre todo de los andrógenos), por lo que las posibilidades de padecer acné son mayores.

TRATAMIENTO

› *Buena higiene de la piel.* Es importante evitar la obstrucción de las glándulas y eliminar los pequeños tapones que se hayan producido lavando la cara, cuello y nuca por la mañana y por la noche, con abundante agua tibia y jabones suaves. A la hora del secado nunca debemos restregar la toalla sobre la piel, especialmente en el caso de la cara, sino que lo haremos mediante pequeños «toques» para evitar las irritaciones.

> **Peeling de sal marina y mascarilla de arcilla.** Se mezcla en un cuenco pequeño un puñado de sal marina y un poco de agua templada. Cuando se forme una pasta, se aplica sobre la cara con un suave masaje. Dejaremos que actúe un par de minutos y luego eliminaremos la pasta con la ayuda de una esponja. Seguidamente prepararemos una mascarilla de arcilla mezclando el zumo de un limón con una cucharada sopera de arcilla verde hasta formar una papilla. Ésta se aplica sobre la cara y se deja que actúe durante 15-20 minutos. Pasado este tiempo se retira con la ayuda del agua de cocción de las hojas externas de una cebolla. Dejaremos que se nos seque al aire. Se aplica este remedio una vez por semana. Aunque resulta un poco laborioso, es muy eficaz.

> **Ortiga.** Se realiza una infusión de ortiga con un litro de agua caliente (recién hervida) y dos puñados de ortiga fresca o seca. Para ello basta con mezclar los ingredientes, dejar reposar la mezcla 15 minutos, colar y guardar el líquido en una botella. Hay que beber el líquido a lo largo del día, un par de veces por semana, hasta notar cierta mejoría.

> **Cebolla y manteca de cerdo.** Se asa una cebolla mediana y cuando esté lista se trocea y se coloca sobre cada pedazo un poco de manteca de cerdo. Una vez que la manteca se ha deshecho se aplica sobre el grano o zona afectada. Se tapa y se sujeta con una venda durante unos minutos. Se puede repetir varios días si es necesario. La cebolla, por sus efectos antisépticos, limpia considerablemente la piel.

> **Salvado de trigo y clara de huevo.** Para eliminar el exceso de grasa, e incluso para prevenir su formación en el caso de pieles muy grasas, podemos utilizar un puñado de salvado de trigo y la clara de un huevo. Mezclaremos los ingredientes en un plato hondo y luego aplicaremos el resultado en la cara y otras zonas de piel afectadas. Se deja que actúe duran-

te 10 minutos y luego se retira con agua tibia. Podemos repetir el proceso 1 o 2 veces por semana. Con ello prevenimos también la formación de puntos negros.

› **Hipérico y aceite de oliva.** Si se prepara esta crema una vez al año nos servirá para evitar todo tipo de acné. Se introducen ramas de hipérico en flor (presentes sobre todo en junio y julio) en el interior de un frasco de cristal transparente junto con un litro de aceite de oliva virgen de primera presión en frío. Se expone la botella al sol durante unos días hasta que el contenido adquiera un tono rojo cobrizo, similar al del coñac. Cuando existan granos aplicaremos el líquido directamente sobre los mismos y éstos desaparecerán sin dejar marcas. Este remedio también resulta muy útil en caso de herpes.

› **Infusiones de pensamiento.** Se elabora cada día una infusión con una cucharada de flores y hojas secas o frescas de esta planta. Se toma la infusión siempre a la misma hora (mediodía, con la merienda, cena…). Esta planta incluye entre sus componentes una sustancia similar a la aspirina, con marcados efectos antiinflamatorios y equilibrantes de las glándulas sebáceas.

› **Lavados con hiedra.** Una vez al día lavaremos la cara con un líquido previamente elaborado hirviendo dos cucharadas de hojas secas de hiedra en una taza de agua. Se cuela el agua y luego, con la ayuda de un algodón o gasa, se aplica sobre la zona de piel afectada. En pocos días se notará la mejoría, ya que la hiedra reduce la producción de grasa en la piel.

› **Infusión de acedera y salvia.** Resulta muy útil en aquellos tipos de acné relacionados con la menstruación. Basta con calentar un litro de agua durante 10 minutos, al que previamente le hemos añadido una cucharada de cada una de las plantas secas. Filtramos el líquido y tomamos 3 tazas al día (desayuno, comida y cena). El momento ideal para utilizar este remedio es durante los 10 días previos a la menstruación, salvo para aquellas mujeres que padecen litiasis renal, en cuyo caso no deben seguirlo.

> **Botón de nácar.** Se introduce un botón de nácar en un vaso con zumo de limón y lo dejamos hasta que se disuelva el botón. El líquido resultante se aplica en los granos y se tapan con una tirita. Se debe repetir el proceso todos los días hasta que los granos desaparezcan.

> **Crema de tomate para espinillas y puntos negros.** Después de tomar unos vapores con manzanilla, cola de caballo y saúco (un puñado de estas plantas en 2 litros de agua), realizar un *peeling* de sal marina mezclada con aceite de germen de trigo. Posteriormente se aplica una mascarilla elaborada con tomate y arcilla. Para prepararla se coge el jugo de un tomate maduro y se mezcla con arcilla. Se extiende por todo el rostro y se mantiene durante una hora antes de acostarse. Después, se retira con abundante agua tibia.

Prevención

Hay que procurar llevar una alimentación equilibrada que incluya todo tipo de alimentos, sobre todo frutas y verduras, reducir las grasas (particularmente las de origen animal: embutidos, carnes, frituras, empanados, rebozados, mantequilla...). Dosificar la utilización de maquillajes, ya que con ello podemos facilitar el cierre de los poros de la piel. Una o dos veces por semana limpiaremos los poros de la piel con agua templada y un poco de jabón ácido. No se debe emplear nunca agua muy caliente o jabones con pH extremo (básicos o ácidos). Conviene aprovechar el sol y facilitar su incidencia sobre las zonas de piel afectadas (en lugar de mantenerse expuestos al sol, realizar paseos o actividades similares). Nunca jamás deben tocarse las zonas en cuestión, y menos aún tratar de eliminarlas con los dedos (lo único que haremos es aumentar su tamaño y facilitar la infección, amén de crear cicatrices futuras por un mayor daño en la piel). Conviene también seguir una dieta depurativa en cada cambio de estación para que la piel se limpie de toxinas.

Son muy convenientes el tratamiento con perlas de onagra y borraja, depurativos del hígado y suprimir lácteos.

Sabías que...

Recientes estudios certifican que, en contra de lo que se pensaba hasta ahora, alimentos como el chocolate y otros dulces no tienen apenas ninguna influencia sobre el acné, sobre todo si tienen un porcentaje elevado de cacao (70 % o más).

[ACÚFENOS O ZUMBIDO DE OÍDOS]

¿QUÉ SON?

Los acúfenos o zumbidos de los oídos representan ruidos anormales que sentimos en uno o ambos oídos y que tienen su origen en diferentes causas como taponamiento del conducto auditivo externo (va desde la oreja o pabellón auricular hasta el oído medio donde están los huesecillos: martillo, yunque y estribo), exposición a ruidos intensos (discotecas, música muy alta, martillos neumáticos en la calle, en el aeropuerto, etc.) o bien algunas enfermedades que afectan al oído medio y/o interno. Cuando duran algunos días conviene acudir al especialista para averiguar la causa que los produce y tratarlos de manera específica. En otros casos es suficiente con el siguiente tratamiento.

TRATAMIENTO

› *Aceite ótico.* Suele ser eficaz en caso de taponamientos del oído. Para preparar este aceite debemos reunir 100 gramos de aceite puro de oliva (primera presión en frío) o de almendras, 10 gramos de flores de gordolobo, 5 gramos de castañas de Indias, 2-3 gotas de aceite esencial de geranio o tomillo. En un frasco de cuello ancho ponemos las hierbas y vamos vertiendo el aceite ligeramente caliente y removiendo al mismo tiempo. Lo dejaremos al aire durante 3 semanas, abierto pero cubierto con una gasa y lo agitaremos todos los días. Pasado ese tiempo, procederemos a colar y añadiremos la esencia. Envasaremos en un frasco cuentagotas. Antiguamente se empleaba contra el dolor de oídos al ejercer un efecto antiinflamatorio. Además mejora la circulación debido a las castañas, por lo que está muy indicado en el zumbido de oídos sin diagnóstico claro. Se aplicarán 3 o 4 gotas en el oído al acostarse y otro tanto media hora antes de levantarse; ayuda a la acción del remedio la aplicación de calor ligero seco.

> *Infusión de girasol y limón.* Para elaborarla necesitamos un limón, tres cucharadas soperas de pipas de girasol y una cucharada de miel. En medio litro de agua caliente se echa el limón troceado, las tres cucharadas soperas de pipas de girasol peladas y la cucharada de miel. Se remueve todo constantemente durante 10 minutos, se cuela el líquido y se conserva en un recipiente hermético. Tomaremos dos vasos diarios durante 60 días. Además podemos añadir unas gotitas de zumo de cebolla en el oído afectado. Con este tipo de infusión facilitamos el bienestar de la faringe (tubo muscular situado detrás de las fosas nasales y de la boca) y con ello de la trompa de Eustaquio, pequeño tubo cartilaginoso que renueva el aire del oído medio.

Sabías que…

Las personas que viven en las ciudades tienen una mayor contaminación acústica en las calles como consecuencia del tráfico, los atascos, los sistemas de aire acondicionado, ventiladores, fábricas, etc. Esto hace que con el paso de los años y sobre todo en los lugares más concurridos, perdamos capacidad para oír sonidos de ciertas frecuencias e intensidades que nos obligan, sin querer, a hablar más alto de lo normal. En definitiva, los que vivimos en ciudades, con el paso de los años, oímos menos y gritamos más.

ADELGAZAR

¿QUÉ ES?

Alrededor del 60 % de las enfermedades crónicas que afectan a las personas adultas (infarto de miocardio, angina de pecho, diabetes, hipertensión arterial, algunos tipos de cáncer, artrosis, etc.) se relacionan con el sobrepeso y la obesidad. Es fundamental para nuestra salud situar el peso lo más cerca posible del ideal. Los kilos de más afectan de forma notable a las articulaciones, sistema cardiovascular, pulmones, huesos y músculos, hígado y vesícula biliar... Ahora bien, para acercarnos al peso ideal es indispensable cambiar, que no eliminar, algunas de nuestras costumbres y hábitos alimenticios en lugar de dedicar gran parte de nuestro tiempo y dinero a comprimidos, píldoras y aparatos varios que poco nos pueden ayudar. Te presentamos las reglas de oro para adelgazar con salud y de manera permanente (puedes conseguir más información en el capítulo de alimentación y en las secciones de dietas).

TRATAMIENTO Y PREVENCIÓN

› *Conocer el peso ideal.* Nuestro peso ideal podemos calcularlo con el llamado Índice de Masa Corporal o IMC. El IMC es igual a dividir el peso en kilos por la altura en metros y al cuadrado. El resultado nos dará un número que, si se sitúa entre 20 y 25, lo consideramos normal; entre 26 y 29, hay sobrepeso, y más de 30 significa obesidad. Por debajo de 20 hablamos de delgadez.

› **Ritmo de pérdida de peso.** El organismo debe acostumbrarse a la nueva situación y a la pérdida de peso. Por eso la pérdida debe ser «sin prisas, pero sin pausa». El ritmo ideal de pérdida de peso es 4-5 kilos por mes, o sea, 1 kilo por semana aproximadamente.

› **Isocronía.** Dividir la comida del día en 5 o 6 tomas en lugar de en 2 o 3. Con ello el aparato digestivo trabaja menos (más veces pero con menos intensidad), el alimento pasa a la sangre más lentamente y no sobrecarga la insulina (menor riesgo de padecer diabetes) y el cuerpo, en general, está mejor nutrido.

NORMAS BÁSICAS:

- Reducir el consumo de alimentos grasos (embutidos, frituras, carne roja, salsas, empanados, rebozados, etc.).
- Consumir muchos carbohidratos complejos porque tienen mucha fibra que disminuye la absorción de grasa y elimina jugos biliares ricos en colesterol (arroz, patatas, pastas, lentejas, alubias, garbanzos, pan integral, manzanas, plátanos, fruta en general), y además tienen menos calorías que los alimentos grasos.
- Evitar las «calorías tontas» como el azúcar refinado o blanco, bollería, caramelos, cereales dulces y crujientes o refrescos azucarados. Por ejemplo, una lata de cola tiene en azúcares simples el equivalente a 4 terrones de azúcar. Un bollo con crema de elaboración industrial incluye en azúcares simples casi 5 terrones de azúcar.
- Beber mucha agua durante el día y sobre todo entre las comidas (puede beberse un vaso de vino o similar al día).
- Utilizar alimentos descremados (siempre ayudan un poco) o bien productos *light*, bajos en calorías.
- Preparar los alimentos cocidos, a la plancha, al vapor, asados, pero nunca fritos.
- Eliminar de la alimentación los refritos, frituras, rehogados y salsas.

- Puedes utilizar todo tipo de hierbas aromáticas.
- Consumir aceite crudo, particularmente de oliva virgen de primera presión en frío, pero en pequeñas cantidades (2 a 4 cucharadas soperas al día).
- Consumir la carne 2-3 veces por semana (mejor la blanca que la carne roja) y el pescado 3-4 veces por semana (más blanco que azul, ya que tienen menos calorías). Los alimentos de origen animal siempre acompañados de guarnición como guisantes, patata cocida, maíz, zanahoria u otros alimentos para que la fibra de estos productos absorban la grasa de la carne o del pescado y no pase a la sangre.
- Incluye en tu comida muchos alimentos ricos en fibra (brécol, col, lechuga, nabo, espárragos), saciantes (algas, garcinia) o con efectos diuréticos para eliminar líquidos (acelgas, piña, calabacín, cerezas, espárragos, pepino...).

› *Actividad física.* Es fundamental practicar todos los días un poco de ejercicio (andar, correr, nadar, bicicleta, bailar) durante un mínimo de 30 minutos y con una intensidad media-alta (sudar un poco, nos cuesta hablar), para incrementar la actividad de nuestras células y gastar más calorías. El simple hecho de estar de pie varias horas al día, hablar o gesticular, supone un gasto añadido de 400 calorías al día, lo que equivale a un bollo con nata.

› *Menú para un día.* Ejemplo de lo que podemos hacer en un día: desayuno con un zumo, dos biscotes con miel y un poco de queso de soja o tofu; media mañana, un batido o zumo; comida con arroz y patatas, espinacas con ajo, cebolla y un poco de aceite de oliva virgen de primera presión en frío y una fruta, un yogur de soja o similar de postre; media tarde, yogur de soja, batido con leche vegetal o fruta; cena con ensalada y champiñones a la plancha con ajo y aceite de oliva.

› *Dieta de la avena para adelgazar.* Esta dieta, que explicamos en el capítulo de la alimentación, resulta muy eficaz para adelgazar. Es bueno practicarla en cada cambio de estación. Además, cuando realicemos esta dieta, se producirá un grato cambio en nuestro cabello, piel y uñas.

Sabías que...

Algunas tareas que realizamos diariamente también suponen gasto de calorías. Por ejemplo, si tenemos en cuenta una hora de actividad, dormir equivale a 60 calorías, cocinar 140 calorías, quitar el polvo 160 calorías, limpiar 200 calorías, nadar muy lento 300 calorías, andar 350 calorías, correr lento 540 calorías, subir escaleras 840 calorías...

[AERÓBIC]

¿QUÉ ES?

El aeróbic es un tipo de actividad física basado en la repetición de ciertos movimientos que se ejecutan de forma continuada, «encadenados». En general, la exigencia de este tipo de actividad física es bastante elevada, de tal manera que todo nuestro organismo debe trabajar a un nivel alto. Sus objetivos fundamentales son dotar al cuerpo de flexibilidad, resistencia y, en función del contenido, de fuerza.

CARACTERÍSTICAS GENERALES DEL AERÓBIC

- Una sesión de aeróbic dura, como mínimo, 30 minutos, ya que con un tiempo inferior los beneficios que podemos conseguir son mínimos.
- Las sesiones deben realizarse con la orientación de personal especializado ya que únicamente de esta manera «encadenamos» los ejercicios más adecuados, no sólo en su contenido, sino también en la duración de los mismos, ritmo, contenido de cada uno de ellos...
- Muchas veces el contenido de ejercicios y el ritmo nos obliga a trabajar al 80-90 % de nuestra capacidad, zona de esfuerzo que denominamos «anaeróbica», en la que nos falta el oxígeno. Por esta razón no todas las personas pueden realizarlo (sólo es recomendable para los que ya tienen una cierta buena forma física). La edad ideal, según el estado de cada uno, podría situarse entre los 18 y 40 años.
- Aunque se denomine «aeróbic», gran parte de esta actividad física se realiza en «anaerobiosis» o ausencia de oxígeno (apenas llega oxígeno al músculo), con lo que se está

tratando de aumentar la resistencia del músculo al esfuerzo, al tiempo que se forma ácido láctico y con ello, no es raro que después de algunas de estas sesiones aparezcan las temidas agujetas.

- Para facilitar la eliminación de toxinas por medio de la sudoración son muy recomendables de 5 a 10 minutos de sauna después de una sesión de aeróbic.
- Una frecuencia de 2-3 veces por semana de aeróbic es más que suficiente para conseguir los beneficios deseados.

SABÍAS QUE...

Para conocer cuándo estás trabajando tu cuerpo al máximo, debes saber que los latidos de tu corazón «a tope» equivalen a 220 menos la edad. Esto es, para una persona de 35 años, la actividad máxima de su corazón se situaría en torno a 185 latidos por minuto, cifra que nunca debería alcanzar, salvo unos breves segundos. Para saber los latidos al 80 % calcule el 80% de 185 (que supone, para esa persona el 100 %). El 75 % sería el resultado del 75 % de 185 y así sucesivamente...

[AFONÍA]

¿Qué es?

Irritación o pequeña inflamación de las cuerdas vocales que tenemos en la laringe, con lo que tienen dificultad para vibrar y el sonido que emitimos y las palabras se ven afectadas en mayor o menor medida. Generalmente las cuerdas vocales vibran menos y la voz es más grave y con poca intensidad. A veces se acompaña de dolor al hablar. Su origen es muy variado y va desde el frío hasta la contaminación ambiental (humo del tabaco), pasando por esfuerzos laríngeos como cantar, gritar, etc.

Tratamiento

› **Reposo vocal o hablar lo menos posible.** Al tratarse de una inflamación de las cuerdas vocales debemos tener éstas en reposo y para ello nada mejor que hablar poco y, sobre todo, no gritar.

› **Piña natural.** Consumo de piña natural en rodajas o bien beber su zumo. Con ello la recuperación de la afonía puede ser más rápida ya que sus ingredientes «revitalizan» los tejidos de las cuerdas vocales.

› **Tomillo, limón y miel.** A una infusión de tomillo le añadimos el zumo de medio limón y una cucharada de miel para curar la afonía. Este remedio va muy bien también para tratar las anginas y las faringitis.

› *Para aclarar la voz.* Podemos trocear una cebolla morada y en un cuenco añadirle el zumo de un limón y tenerlo en maceración toda la noche. A la mañana siguiente lo podemos empezar a tomar a pequeños sorbos a lo largo de todo el día. Este remedio es muy utilizado por algunos cantantes muy famosos.

› *Afonías severas y frecuentes.* En estos casos conviene mantener los pies siempre bien calientes además de practicar el remedio siguiente de las piñas piñoneras.

› *Piñas piñoneras.* Se cogen de 12 a 14 piñas piñoneras verdes del tamaño de una nuez pequeña, y se ponen en un tarro de cristal junto con medio kilo de azúcar moreno o miel de tomillo. Se deja macerar durante 3 o 4 meses tras los cuales ya se puede empezar a tomar este jarabe. Es un remedio muy efectivo. Es muy importante que las piñas se cojan verdes y del tamaño indicado; lo mejor es hacerlo en primavera para que en septiembre esté listo el jarabe.

Sabías que...

La palabra se forma en la laringe cuando el aire que expiramos hace vibrar las cuerdas vocales. Al vibrar se forman sonidos que son modulados y ampliados en la laringe y en la boca con la posición de la lengua. En cada sonido las cuerdas vibran centenares de veces, por eso hablar mucho supone un gran esfuerzo para las cuerdas vocales.

[AGOTAMIENTO]

¿Qué es?

El agotamiento representa una situación de falta de energía, cansancio manifiesto e incapacidad para realizar la mayor parte de las tareas que habitualmente realizamos. Esta situación suele prolongarse durante varios días, incluso semanas, y su origen debemos buscarlo en causas externas o internas. Externas cuando nos encontramos ante un exceso de actividad (tareas domésticas, trabajo fuera de casa) e internas cuando hay enfermedades que facilitan la «falta de oxígeno», pérdida de fuerza o mala alimentación (enfermedades pulmonares, anemia, síndrome premenstrual, enfermedades del aparato digestivo que alteran una correcta alimentación por presencia de náuseas, vómitos...).

Además hay que añadir el agotamiento debido al estrés, la sobreexigencia, la tensión emocional. Por otro lado, muchas enfermedades graves debutan con síntomas por lo que si no cede hay que acudir al médico para efectuar las pruebas diagnósticas pertinentes.

Tratamiento

› *Infusión de flores.* Para prevenir este tipo de estados, e incluso para tratarlos, te aconsejamos todos los días durante el desayuno una taza de infusión de flores. Para elaborarla basta con añadir en un vaso una cucharada de manzanilla, otra de tila, otra de menta y otra de valeriana. Se mezcla todo bien y, cada mañana, se añade una cucharada del resultado a una taza de agua caliente para preparar la infusión. Puedes agregar un poco de miel para dotarla de mejor sabor y más energía.

› **Dieta verde.** Para facilitar la distribución del oxígeno en nuestro cuerpo, incrementar el aporte de vitaminas y también de minerales, conviene incluir en nuestra dieta durante estos días de agotamiento muchos alimentos de color verde (ricos en clorofila y minerales) como las lechugas, espinacas, acelgas...

› **Baño de laurel.** Se maceran durante 2 días 350 gramos de hojas de laurel en 5 litros de agua. Pasado este tiempo se exprimen las hojas y se retiran. Se vierte el agua en un baño caliente y se permanece en él 20 minutos. Los efectos son extraordinarios.

› **Toma higos.** El elevado contenido de los higos en vitaminas A, B y C le convierten en uno de los mejores remedios contra la fatiga. Es preferible que los higos sean frescos para que sus efectos sean mejores.

› **Infusiones de romero.** Cuando se toman con una frecuencia de 2 o 3 al día, resultan de gran ayuda para recuperar la energía perdida y el «tono vital».

› **Soja con jengibre.** La soja contiene una importante cantidad de proteínas, cualidad que se ve incrementada con las vitaminas y minerales que aporta el jengibre. Para elaborar la receta basta con cocer la soja hasta que se encuentre tierna. Luego se coloca en un plato y se le añade el jengibre fresco bien rallado. Se mezcla todo y ya se puede comer. Se debe seguir este remedio un día sí y otro no, hasta superar los síntomas. Esta práctica también es muy útil en caso de anemia.

› **Polen o jalea real.** Todas las mañanas, como un elemento más del desayuno, tomaremos una cucharada de polen o de jalea real. Se repite la práctica hasta que notes cierta mejoría pues se trata de un remedio muy recomendable y efectivo.

› **Baño floral.** Añade a tu baño una infusión concentrada de lavanda, menta, salvia o tomillo (de 2 a 3 cucharadas de la planta por medio litro de agua hirviendo). Este tipo de baño relaja considerablemente y reduce la fatiga gracias a los beneficios del agua, del calor y de los componentes de cada una de las plantas citadas (efectos inducidos por el propio aroma, aromaterapia).

› *Eleuterococo.* También conocido como ginseng siberiano, es muy recomendable, sobre todo para los estados de agotamiento en la mujer. La mejor manera de tomarlo es en forma de comprimidos que se pueden adquirir en muchos herbolarios y tiendas de dietética.

Prevención

Lo primero es conocer la enfermedad, si la hubiere, que produce el agotamiento para poder tratarla (anemia, problemas gastrointestinales, exceso de trabajo…). Hay que distribuir de forma equilibrada las tareas del día, procurando siempre un pequeño espacio de tiempo para nuestros *hobbies*. La pérdida de apetito, dificultades a la hora de conciliar el sueño o cambios repentinos en el estado de ánimo son los primeros síntomas del agotamiento.

Sabías que…

El agotamiento y la fatiga son unas de las «enfermedades» más frecuentes en nuestros días, especialmente entre las parejas donde trabajan ambos fuera de casa. Hoy en día conocemos el llamado «Síndrome de la Fatiga Crónica», situación patológica en la que el agotamiento se manifiesta durante varias semanas y requiere un tratamiento específico. Por otro lado, las estaciones del año también influyen, como es el caso de la primavera, ya que durante el invierno sufrimos muchas infecciones y otros procesos que lentamente «agotan» al cuerpo.

[ALERGIAS]

¿QUÉ SON?

Las alergias son estados de «sobreactividad» de nuestro propio sistema inmune que responde de forma exagerada a agentes externos como el polen de las flores, metales de joyas, componentes de algunos alimentos, medicamentos u otros muchos elementos. Una de las alergias más frecuentes es al polen de las plantas. Cuando se acerca la primavera los pólenes comienzan a florecer y, en consecuencia, también lo hacen los procesos alérgicos que se manifiestan especialmente en las vías respiratorias y en la piel. Hay más de 20 tipos de alergias. En muchas de ellas no existe cura definitiva y segura, pero sí medios y tratamientos para combatirlas y prevenirlas. Contrariamente a una idea generalizada, la alergia no se manifiesta sólo en la piel. Todos los órganos pueden sufrir reacción alérgica: los pulmones (asma), los senos craneales (rinitis alérgica o fiebre del heno), el intestino (algunas diarreas), los ojos (conjuntivitis) e incluso las orejas, los riñones, el hígado, el cerebro, el corazón, los músculos y las articulaciones o el sistema circulatorio.

Un tipo especial es la alergia al sol presente sobre todo en adolescentes y personas jóvenes en las que la exposición durante varios minutos a los rayos solares hace que aparezcan en la piel una especie de habones o ronchas de color pálido o rojizo, sobre todo presentes en los lugares expuestos al sol (cuello, cara, brazos, etc.). A veces son lesiones pruriginosas (que pican) y suelen desaparecer horas más tarde, si cesa la exposición al sol. Su origen es desconocido pero parece tener cierta relación con situaciones de estrés, nerviosismo o bien con los cambios hormonales propios de la adolescencia y juventud.

Distinguiremos entre dos tipos de alergias: las alergias exógenas, causadas por un agente externo como el polen, los alimentos, los venenos, el polvo, el pelo de los animales, la contaminación, las sustancias químicas, los medicamentos... Estas alergias tienen una relación directa con el sistema inmunológico, cosa que tiene que ver con algo externo que nos afecta.

El otro tipo de alergias son las endógenas, que están generadas por nuestro propio organismo cuando no expulsa las toxinas generadas a través de las vías de eliminación de nuestro organismo: hígado, riñón, intestino, pulmón, piel...

Entre las alergias más comunes podemos señalar la fiebre del heno o rinitis alérgica, el asma alérgica o los eccemas en la piel. Suele producirse por la acción del polen, de la hierba o de distintos árboles y flores típicas de determinadas estaciones (primavera); pela de animales, siega de cereales o el polvo doméstico (en este caso pueden provocar el asma durante todo el año). La fiebre del heno afecta sobre todo a la nariz: suele congestionarse y se acompaña de secreción acuosa nasal (rinorrea) y de estornudos. Los ojos y la garganta también pueden estar inflamados: es típico el picor de nariz y de ojos, además del lagrimeo. Generalmente es estacional (primavera sobre todo) aunque puede hacerse permanente y en este caso se suele asociar a la sinusitis alérgica. Este proceso a menudo dura varias semanas y luego desaparece, hasta reaparecer al año siguiente. Existen algunas recomendaciones higiénicas que, junto con el tratamiento que os vamos a proponer, van a ayudaros a reducir o eliminar los síntomas de esta sinusitis.

TRATAMIENTO GENERAL DE LAS ALERGIAS

› *Alimentación.* Hay que eliminar de la alimentación el chocolate, los azúcares, los lácteos, los huevos (uno a la semana) y las harinas refinadas. Los azúcares roban el calcio y siempre que se produce una alergia hay implícito un déficit de calcio. Tampoco se recomienda el consumo de habas, aguacates, plátanos, almendras, avellanas, cacahuetes, nueces, cerdo, jabalí, panceta, embutidos, manteca de cerdo, mantequilla, margarina, tocino, jamones curados, anchoas, anguilas, arenques, atún, bonito, jurel, sardinas, salmón, verdeles, conservas en aceite o en vinagre de pescados como los anteriores, pato, oca, ganso, fuagrás de cerdo o de oca, aceites vegetales de aguacate, de almendras amargas, de nueces, de germen de trigo, de cacahuetes, de cacao, de sésamo, de cáñamo, de avellana o de palma. Los mariscos deben estar totalmente prohibidos para los alérgicos, así como los colorantes como la tartracina (de color amarillo) y el polen de la miel.

› *Animales domésticos.* En muchos casos son el origen de la alergia. Por esta razón debemos valorar la posibilidad de su compañía, sobre todo como desencadenante de rinitis y otros procesos respiratorios. Los animales sospechosos son el perro, el gato y los pájaros. La alergia puede ser a los pelos de estos animales o bien a las células de su piel que continuamente se desprenden por toda la casa o bien a restos de las heces.

› *Huevos de codorniz.* La proteína contenida en el huevo de codorniz es uno de los mejores antialérgicos conocidos. La receta para prevenir o curar con estos diminutos huevos es la siguiente: se bate cada mañana la yema de un huevo de codorniz y se toma en ayunas. El primer día utilizaremos un solo huevo, el segundo día dos huevos, el tercero tres…, así hasta el noveno día que tomaremos nueve huevos. A partir de entonces, la décima jornada, iremos invirtiendo el proceso y tomaremos ocho huevos, siete al día siguiente, seis…, hasta acabar tomando uno solo. Este remedio carece de reacciones adversas y resulta delicioso. Los niños lo pueden endulzar un poco y los adultos también, o añadirle sal de hierbas. No sólo ejerce un efecto inmunoestimulante sino también nutritivo.

› *Vacuna natural de polen.* Si somos alérgicos a este producto, existe un truco muy sencillo para inmunizarnos. Tomaremos diariamente granos de polen de la siguiente manera: 1 grano los tres primeros días, 2 granos los tres siguientes días, 3 granos los tres días después, así hasta llegar al contenido de una cucharilla (vacuna natural). Esto se considera una vacuna porque los jugos gástricos sólo son capaces de absorber un 30 % del grano de polen ingerido; así, si nos produce reacción, ésta será tan insignificante que podremos tolerarla. Si se es alérgico al polen, hay que tomar jalea real y aceite de germen de trigo que tiene vitamina E, pues interviene en muchos procesos inmunológicos del organismo.

> *Alfalfa.* Se ha demostrado que antiguamente, en tiempos de nuestros abuelos, las personas que trabajaban segando o recolectando la alfalfa, sufrían bastante menos o no sufrían apenas la alergia al polen, conocida como «fiebre del heno». De este modo, sabemos hoy que es conveniente tomar alfalfa como método preventivo contra este tipo de alergia. Actualmente la alfalfa se puede adquirir en comprimidos para facilitar su ingestión.

> *Infusión de manzanilla y espliego.* En caso de sufrir fiebre del heno se recomienda tomar una infusión de manzanilla y espliego antes de levantarse de la cama (por lo que necesitaremos que alguien nos la prepare). Se pone una cucharadita de cada planta por vaso de agua; cuando rompe a hervir se tapa y se retira del fuego. Se deja reposar durante 10 minutos. Es conveniente tomarla antes de levantarse de la cama, es decir, beberla dentro de la cama bien tapado. Esto tiene una explicación. Los que nada más levantarse empiezan a estornudar y a sentir picor de ojos es porque tienen alterado el termostato regulador de la temperatura corporal. Esta infusión, aparte de ejercer efectos antihistamínicos, ayuda a regular dicho termostato.

> *Alergia al sol.* Evitar los rayos solares, sobre todo la exposición directa a los mismos y en particular durante las horas de mayor calor (de 10 a 16 horas). Existe el llamado tratamiento de *nieve de primavera*. Se coge nieve virgen caída en primavera, se deja licuar (que se deshaga) y se mezcla a partes iguales con aceite de oliva virgen de primera presión

en frío. Se revuelve bien para que se homogeneice la mezcla y se guarda en un frasco bien cerrado. Cuando vayamos a tomar el sol nos aplicaremos el resultado. Con esto conseguiremos no quemarnos y además nuestro moreno durará más tiempo. Este remedio se utiliza también para prevenir las manchas de la piel por la exposición solar.

> *Rinitis alérgica.* Vahos nasales de tomillo, eucalipto y menta y toques en las fosas nasales con aceite anticatarral que preparamos de la siguiente manera: se coge un fruto y una hoja de eucalipto, gordolobo y salvia. Se mezcla una cucharada de cada planta en una cazuelita de barro cubierta de aceite de oliva de primera presión en frío, se lleva a ebullición y se deja así un minuto. Una vez que se enfríe se pasa a un frasco. Con este líquido nos daremos «toques» en las fosas nasales con la ayuda de un palito de algodón, tres veces diarias. Antes de acostarnos tomaremos una infusión de flor de borraja, tila, salvia y gordolobo. Otro remedio para tratar este tipo de alergia consiste en poner un dedo de azúcar negra en un bote, otro dedo de rábano rojo picado y otro dedo más de azúcar, se rocía todo con 6 cucharadas de ron o de aguardiente. La mezcla se deja al sol y sombra durante 14 días. Tomaremos 3 cucharadas diarias del jarabe resultante.

> *Tos ferina.* Se cuecen en medio litro de agua dos puñados de rábanos rojos laminados junto con 10 cucharadas de azúcar negra o miel. Se cuece todo a fuego lento durante 5 minutos, se filtra y se guarda en un recipiente de vidrio. Se toman dos cucharadas de la mezcla antes de las tres comidas diarias.

> *Catarro alérgico.* Si hay un catarro persistente y el médico dice que es alérgico, debemos eliminar los azúcares refinados y las harinas, lo mismo que la leche de vaca. Los azúcares roban el calcio y siempre que hay una alergia, ésta conlleva un déficit de calcio.

> *Eccemas.* A la col blanca se le atribuye la virtud de aliviar incluso los casos más graves de eccemas. Una vez lavadas per-

fectamente las hojas, hay que calentarlas en agua hervida y aplicarlas en varias capas sobre la parte afectada, cubriéndolas luego con un vendaje flojo para mantenerlas en su lugar. Este tratamiento debe practicarse por la mañana y por la noche.

> *Sinusitis.* Podemos realizar inhalaciones de vapor con aceites que pueden ser de eucalipto, espliego, menta, pino o tomillo. Se coge un cuenco grande en el que quepa algo más de H litro de agua, se llena con agua hirviendo y se le añaden unas 3 gotas de aceite esencial. Hay que inhalar el vapor lo más profundamente posible. Se puede cubrir la cabeza con una toalla para que resulte más efectivo. En fase de sinusitis se puede hacer 4 veces al día. Luego iremos reduciendo hasta una diaria.

> *Alergia al polvo, ácaros y otras bacterias.* Se coge una pera grande madura (de las de agua) de unos 150 gramos y un trozo grande de piña fresca (200 g) sin piel. Se licúa la pera pelada y sin troncho con la carne de piña troceada y una vez extraído el zumo, queda listo. Este zumo alivia mucho las dolencias de los que padecen este tipo de alergia y se debe tomar inmediatamente después de su elaboración, tres veces al día, una en ayunas, otra a media mañana y la última por la noche, con el estómago vacío. Se sigue con el remedio durante una semana y después se toma sólo dos veces al día, una en ayunas y la otra por la noche durante un mes. Se recomienda comenzar el remedio en cuanto aparezca la alergia. Se aconseja eliminar de la alimentación los productos lácteos. Otro remedio para las alergias producidas por polvo (ácaros): 35 gramos de flores secas de trébol rojo o 70 gramos de frescas, 1 litro de agua hirviendo, 100 gramos de miel de azahar. Se ponen en un frasco las flores, se agrega el agua hirviendo y se deja reposar 5 minutos. Luego se cuela, se agrega la miel y queda listo para tomar. Esta tisana se emplea desde hace muchos años para tratar las diversas clases de alergias que existen, pero cuando se trata de otras alergias no producidas por los ácaros, es aconsejable no usar la miel. El remedio consiste en tomar tres vasos (150 cc), uno en ayunas, otro antes de la comida y el último antes de la cena, hasta curarse.

› **Productos químicos.** Remedio para el tratamiento auxiliar de la alergia fisiológica producida por productos químicos, detergentes... Se coge 1 naranja mediana (100 g), 2 mandarinas (100 g) y 1 pomelo. Se pela la mandarina, se licúa y se mezcla en un vaso con los zumos de la naranja y del pomelo. Este zumo está contraindicado en casos de úlcera gastroduodenal y gastritis. El tratamiento consiste en tomar dos o tres zumos al día durante el proceso alérgico, como auxiliar de la medicina tradicional.

› **Alergias de contacto.** Esta receta está indicada en caso de alergia en la piel a plantas, animales, químicos, jabones, disolventes, cremas de belleza, urticaria por el pescado, marisco... Se ponen en un frasco 250 gramos de yogur natural desnatado y se le agregan 50 gramos de miel, se revuelve y queda listo. Se guarda en la nevera. Se aplica el yogur sobre la piel afectada, tres o cuatro veces al día. Durante el tratamiento se debe procurar no lavar la piel con jabón que no sea neutro, y si se lava sólo con agua mejor. Seguir hasta que desaparezca.

› **Alergias tardías.** Se ponen en la licuadora, por separado, primero 4 mandarinas (unos 200 g) y después 100 gramos de piña pelada y troceada. Se pasa el líquido de ambas a un vaso, se revuelve y queda listo para tomar. Es uno de los zumos más deliciosos y que mejor resultado da para las alergias. Se puede tomar como desintoxicante para otras enfermedades. Se bebe dos veces al día, una en ayunas y otra por la noche hasta mejorar. Este remedio no se recomienda en caso de gastritis hiperclorhídrica y úlcera gastroduodenal.

› **Descongestión de los conductos nasales en caso de alergia.** Se comienza masticando un trozo de panal de miel (celdillas con miel), durante unos 15 minutos y se repite cada 2 horas durante el día. Este remedio nos proporcionará un pequeño alivio porque hace que los conductos nasales se destapen y descongestionen a la vez. Otro remedio para descongestionar los conductos nasales consiste en disolver media cucharada de sal marina en 250 centímetros cúbicos de agua caliente y queda listo para aspirar el agua caliente por un orificio de la nariz, mientras se tapa el otro orificio. Se mantiene el agua unos segundos y, respirando por la boca, se expulsa el agua con las mucosidades nasales. Se repite durante varias veces con los dos orificios de la nariz, hasta descongestionar totalmente los conductos nasales.

› *Tratamiento auxiliar para descongestionar las vías nasales.* Se mezclan bien 15 mililitros de esencia de menta (se vende en frasquitos) y 15 mililitros de alcohol de 96° etílico y se guarda en un frasco. Cuando se note que las vías nasales se empiezan a irritar y a congestionarse, se vierten unas gotas de la esencia sobre un pañuelo y se aspira fuertemente para que se introduzca bien por las vías nasales. Seguir con el remedio, aspirando varias veces durante el día. También suele ser bueno echar unas gotas de la tintura sobre la almohada para dormir mejor. No se debe prolongar el tratamiento durante mucho tiempo: por cada 10 días, descansar 2. Muy bueno para descongestionar las vías respiratorias y fosas nasales debido a las alergias que producen rinitis, así como para estimular la mente.

› *Tratamiento para diversas alergias.* Necesitamos 35 gramos de hojas y tallos secos de ortiga mayor o 70 g de las frescas troceadas y 1 litro de agua hirviendo. Se pone en un frasco la planta y se le agrega el agua hirviendo. Se tapa y se deja reposar 30 minutos. Después se cuela por expresión y queda listo. Se toman dos o tres vasos diarios de la tisana (de 200 a 150 cc de líquido por vaso) mientras dure el proceso alérgico. Algunos suelen endulzar la tisana con azúcar.

› *Zumo de naranja y pomelo para diversas alergias.* Se necesita 2 naranjas de zumo (300 g), 1 pomelo mediano rojo (150 g), 50 centímetros cúbicos de agua (si se quiere). Se extrae el zumo por separado, se vierte en un vaso y se le agrega el agua (si se quiere), se revuelve bien y queda listo. Se bebe dos veces al día, una en ayunas y otra por la tarde hasta que remita el proceso alérgico. Este zumo puede presentar contraindicaciones en casos de gastritis hiperclorhídrica y úlcera gastroduodenal.

› **Zumo de mandarinas para diversas alergias.** Se licúa y se pasa el zumo de 3 mandarinas grandes peladas y troceadas (300 g) a un vaso, añadir 50 centímetros cúbicos de agua, revolver bien y queda listo. Se toma dos veces al día, uno en ayunas y el otro por la tarde hasta que desaparezcan las molestias. Este zumo no se recomienda en casos de gastritis hiperclorhídrica y úlcera gastroduodenal.

› *Alergia al polen y zumos auxiliares.* Este primer zumo se emplea como auxiliar de las alergias fuertes producidas por el polen de las flores, de los pinos, acacias, mimosas, gramíneas... Ingredientes: 200 gramos de tomate (2 tomates pequeños) bien limpios y troceados, 200 gramos de zanahorias frescas bien limpias y troceadas o ralladas. Preparación: se licúa el tomate y se guarda el zumo. Después, se extrae el zumo de una zanahoria en una licuadora. Se mezclan los dos zumos y queda listo para tomarlo en ayunas o por la mañana. Si la alergia es fuerte, dos veces durante el día, en ayunas y por la noche. No deben tomarlo los que sufren cálculos en las vías urinarias. Se sigue durante una semana y después se pasa a tomar otro zumo: el de kiwis y manzana. Ingredientes: 2 kiwis maduros (200 g) pelados y troceados, 1 manzana (200 g) bien limpia, sin rabo y troceada. No se debe quitar la piel ni el corazón de la manzana. Se licúa el kiwi y se pasa el zumo a una taza, después se hace lo mismo con la manzana y se mezcla su zumo con el del kiwi. Después de tomar la primera semana el zumo de tomate, se toma este otro durante una semana más, una vez al día en ayunas o a mediodía. Si la alergia es muy fuerte, se bebe dos veces diarias, una en ayunas y otra por la noche. Se sigue con el remedio durante 3 o 4 semanas. Los zumos deben tomarse siempre fuera de las comidas, cuando el estómago esté vacío, para que se activen mejor las propiedades.

› **Mixtura alcalina contra el eccema, liquen, alergias y prurigo.** Ingredientes: 125 gramos de *fumaria officinalis* seca o 300 gramos de la fresca (planta entera), 550 centímetros cúbicos de agua, 12 gramos de bicarbonato sódico y 1 kilo de azúcar morena o miel. Preparación: poner el agua a hervir y en otro recipiente reservar la planta. Una vez hervida el agua se vierte sobre la *fumaria*, se tapa y se deja reposar durante 30 minutos, después se filtra por expresión a un frasco. Por cada 100 centímetros cúbicos de la infusión se agregan 200 gramos de azúcar. Revolver bien y dejar que se vaya diluyendo todo (tarda unas horas). Filtrar a una botella o frasco y queda listo para añadirle bicarbonato sódico, una vez bien revuelto se puede tomar. Este remedio se emplea contra los eccemas, liquen (enfermedades cutáneas papulosas), el prurigo (enfermedades cutáneas pruriginosas) y las alergias debidas a diversas causas. Es un buen depurativo. Se toma una cucharada, sola o diluida en un poco de agua, por la mañana en ayunas y otra por la noche. Se sigue con el remedio durante un mes, se descansa 3 días y se repite otro mes. Mientras dure el tratamiento no se deben comer embutidos, pescados azules, conservas de pescado, quesos curados, carnes grasas, tocino, licores y vino, ni abusar de la sal. Puede ser un gran limpiador de las toxinas que puede haber en nuestra sangre.

Sabías que...

Cada vez son más frecuentes las alergias entre los niños y entre las personas mayores. Entre los niños porque con frecuencia se les introduce de forma muy rápida los diferentes tipos de alimentos que componen la dieta habitual y su cuerpo no está preparado para ello. En los adultos la aparición cada día de nuevas frutas, tubérculos y otros alimentos hace que nuestro organismo entre en contacto con sustancias desconocidas que, a veces, provocan la alergia.

[ALOPECIA]

¿QUÉ ES?

La alopecia o pérdida del pelo se caracteriza por la desaparición de los folículos pilosos o raíz del cabello. Esta pérdida puede presentarse de forma parcial (sólo en una zona de la cabeza), o difusa (en toda ella). Igualmente podemos observarla en edades jóvenes o durante el período adulto, en función de su causa. A la hora de considerar su origen hay que pensar en aspectos genéticos (heredados de los padres), infecciones del cuero cabelludo, factores hormonales (frecuente en mujeres), alteraciones de tipo emocional, ciertos tratamientos médicos (quimioterapia)... Los aspectos genéticos y los hormonales son los que con mayor frecuencia determinan la caída del cabello y, una vez que se ha perdido la raíz, nada será capaz de restablecerla. Esto hace que la prevención de la alopecia sea también su mejor tratamiento.

PREVENCIÓN

› **Zumo de berros.** Se licúan 25 hojas de berros y se mezcla el jugo con 50 mililitros de alcohol sanitario (el usado para las heridas). Se remueve todo bien y se guarda en un envase con tapón de rosca. Hay que aplicarlo todos los días sobre las raíces del pelo con la ayuda de un suave masaje.

› **Levadura de cerveza.** Toma todos los días una cucharada de este producto o un par de píldoras. Con ello aportamos a nuestro cabello vitaminas B_3, B_5, B_6 además de hierro.

› *Cápsulas de polen.* Al igual que sucede con la levadura de cerveza, el polen aporta al cabello numerosos nutrientes que le son imprescindibles.

› *Ralladura de jengibre.* Se calienta un poco una cucharada sopera de jengibre rallado y otra de agua. Cuando tengamos una mezcla pastosa la aplicaremos directamente sobre la zona con menos pelo con una frecuencia de dos veces diarias. La aplicación debe hacerse con un suave masaje circular de unos tres minutos. Media hora después de la aplicación, se lava la zona. Se repite el proceso todos los días hasta que la zona esté más poblada de cabello. El jengibre mejora la circulación de la sangre y revitaliza la raíz del cabello.

› *Aceite de ricino.* Una vez por semana, se aplica en las raíces del cabello un poco de aceite de ricino con los dedos, mediante un suave masaje. Es preferible hacerlo antes de acostarse y eliminar los restos de aceite a la mañana siguiente con la ayuda de un champú suave.

› *Cacahuetes y nueces.* Se puede tomar un puñado de estos frutos secos cada día con el fin de surtir de suficientes vitaminas y minerales a las raíces de su cabello.

› *Alopecia areata.* Este remedio, aunque resulte muy curioso, es efectivo en el 100 % de los casos. Se coge un excremento de perro y se fríe suavemente en aceite de oliva virgen de primera presión en frío en una sartén vieja durante 5 minutos. Se filtra ese aceite y se aplica en las zonas afectadas mediante un ligero masaje con los dedos. Podemos hacer este mismo remedio sustituyendo el excremento de perro por excrementos de pollo. Curiosamente, se sabe que los empleados de las granjas de pollos son los que más cantidad de cabello tienen, a los que más deprisa les crece y menos incidencia de calvicie padecen. Esto es así porque los excrementos de pollo contienen mucho amoníaco.

› **Ron y quina.** Se maceran en 1 litro de buen ron 4 o 6 ramas de quina durante 21 días. Pasado este tiempo aplicamos el líquido en la cabeza mediante fricciones.

› **Pepino:** conviene consumir mucho pepino en ensalada, ya que el zinc que contiene fortalece el folículo piloso.

SABÍAS QUE...

Cuanto más calor se acumula en la raíz del cabello, más probabilidades tiene de «quemarse» y desaparecer. Ésta es la razón por la cual no debemos exponer el cabello al sol durante mucho tiempo y no situar el secador de pelo cerca de la raíz (nunca a menos de un palmo de distancia). Estas y otras razones hacen que las mujeres presenten alopecia de carácter difuso, esto es, en raíces de todo el cuero cabelludo, por lo que su aspecto es menos aparente que en el caso de los hombres.

[AMENORREA]

¿QUÉ ES?

Se define la amenorrea como la ausencia temporal o permanente de menstruación. Esta situación puede aparecer en diversas circunstancias. Algunas amenorreas temporales son de tipo fisiológico o «normales» como sucede en el embarazo, durante la pubertad o en la menopausia.

Este síntoma a veces es el indicador de una anorexia nerviosa, por lo que si se presenta en una joven hay que investigar si se trata de un trastorno de la conducta alimentaria. Otras veces la amenorrea es permanente (períodos prolongados de tiempo) y puede deberse a la presencia de un himen imperforado, malformación congénita o secundaria, enfermedades generales (tuberculosis, anemias, desnutrición, anorexia, adelgazamiento), escasa secreción de hormonas sexuales (gonadotróficas, es la causa más frecuente) o alteraciones de la hipófisis (glándula situada en la base del cerebro que puede afectarse por traumatismos, tumores...).

TRATAMIENTO Y PREVENCIÓN

› **Baños de asiento** de temperatura creciente. Pueden tomarse en el bidé durante un espacio de 10 minutos, comenzando con una temperatura de 20-25 grados y subirla lentamente hasta 36 grados centígrados (podemos subirla manteniendo el chorro del agua caliente). Hay que tomarlos todos los días hasta regular la situación.

› *Infusión de albahaca.* Elaborar la infusión añadiendo una cucharadita de esta planta seca en una taza de agua hirviendo. Dejar reposar la mezcla durante 10 minutos, colar y tomarla caliente. Se toma la infusión 3-4 veces al día hasta un máximo de 3 jornadas.

› *Garbanzos.* Consume este tipo de legumbres 2-3 veces por semana mientras se presenta la amenorrea. Incluyen una serie de vitaminas y minerales que colaboran en la regularización del ciclo menstrual.

› *Infusión de jengibre.* Se realiza de la misma manera que en el caso anterior, pero con un máximo de dos tazas al día. Como el jengibre resulta ligeramente amargo, conviene añadir un poco de miel a la infusión.

SABÍAS QUE...

En el caso de las niñas, las primeras menstruaciones suelen ir acompañadas de pequeños períodos de amenorrea hasta que el ciclo se regula, lo mismo que sucede durante la menopausia, hasta que desaparece el ciclo. En la edad fértil, cuando hay amenorrea lo primero que debemos pensar es en un embarazo.

[ANEMIA]

¿QUÉ ES?

La anemia es una disminución importante del número total de glóbulos rojos que hay en la sangre, o de la cantidad de hemoglobina que encontramos en cada uno de ellos. Cuando se produce esta situación, el cansancio es uno de los primeros síntomas, así como cierta palidez que se aprecia en la piel. En el caso de la mujer las causas más frecuentes de anemia son las menstruaciones abundantes, la existencia de hemorroides (que facilitan la pérdida de sangre con las heces y éstas aparecen de color negro), el embarazo y enfermedades sangrantes del aparato digestivo (úlcera).

TRATAMIENTO

› **Frutos secos.** Algunos de estos frutos como los pistachos o los piñones son auténticos almacenes de hierro, con lo cual facilitamos la producción de hematíes y de hemoglobina. Le recomendamos tomar cada día un puñado de estos frutos.

› **Alga dulce.** Podemos elaborar una ensalada muy rica en hierro con la ayuda de 2-3 cucharadas de alga dulce (remojada en agua durante 10 minutos), unas cuantas nueces troceadas y un cuarto de diente de ajo bien picado. Consume esta ensalada 2-3 veces por semana.

› **Alcachofas y naranja amarga.** A un litro de agua le añadimos una cucharada de hojas de alcachofas y otra de piel de naranja. Se deja hervir la mezcla durante 5 minutos y luego se cuela. Al líquido resultante se le añaden un par de cucharaditas de miel y se toman dos tazas al día hasta que aprecies cierta mejoría (no se debe seguir este remedio en caso de lactancia o de problemas biliares).

› **Remolachas rojas.** Acostúmbrate a tomar durante varios días seguidos (incluso hasta un par de semanas), trozos de remolacha roja cocida, que puedes distribuir acompañando a las ensaladas, solas, junto con las verduras... Así estarás ayudando a tus huesos a formar nuevos hematíes y en mayor cantidad.

› **Higos.** Consume este tipo de fruta (ya sean frescos o secos) como postre de algunas de tus comidas. Contienen hierro abundante y ayudan a formar hemoglobina.

› **Zumo.** De dos zanahorias grandes, más el de una remolacha roja y una cucharada sopera bien colmada de levadura de cerveza. Se mezclan bien estos ingredientes y se toma en el desayuno en días alternos. Se trata de una receta muy eficaz que no falla nunca, y si lo hace, es que no estaremos siguiéndola bien.

PREVENCIÓN

Lo fundamental a la hora de prevenir la anemia es seguir una dieta equilibrada donde predominen las legumbres, frutas y verduras, sin olvidar la importancia de los frutos secos en cualquiera de sus variedades. Igualmente no olvides que, en caso de padecer enfermedades como hemorroides, menstruaciones abundantes, úlcera gástrica..., el control de las mismas evitará la aparición de anemia. Además, si no quieres padecer nunca anemia, añade con frecuencia a tus platos un poco de perejil (o bebes zumo de perejil de vez en cuando licuando un puñado de hojas).

Sabías que…

En nuestros días una de las causas más frecuentes de anemia son las dietas de adelgazamiento que se realizan con «cierta alegría», pues desequilibran las necesidades nutritivas del organismo.

[ANGINAS INFLAMADAS O AMIGDALITIS]

¿Qué es?

En el fondo de la boca, a los lados de la raíz de la lengua, contamos con dos pequeñas «bolas arrugadas» que parecen diminutas coliflores y que se denominan amígdalas bucales. Están formadas por tejido linfoide o tejido defensivo y sirven para eso, para defendernos de los gérmenes que penetran en la boca con el alimento, con el aire que respiramos, etc. Cuando trabajan mucho y aumentan de tamaño, se inflaman y hablamos de amigdalitis. Cuando se inflaman casi se pegan una con la otra, están rojas, nos cuesta tragar el alimento (no queda espacio para pasar) y, a veces, tenemos fiebre. Además de los consejos del médico pueden ayudarnos en caso de amigdalitis, los siguientes remedios.

Tratamiento

› *Para las anginas inflamadas.* Lo primero que tenemos que hacer son gárgaras con bicarbonato y agua para arrastrar los puntos de pus existentes en la garganta. Luego tomaremos agua de limón durante todo el día, y por último nos aplicaremos una cataplasma de yogur de la siguiente manera. Se coge un yogur natural y se envuelve en una servilleta de tela con varios dobles. Se estruja la servilleta como si fuera un torniquete para que el yogur suelte todo el suero; una vez que no desprenda más líquido se aplica en la garganta con un pañuelo y se tiene así durante 3 o 4 horas. Pasado este tiempo se renueva la cataplasma y en 24 horas las anginas inflamadas con pus mejorarán muchísimo.

› *Infusión de tomillo, miel y limón.* Se prepara una taza de infusión de tomillo y se le añade el zumo de medio limón y una cucharada de miel. Este remedio resulta también eficaz para tratar las faringitis y las afonías.

Sabías que…

Hace años cuando los niños tenían amigdalitis se les solía operar para quitar estos órganos defensivos. Hoy sabemos que son importantes y por eso ya no se quitan con tanta facilidad. Hay que esperar a que se inflamen muchas veces para proceder a su extirpación.

[ANOREXIA]

¿Qué es?

Situación en la que observamos cierta disminución del apetito, más o menos marcada, que se prolonga durante, como mínimo, varios días. Las causas más frecuentes son las de tipo nervioso o emocional como agotamiento, estrés o cansancio. Otras veces se relaciona con enfermedades como la anemia, problemas de tipo digestivo e incluso tumorales. En menos ocasiones hay que relacionarla con situaciones graves como la anorexia nerviosa, trastorno psicológico en el que la obsesión por la pérdida de peso marca la conducta a la hora de comer y la relación social. En estos casos recabar la ayuda inmediata del especialista (psicólogo, psiquiatra, etc.) es lo más importante.

Tratamiento para aumentar el apetito

› *Infusión de agrimonia.* Una infusión de esta planta tomada una vez al día estimula de forma considerable el apetito (no se debe utilizar este remedio si se padece de estreñimiento, ya que la agrimonia es astringente).

› *Té de menta.* Se toman 2-3 infusiones al día de esta planta (sustituyendo al café y similar), ya que actúa como un potente estimulante del centro del apetito situado en el cerebro.

› *Zumo de fresas.* Se licúa un puñado de fresas durante el desayuno y se toma antes que el resto de los alimentos en ese momento del día. Repetirlo, como mínimo, durante una semana.

> **Estragón.** Añadir a varias comidas del día (especialmente pescados, carnes u hortalizas) un poco de estragón bien picado o molido.

> **Lechuga.** Acompañar una de las comidas del día (o ambas, comida y cena) con una pequeña ensalada de lechuga que deberá tomarse como primer plato, antes que cualquier otro. La lechuga, por sí sola, ayuda de forma importante a incrementar las ganas de comer.

> **Polen.** Conviene mucho que las personas con anorexia consuman este producto. Se ha hecho un estudio muy importante al respecto que demuestra que el polen es de gran ayuda para este tipo de personas y ayuda en la recuperación de su salud.

PREVENCIÓN

Si se distribuyen las comidas del día en un mayor número de tomas, aunque con menor cantidad, se evita que el estómago se «empache».

SABÍAS QUE...

Cuando varias personas te indiquen que estás muy delgada, no dudes en que dicen la verdad y tu alimentación no será la adecuada. Recuerda que la falta de apetito supone, en el fondo, el reflejo de una enfermedad (anemia, síndrome de fatiga crónica...).

[ANSIEDAD]

¿QUÉ ES?

La ansiedad es un estado de alteración psíquica muy similar a la angustia, donde se observa un temor o miedo exagerado a algo desconocido y no real, en suma, no hay una causa evidente que la produzca. Estas situaciones a veces se relacionan con diversas enfermedades orgánicas como es el caso del asma o de la angina de pecho. En otras circunstancias se ven favorecidas por circunstancias vitales como estrés, exceso de trabajo... Por último, las situaciones de ansiedad pueden relacionarse con alteraciones de tipo psicológico como neurosis obsesiva, neurosis de angustia o neurosis fóbica.

TRATAMIENTO

› *Infusiones de melisa.* Toma dos veces al día una infusión de esta planta, elaborada con una cucharada de la melisa seca vertida en una taza de agua hirviendo. Sus componentes ayudan a templar los nervios y reducir los estados de ansiedad. Puedes utilizarla durante varios días.

› *Estiramientos.* Practica todos los días algunos ejercicios de estiramientos como recomienda en el capítulo de actividad física.

› *Hipérico o hierba de san Juan.* Si tomamos infusiones de esta planta conseguiremos estar más calmados y nos sentiremos mejor. Actualmente se vende en gotas y resulta muy cómodo de tomar. Únicamente deben abstenerse aquellas personas que estén en tratamiento con antidepresivos.

› *Manzana.* Si la ansiedad no nos deja descansar adecuadamente por la noche, podemos tomar una manzana media hora antes de acostarnos; conseguirá relajarnos. Lo mismo ocurre con las mandarinas. Lograremos dormir como angelitos. Resulta muy efectivo también en el caso de los niños.

Prevención

Debes evitar las situaciones de estrés, el exceso de trabajo... Practica una actividad física «relajante» con cierta regularidad (natación, *footing*, paseos...), sigue un horario regular de comidas, procura mantenerte ocupado en lugar de «encerrarte» en tus pensamientos, sé tolerante contigo mismo y «anímate».

Sabías que...

Como consecuencia de nuestro ritmo de vida y las metas que nos autoimponemos, más del 70 % de los españoles sufre de ansiedad en algún momento de su vida.

[ARRUGAS]

¿QUÉ SON?

Las arrugas representan un proceso de envejecimiento normal de la piel porque ésta ha perdido parte de los elementos que la integran, y en particular las fibras de colágeno y de elastina. En su desaparición tienen especial importancia los llamados radicales libres, una especie de basura que producen nuestras células durante su actividad diaria que, si no se elimina por completo, altera las células y con ello la formación de colágeno, elastina... Hay muchas situaciones en las que la formación de radicales libres se incrementa considerablemente, como es el caso de exposiciones prolongadas al sol, abuso del alcohol y tabaco, contaminación ambiental, radiaciones, abuso de cosméticos... Estos factores, unidos a otros de tipo genético (herencia), grado de hidratación de la piel y alimentación con abundante grasa animal, hacen que las arrugas aparezcan antes en unas personas que en otras.

TRATAMIENTO Y PREVENCIÓN

› *Masaje facial.* Practica todos los días un sencillo pero efectivo masaje facial en la frente, sienes, mejillas y barbilla, con la ayuda de la punta de los dedos o la palma de la mano. Basta con presionar ligeramente cada una de esas zonas durante unos segundos con el fin de estimular la circulación de la sangre (llegarán más nutrientes y se eliminarán mejor los radicales libres).

› *Mascarilla de yogur.* Con ella revitalizamos la piel. Se aplica directamente sobre la piel un yogur natural y se deja actuar durante 10 minutos. Después se elimina con un poco de agua tibia. Se repite dos veces por semana.

> **Zanahoria cocida.** Cuece 2-3 zanahorias hasta que estén bien tiernas. Luego se hace un puré que se aplica sobre la cara y cuello con la punta de los dedos. Déjalo actuar durante 15 minutos y retira la pasta con agua tibia. Además de prevenir e incluso tratar las arrugas, estarás dotando a tu piel de un valioso protector solar. Puedes practicarlo una vez por semana (2 veces en verano).

> **Arrugas en la comisura labial.** Ésta es una zona especialmente afectada por las arrugas. Para combatirlas te proponemos una crema muy sencilla: se bate una clara de huevo a punto de nieve y se mezcla con una cucharadita de harina integral de trigo hasta formar una pasta homogénea que se aplica sobre la comisura de los labios y se deja actuar hasta que esté seca y dura. Se elimina con agua tibia. Hay que aplicarla todos los días durante una semana y luego de vez en cuando, cuando se quiera (para prevenir) o si se necesita. Este remedio también puede utilizarse para las «patas de gallo».

> **Perifollo.** Ésta es una planta aromática cuyo jugo contiene abundantes vitaminas y minerales imprescindibles para la piel. Para tratar y prevenir las arrugas coloca sobre la cara y cuello unas compresas impregnadas en jugo fresco de perifollo (basta con un puñado de hojas). Mantén las compresas 15-20 minutos. Da mejores resultados si se practica cada noche.

> **Mascarilla antiarrugas.** Colocar seis fresas maduras en un paño de algodón, envolverlas y machacarlas con la mano hasta que salga su jugo que iremos vertiendo en un cuenco donde previamente hemos preparado la clara de un huevo a punto de nieve. Se mezclan el jugo y la clara y se añaden diez gotas de agua de rosas. Se mezcla todo otra vez. Ya elaborada la mascarilla se aplica sobre la piel de la cara (donde se encuentren las arrugas) y se deja actuar durante 15 minutos hasta que la zona quede seca y dura. Después, se elimina la

mascarilla con agua templada y se seca mediante pequeños golpecitos. Podemos potenciar los efectos si aplicamos sobre la cara, después de la mascarilla, una infusión de manzanilla que dejaremos secar libremente.

› **Cuidado con los cosméticos.** Hay que eliminar las sombras de ojos (secan los párpados), emplear tonos suaves y claros, disminuir la pintura de labios y cualquier tipo de reflejo metálico.

› **Mascarilla rejuvenecedora para tener una piel aterciopelada.** Se coge una cucharada de yogur natural bio bien colmada, se le añade una cucharilla de miel (para que emulsione bien se puede calentar previamente con una cerilla o un mechero bajo la cucharilla con la miel) y por último 10 gotas de zumo de limón. Se mezcla todo bien y se aplica en el rostro durante 45 minutos, luego se retira con agua tibia. Podemos aprovechar ese tiempo para descansar tumbados en un lugar tranquilo. Al tercer día de la aplicación se empiezan a notar los resultados.

› **Crema para las arrugas y antienvejecimiento.** Para elaborar esta crema eficaz contra las arrugas se cogen 175 gramos de aceite de almendras dulces, 125 gramos de agua de rosas, 35 gramos de cera de abejas, 10 gotas de esencia de rosas y 15 gramos de manteca de cacao. Se funde todo al baño María, poco a poco, y queda lista la crema que nos aplicaremos en la cara por la mañana o por la noche. Si la envasamos en pequeños tarros podremos compartirla con nuestras amigas.

› **Mascarilla de zumo de naranja y miel** contra las arrugas. Se mezclan tres cucharadas de zumo de naranja con una cucharadita de miel. Se añade un poco de harina de avena y se remueve hasta hacer una pasta cremosa. Se aplica durante 15 o 20 minutos y después se aclara con abundante agua tibia. La vitamina C y las propiedades nutritivas de la miel ayudarán a mantener el cutis joven por más tiempo.

> *Tónico de col antienvejecimiento.* La col o berza es uno de los productos de belleza que más se han utilizado a lo largo de la historia, para prevenir las arrugas en el cutis, cuello y escote. Se puede preparar de dos maneras: o bien licuando unas cuantas hojas de col o bien cociendo las hojas. En ambos casos, se aplica con un algodón en el cutis, cuello y escote y se deja secar al aire para que la piel absorba los principios activos.

> *Crema a la centella asiática.* La centella asiática, como su nombre indica, proviene de Asia. Esta planta es un excelente complejo antiarrugas y renovador de los tejidos. La crema elaborada con la centella asiática se aconseja para las arrugas, incluso las más acusadas, cicatrices e imperfecciones de la piel debidas al paso del tiempo, ya que controla la formación de las fibras colágenas y elásticas. Su ligereza la hace imperceptible al tacto, pero por ello sus principios activos no pierden efectividad. Es una crema hidratante, para todo tipo de cutis, incluso los que tienen tendencia al acné, por su gran poder cicatrizante. Para elaborarla, se vierten en una cazuela tres pellizcos de la centella asiática (planta) y se cubren con aceite de almendras dulces. Se calienta a fuego lento hasta su ebullición. Se apaga el fuego, se cuela a un recipiente y se añaden 25 gramos de cera virgen junto con 10 gotas de esencia de lavanda y el contenido de dos perlas de aceite de onagra. Se remueve bien hasta que se homogeneiza y después se pasa a un recipiente para envasarlo. Si se quiere se le puede añadir 2 centímetros cúbicos de colágeno vegetal.

SABÍAS QUE...

Las zonas de la piel tan sensibles como la del cuello no deben recibir perfumes, colonias u otros productos con alcohol ya que este elemento reseca la piel e impulsa la aparición de arrugas. Las arrugas tienen «un orden de aparición»: hacia los 30 años surgen en el contorno de los ojos, luego en la frente, más tarde entre las cejas y hacia los 50 años en el cuello y los contornos de los labios.

[ARTERIOSCLEROSIS]

¿QUÉ ES?

Arteriosclerosis significa «arterias duras» y delata una situación en la que las arterias grandes y medianas de nuestro cuerpo presentan paredes gruesas y duras porque, con el paso del tiempo, se ha depositado en ellas grasa (colesterol), calcio, colágeno y otras sustancias que forman «piedras» y obstruyen el paso de la sangre. Cuando esta sangre falta en el corazón, en las arterias coronarias, llega el infarto de miocardio o la angina de pecho. Una de las causas importantes de la arteriosclerosis es un alto nivel de colesterol en la sangre. El colesterol se pega en las paredes de las arterias y las va endureciendo. También la arteriosclerosis puede dar lugar a una falta de riego cerebral, falta de riego en las piernas... Los hábitos propios de nuestros días hacen que, a partir de los 20 anos, todas las personas tengan, más o menos, algo de arteriosclerosis. La calabaza puede ayudarnos a prevenir y a tratar este problema.

TRATAMIENTO Y PREVENCIÓN

› *Calabaza.* Tanto el fruto como sus semillas tienen mucha fibra natural que disminuye la absorción de grasa en las arterias y, con ello, la posibilidad de que se pegue a las arterias. Contiene también vitamina C y betacarotenos, que impiden la degeneración de muchas células de nuestro organismo y en particular de las paredes de las arterias. Introduce en tu dieta el consumo de calabaza con cierta frecuencia, por lo menos 2-3 veces por semana. También puedes recurrir al consumo de pipas de calabaza a razón de un puñado por la mañana, 2-3 veces semanales. Las personas que comen con frecuencia calabaza tienen menos problemas en los ojos, sobre todo de cataratas, glaucoma y falta de agudeza visual, ya que la calabaza es rica en vitamina A y potasio, elementos muy útiles para los ojos.

> *Fibra.* La fibra es uno de los mejores aliados contra la arteriosclerosis, ya que gracias a ella reducimos la absorción de las grasas en el intestino y, con ello, que inunden la sangre. En tu dieta debe existir abundante fibra en forma de frutas, verduras, legumbres, cereales...

> *Actividad física.* Es una de las pocas formas por medio de las cuales podemos incrementar en la sangre el llamado colesterol «bueno» o HDL, proteína encargada de «sacar» el colesterol de la sangre. Debemos practicar una actividad física prolongada y «con oxígeno» como paseos diarios de 30 minutos o más a paso ligero, carrera continua de media hora, natación durante 20 minutos...

> *Controla los alimentos* y evita las comidas grasas como embutidos, frituras, carne animal, comida rápida, abundancia de salsas, leche y quesos grasos curados (se debe tomar queso fresco o requesón), azúcar refinada o blanca (sustituirlo por azúcar morena), harinas blancas o refinadas (sustituirlas por harinas integrales), evita la sal. Consume arroz integral. En los países orientales como Corea, Japón, Filipinas o Indonesia, apenas hay arteriosclerosis por las pocas grasas que ingieren y porque el arroz que toman es integral, un cereal que posee la virtud de conservar las arterias jóvenes, además de comer grandes cantidades de soja con sus isoflavonas también beneficiosas y más pescado, sobre todo azul, que en los países europeos.

> *Elimina hábitos* que puedan debilitar las arterias o favorecer factores negativos para ellas como el consumo de alcohol, tabaco, café en exceso, té...

› **Germen de trigo.** El aceite de germen de trigo o el germen de trigo tomado en copos es un producto que proporciona elasticidad a las arterias, gracias a su contenido en vitamina E.

› **Preparado enzimático contra la arteriosclerosis.** Este preparado tiene un gran valor medicinal y preventivo. En un recipiente de cristal se ponen 3 puñados de cebada descascarillada biológica, 2 rodajas de piña picada o un vaso de zumo de piña y un higo seco picado. Se vierte agua para cubrir la mezcla y se deja macerar durante 14 horas. En este tiempo las enzimas comienzan a trabajar y, al ingerir la mezcla, sus propiedades comenzarán el proceso regenerador de nuestro organismo. Esta mezcla se toma en el desayuno y sirve para unas dos o tres veces. La piel se presenta limpia y firme, los ojos brillan y las arterias, venas y capilares se tornan saludables.

Sabías que...

La arteriosclerosis, por medio del infarto de miocardio, angina de pecho, infarto cerebral... es la enfermedad que más limita nuestra salud, muy superior a los accidentes de tráfico y a las enfermedades infecciosas juntos. La diferencia estriba en que la arteriosclerosis es «silenciosa» y no nos damos cuenta del peligro que representa hasta que ya es demasiado tarde.

› *Calcio.* Asimismo, se recomienda el consumo de todos aquellos alimentos que contienen calcio y magnesio citados en este libro.

SABÍAS QUE...

Con frecuencia, los nervios que se ven afectados por una artrosis transmiten su dolor y/o molestias a todo lo largo de su trayecto. Por ejemplo: en la artrosis cervical el dolor se dirige al hombro y brazo; si se pinza el nervio ciático en la región lumbar, las molestias aparecen en la parte posterior del muslo y pierna.

[ASMA]

¿QUÉ ES?

El asma es otra de las reacciones alérgicas más desarrolladas a consecuencia de pólenes, hierbas y otros. La mayor parte de los casos se presenta antes de los 30 años y es frecuente que se acompañen de cuadros de rinitis alérgica o cuadros cutáneos. En el mundo hay aproximadamente 150 millones de personas que padecen asma, en España casi 3 millones. Afecta sobre todo a los más jóvenes. El 10 % de niños y adolescentes es asmático. Produce 100.000 muertes al año en el mundo. El 80 % de las causas de asma se relaciona con procesos alérgicos a sustancias como los ácaros del polvo, el polen y hongos diversos. El asma alérgica es una dolencia que existe desde siempre, ya la abuela Villar nos enseñó a preparar brebajes naturales por si el día de mañana alguno de la familia se encontraba con este problema.

> *Brebaje y cataplasma para el asma.* Se cuecen dos zanahorias tiernas y seis dientes de ajo en medio litro de leche vegetal durante 10 minutos a fuego muy lento (al mínimo). Transcurrido este tiempo, se sacan los ajos y las zanahorias y se añade medio kilo de miel de espliego o tomillo. Se mezcla todo bien y se pasa a un tarro de cristal opaco, y si no, se forra con un paño, papel o similar. Se guarda en un sitio muy fresco y seco. Se toma una cucharada en el desayuno, comida y cena y se añade una más al acostarse. En caso de crisis, se da una cucharada sopera cada dos horas. También se aplica una cataplasma de cebolla picada con tres cucharadas de miel (de la que hemos utilizado en el jarabe) en el pecho y se cubre con un paño de algodón y una toalla. Enci-

ma se pone el pijama para que todo quede bien envuelto. Estos dos remedios son especialmente recomendados cuando las crisis aparecen durante la noche.

› *Manzanas.* Este remedio nos lo contó un pastor que padecía de asma alérgica. Cuando el pastor se aprovisionaba de todo lo que necesitaba para pasar el duro invierno en las Bardenas, paraje natural de Navarra situado en el término de Arguedas, mi pueblo natal, nunca le faltaban las manzanas para hacer caso al dicho inglés: «Si una manzana comieras al día, del médico te librarías.» El pastor observaba que cuantas más manzanas se pudrían, menos crisis de asma padecía por las noches. Y es que, en la corraliza donde vivía junto a sus ovejas, tan sólo disponía de un pequeño espacio rectangular donde alumbraba la chimenea, allí tenía la cama y una pequeña mesita que usaba para reparar el hambre producida por las arduas tareas de pastor. En el mismo habitáculo se encontraba un cubo donde iba poniendo las manzanas podridas y éstas desarrollaban un hongo llamado *penicilium* que es curiosamente de donde se extrae la penicilina. No es de extrañar que cuantas más manzanas se pudrían menos crisis de asma padecía el pastor, pues este hongo era dispersado por el propio ambiente y al respirarlo el pastor su asma mejoraba. Los que padezcan asma alérgica no deben tirar las manzanas podridas, sino ponerlas en un plato y colocar éste en la mesilla de noche cerca de la cabecera de la cama. Se nota pronto una mejoría, no sólo en el asma alérgica, sino también en bronquitis, catarros crónicos o infecciosos…

› *Ajo, zanahoria, leche y miel de abejas.* Se cuece media cabeza de ajos y 2 zanahorias en medio litro de leche vegetal hasta que las zanahorias queden tiernas. Se endulza al gusto de cada uno con la miel y se toma a la hora de ir a la cama.

› *Cataplasma de cebolla y miel.* Se pela una cebolla y se calienta en la sartén con un poco de aceite de oliva virgen de primera presión en frío. Después se coloca sobre el pecho y los hombros, en forma de cataplasma, con cuidado de no quemarse y se coloca una capa de miel. Encima nos pondremos una camiseta de algodón.

› **Tos irritativa.** Este remedio es para tratar los casos de tos irritativa con un componente alérgico que sobreviene al ir a la cama. Se diluye lentamente en la boca una cucharada de aceite de oliva virgen de primera presión en frío para que nuestra laringe y faringe se lubriquen y se calme la tos.

› **Excrementos de paloma.** Los asmáticos deben tener cuidado con los excrementos de paloma, pues tras el contacto pueden aparecer crisis y otras consecuencias negativas como criptococosis, abortos, meningitis, dolores de cabeza o alergias.

› **Una bolsita de espliego** debajo de la almohada facilita la respiración de los asmáticos durante la noche.

Sabías que...

Junto con la diabetes el asma es una de las enfermedades crónicas que más está aumentando en los últimos lustros y lo seguirá haciendo durante el siglo XXI. La contaminación ambiental, la aparición de nuevos alimentos, etc., favorecen este proceso. Bien es cierto que, sobre todo en la infancia, muchos casos de asma mejoran con la edad y cuando el enfermo llega a la juventud la enfermedad casi ha desaparecido.

[BAÑOS]

¿QUÉ SON?

Existen muchos tipos de baños: de agua, de aire, de sol...
Cada uno de ellos representa diferentes formas de estimular diversas funciones y limpiar el organismo, aunque todos
ellos tienen en común que es la piel la primera de las zonas
beneficiadas y, a partir de ella, favorecemos el funcionamiento
de otros elementos más internos como el sistema circulatorio, los huesos y articulaciones, el aparato respiratorio, el
sistema digestivo e incluso el nervioso.

TIPOS Y APLICACIONES

› **Baños de sol.** Están especialmente indicados para favorecer el sistema muscular, articular y los huesos. Su principal
virtud es la de facilitar la formación de provitamina D en la
piel, que más tarde se transformará en vitamina D, imprescindible para la adecuada fijación del calcio en los huesos.
Deben tomarse con moderación, no solamente en verano y
mejor si lo hacemos de forma dinámica (caminando, jugando), y no de manera estática. En verano no debemos permanecer expuestos al sol más de un cuarto de hora. Recuerda
que las exposiciones al sol se suman año tras año.

› **Baños de aire.** Representan un notable estímulo para la
piel y en particular para los vasos sanguíneos situados debajo de ella. Podemos aprovechar los días con una ligera bri-
sa y algo de sol para practicarlos en lugares amplios y bien
ventilados durante unos 5 minutos (con ello es suficiente).

› **Baños de agua.** Pueden ser con aguas saladas, dulces o minerales. En cualquier caso resultan apropiados para realizar diferentes ejercicios que de otra manera no podríamos practicar, al tiempo que suponen una buena «alimentación» para la piel, en función de las sustancias minerales que incluyan. Los beneficios de los baños de agua se verán incrementados si aprovechamos para cepillar o friccionar la piel y estimular con ello su limpieza y nutrición, al tiempo que favorecemos el sistema circulatorio.

› **Baño de leche.** Este tipo de baño tiene notables efectos relajantes, así como suavizantes e hidratantes para la piel. Llena la bañera hasta la mitad con agua templada-caliente y añade 2 litros de leche entera. Luego sumérgete y permanece así durante 10-15 minutos.

› **Baño de sal.** Al igual que en el caso anterior, este baño posee efectos relajantes y muy saludables para la piel. Basta con añadir 1 o 2 kilos de sal gruesa a la bañera y permanecer en su interior 20 minutos. Con este tipo de práctica producimos cierto efecto exfoliante sobre la piel, además de proporcionarle un buen número de minerales que son imprescindibles para su buena función.

› **Ducha.** Si la practicamos de forma eficaz es un gran estimulante para la mayor parte de nuestros sistemas y aparatos. Lo ideal es realizar la denominada ducha de agua alterna (primero agua templada-caliente durante unos minutos y acabamos los últimos segundos con agua fría), junto con el cepillado o friccionado de la piel con un guante de crin. Con ello mejoramos el funcionamiento de la piel, equilibramos la sudoración, se incrementan nuestras resistencias, facilitamos la actividad de las vías aéreas (incluso se desprenden secreciones bronquiales) y, por supuesto, estimulamos la circulación de la sangre.

› **Baños de arena.** Vienen bien a la hora de relajar, tonificar y estimular la circulación, por eso están indicados en caso de artrosis, artritis, reuma, contracturas musculares, celulitis, relajación de músculos tensos por culpa del estrés e insomnio. Esta terapia de arena, sal y sol consiste en bañarse en el mar y, sin secarse, enterrar en la arena de la playa todo el cuerpo excepto la cabeza. Para ello necesitaremos alguien que nos ayude. Se debe hacer en días cálidos y soleados. Si hace mucho calor se puede buscar una sombra donde practicarlo; los rayos solares también llegan pero lo mejor es hacerlo al sol, antes de las 11 de la mañana o después de las 5 de la tarde si es verano, y en las horas más cálidas el resto del año. El agujero no debe ser muy profundo para que la arena no esté húmeda. Nos tumbaremos relajadamente con las piernas extendidas y los brazos estirados a lo largo del cuerpo. La arena debe cubrir el cuerpo por completo, pero no debemos poner una capa demasiado gruesa para que los rayos del sol penetren adecuadamente. No debemos olvidar aplicarnos crema solar en la cara y colocarnos un sombrero adecuado para proteger estas zonas de los rayos del sol. Después de unos 15 o 20 minutos de baño de arena podemos limpiarnos con el agua del mar si está tibia. Posteriormente podemos aplicarnos un preparado con 10 o 15 gotas de aceite de almendras dulces, 4 gotas de aceite esencial de albahaca o de bergamota o aceite esencial de lemongrás o de incienso y aloe vera directo de la planta (la cantidad que quepa en una nuez). Para terminar, nada mejor que realizar unos suaves ejercicios de estiramiento, respiración y relajación. Habremos conseguido proporcionar un bienestar general a nuestro organismo.

SABÍAS QUE...

La piel de una persona adulta abarca una superficie de unos 2 metros cuadrados, gracias a la cual se eliminan muchos residuos (urea, ácidos grasos, sal), pero también podemos estimular otros órganos e incluso formar vitaminas. Por lo tanto no se trata sólo de una simple barrera...

[BRONCEADO]

¿Qué es?

La piel es muy sensible a los efectos de las radiaciones solares, por lo que para protegerse de ellas cuenta con unas células denominadas melanocitos, encargadas de producir un
pigmento oscuro que las cubre y protege: la melanina (por
eso en verano la piel se oscurece). Sin embargo, con frecuencia exponemos la piel a los efectos del sol durante tiempos prolongados. En estos casos hay que ayudarla con los
bronceadores que, además de facilitar la adquisición del color oscuro o moreno, también la protegen para que no se
«queme».

Tratamiento y prevención

› *Jugo de zanahoria.* Para estimular de forma natural la producción de melanina bebe, después de tomar el sol, medio
vaso de jugo de zanahoria recién hecho.

› *Aceite de girasol.* Antes de exponerte al sol aplica sobre
tu piel (particularmente en las zonas más sensibles) un poco
de aceite de girasol y frota con suavidad hasta que se absorba por completo. Luego puedes seguir con tu protector o
bronceador habitual, pero de esta manera conseguirás mejores efectos para la piel.

› *Bronceador natural.* Tomando poco sol puedes conseguir
mayores efectos con este bronceador de zanahoria. Se trocean y machacan muy finamente 2 zanahorias medianas sin

piel y bien lavadas. Luego se pasan por un colador fino para
conseguir su jugo. Finalmente se añade un poco de aceite de
oliva virgen de primera presión en frío o de germen de trigo (la punta de una cuchara), 2 cucharadas de zumo de limón y se mezcla bien. Se guarda en el frigorífico, dentro de
un frasco de color oscuro con tapón de rosca hermético. Se
aplica diariamente sobre el cuerpo, primero en las manos,
extendiéndolo bien hasta que se absorba. Antes de usar se
debe agitar.

› *Aceite bronceador para el invierno.* Este aceite nos lo podemos aplicar cuando demos paseos por la calle en invierno. Consiste en introducir en una botella 50 centímetros cúbicos de aceite de sésamo, se le añaden 15 gotas de aceite
esencial de jazmín y a continuación otros 50 centímetros cúbicos de aceite de sésamo. Se agita bien para que se mezclen
todos los ingredientes y queda listo para aplicárnoslo cuando queramos.

› *Para mantener el bronceado.* Mezclaremos nieve de primavera derretida con la misma cantidad de aceite de oliva
virgen de primera presión en frío hasta que quede bien ho-
mogeneizado. El resultado nos lo aplicaremos en la piel cuando vayamos a tomar el sol. Además, este remedio ayuda a
que no nos salgan manchas solares. Sirve también para aquellas personas alérgicas a los rayos solares.

› *Autobronceado natural.* Si lo que queremos es conseguir
un bonito tono moreno sin necesidad de tomar el sol podemos seguir el siguiente remedio turco: se diluye una cucharada de henna en la bañera y permanecemos dentro unos minutos. La piel adquirirá un bello color dorado que durará
algunos días aunque nos duchemos. Cuanto más tiempo per-
manezcamos dentro de la bañera y cuanta más cantidad de
henna añadamos, más intenso será el color en la piel.

› *Crema protectora del sol y cicatrizadora de heridas.* Se
corta una rama de saúco de unos 8 o 9 centímetros de cir-

cunferencia y se secciona en trozos de 10 cm que a su vez se dividen en cuatro por su eje central. Se introducen en un recipiente con un litro de aceite de oliva de primera presión en frío y se calienta a fuego muy lento, sin que deje de hervir, durante una hora. A continuación se cuela el aceite y se le añade 100 gramos de cera virgen. Una vez que se derrita la cera se guarda en tarritos de cristal y se cierran bien.

› **Después del sol.** Después del sol el cuerpo y el cabello necesitan depurarse y nutrirse. Para ello podemos limpiar el cutis con baños de vapor y exfoliarnos la piel del cuerpo una vez por semana.

› **Bronceador para tomar el sol.** Se mezclan tres cucharadas de aceite de oliva de primera presión en frío, cuatro de aceite de coco o de sésamo, dos de vinagre de sidra, 5 gramos de esencia de rosas y otros 5 de esencia de lavanda. Una vez bien mezclado todo, queda listo para aplicarlo antes de tomar el sol.

› **Para conservar la piel morena.** Nos aplicaremos diariamente leche fresca de vaca con zumo de zanahoria recién hecho, a partes iguales.

Sabías que...

Para facilitar el bronceado se consiguen los mismos efectos, e incluso superiores, si nos exponemos al sol en movimiento (paseando, jugando), en lugar de permanecer sentados e inmóviles. Además resulta menos agresivo y más saludable para el resto de los órganos de nuestro cuerpo.

[BULIMIA]

¿QUÉ ES?

La bulimia se conoce desde antiguo como una situación en la que prevalecen las ganas exageradas de comer, casi se come a todas horas. Sin embargo, en nuestros días, entendemos por bulimia un consumo anormal de alimentos, generalmente compulsivo, «en atracones» y en determinados momentos, que muchas veces no se ve acompañado de aumento de peso porque se practica «a escondidas» o bien se vomita lo consumido, también «a escondidas». En general la bulimia suele asociarse a problemas de tipo psicológico donde puede existir falta de autoestima, carácter depresivo, e incluso, a veces, puede cohabitar con una anorexia nerviosa. Ante esta situación hay que tener en cuenta los siguientes aspectos...

TRATAMIENTO Y PREVENCIÓN

› *Actividades alternativas*. Siempre que te veas afectada por el mal humor, irritabilidad, ansiedad o cierta depresión, no busques alivio en el consumo exagerado de alimentos que luego puedan producirte cierto grado de culpabilidad. En su lugar busca actividades alternativas como hacer deporte, charlar con otras personas...

› *Los primeros síntomas*. Si tú misma te das cuenta de que con frecuencia el consumo exagerado de alimentos te reconforta y luego te produce una sensación de autoculpa, si te apetece comer «a escondidas» para que nadie te vea, piensa que hay un problema psicológico que debes descubrir y tratar. Si además, después de comer quieres vomitar lo consumido, tu situación necesita asesoramiento psicológico.

Sabías que...

En general bulimia significa «comer más de lo normal», por eso en ocasiones se atribuye esta condición a otras situaciones en las que las personas comen de forma exagerada, como es el caso de muchas mujeres antes de la menstruación (bulimia premenstrual), algunos enfermos con degeneración senil (bulimia senil) e incluso enfermas con histeria.

[CABELLO]

¿Qué es?

El cabello, que en número de más de 150.000 pelos se distribuye por la cabeza, tiene asignadas numerosas funciones además de la estética. Entre otras cosas evita la pérdida de calorías desde la piel de la cabeza, protege esta zona de las temperaturas extremas, así como del roce. Cada pelo tiene su propia raíz, zona desde la que se forma y facilita su crecimiento, además de aportarle el color determinado genéticamente. La raíz se encuentra cerca de la superficie, si bien «sube y baja» a modo de ciclos. Cuanto más largo es el pelo, más cerca de la superficie se encuentra. Se calcula que el ritmo de crecimiento es de aproximadamente 8 milímetros al mes. Su composición es muy similar a la de las uñas y, al igual que éstas, carece de terminales nerviosas (por eso no duele cuando se corta). Por su importancia, el pelo exige una serie de cuidados especiales para evitar su pérdida, ya sea en número o en calidad y aspecto.

Tratamiento

› **Alimentación rica en** productos que aseguran la vitalidad del cabello: abundantes frutas y verduras que le proporcionen vitaminas A, B, C, sílice y otras sustancias imprescindibles.

› **Para conseguir más brillo** en tu cabello bate una yema de huevo y añade dos cucharadas de cerveza. Luego extiende la mezcla por las raíces de tu pelo con la ayuda de un ligero masaje y déjalo actuar durante 20 minutos. Después elimínala con abundante agua tibia. Se hace una vez por semana.

› *Vino blanco para dar brillo.* Se elabora una infusión de romero en medio litro de vino blanco y luego se añade al agua del último aclarado.

› *Lavado rápido y natural.* Si tenemos poco tiempo para lavarnos el cabello basta con espolvorear por la cabeza unos polvos de talco, frotar bien y luego cepillarse hasta que no quede ningún rastro de los polvos. Finalmente nos peinaremos normalmente con cepillo y secador. Otra forma de conseguir los mismos efectos es mojar un trozo de algodón con alcohol sanitario (del habitual en casa) y aplicarlo en las raíces del pelo. Luego masajearemos la cabeza con los dedos y nos cepillaremos.

› *Si queremos conseguir más volumen* sólo hay que mezclar en un vaso un chorrito del champú habitual con la misma cantidad de vodka. Se aplica la mezcla por todo el cabello y luego se aclara con abundante agua. Secar con suavidad.

› *Acondicionadores del cabello* hay muchos y muy sencillos. Si el pelo es graso, después del aclarado, aplicaremos unas gotas de aceite de romero y con un cepillo lo distribuiremos bien. Si el pelo es seco o normal, realizaremos las mismas maniobras pero con unas gotas de aceite de lavanda. Si el cabello es muy fino o frágil mezclaremos una cucharada de vinagre con un cuarto de litro de agua y lo aplicaremos después del lavado como en los casos anteriores.

› *Proteger los cabellos del sol.* Utilizaremos mayonesa con limón. Mezclar la mayonesa de un huevo entero con el zumo de medio limón y añadir un chorrito de aceite, mezclar bien, batir con batidora y seguidamente echar el resto de aceite. Batir de nuevo y añadir 20 gotas de esencia de romero. Aplicar la mayonesa en todo el pelo frotando un poquito las raíces del cabello y el resto del pelo. Esperar 20 minutos y después aclarar con agua templada. En la primera semana se puede aplicar este remedio 2-3 veces, la semana siguiente una sola vez. Con ello se fortalecerá el pelo y éste recuperará su brillo.

› *Champú de urgencia.* Envolver un cepillo o peine con una gasa limpia, procurando que las púas la atraviesen y después mojar la tela con un poco de colonia. Cepillar enérgicamente el pelo y el cuero cabelludo, varias veces, hasta que la suciedad del pelo se quede en la tela.

› *Mascarilla para cabello seco y quebradizo.* Se mezcla una yema de huevo con aceite de oliva virgen de primera presión en frío hasta hacer una especie de mayonesa que se aplica en el cabello y se mantiene así durante media hora. Si se quiere se puede recoger el pelo con una toalla. Esta mascarilla nutre e hidrata hasta los cabellos más secos. Debe hacerse por lo menos una vez a la semana al principio. Resulta sorprendente su efectividad. Muchas famosas practican este remedio.

Prevención

No conviene lavarse el cabello todos los días con champús. El secador debe colocarse siempre a una distancia mínima de un palmo de la raíz para no quemarla. Recurrir lo menos posible a tintes y otros productos artificiales. Reducir la exposición del cabello a la acción del sol. Utilizar sombreros transpirables. Evitar que sobre el cabello actúe el agua salada o el cloro (emplear gorros protectores).

Sabías que...

Si queremos tener un pelo fuerte y que crezca rápido debemos cortarlo siempre en luna llena.

[CABELLO (color)]

¿QUÉ ES?

El color del pelo depende de los genes que nos han transmitido nuestros padres que marcan, en última instancia, la producción de pigmentos colorantes en la raíz del cabello y que ascenderán a lo largo de todo su recorrido. Cuanto más numerosos sean los pigmentos, más oscuro será el color del cabello. Como las células productoras de estos pigmentos son muy similares a los melanocitos que producen melanina en la piel («el moreno»), existe cierta concordancia entre el color del cabello y el de la piel, en el sentido que las personas con piel clara suelen tener pelo claro, rubio, y las más morenas, pelo negro.

TRATAMIENTO Y PREVENCIÓN

› *Para reforzar el color.* En el caso del color oscuro podemos recurrir a infusiones de clavo o de romero que aplicaremos sobre el cabello después del lavado. Debemos dejarlas actuar durante 15 minutos y luego las eliminaremos con agua. En el caso del pelo rubio utilizaremos infusiones de manzanilla o de caléndula, de la misma forma que en el caso anterior.

› *Brillo para el cabello claro.* Exprimir un limón, colar el zumo y luego, después de lavarse el cabello, aplicarlo sobre la cabeza con la ayuda de un ligero masaje. Dejar actuar un cuarto de hora y luego aclarar. El pelo adquirirá más brillo e incluso un tono más rubio.

› *Para aclarar el cabello* nada mejor que la salvia. Basta con añadir un puñado de hojas de esta planta a un cuarto de litro de agua y cocerlo a fuego lento durante quince minutos. Luego se filtra y se aplica sobre el cabello tras el lavado, cuando aún se encuentra húmedo.

› *Pelo brillante y fuerte con ortiga y tila.* Se puede elaborar un líquido muy sencillo que ayudará a fortalecer y dar brillo al cabello. Se mezcla en una cazuela una tacita de ortiga, otra de tila y un litro de agua caliente. Se revuelve bien y, cuando el agua esté fría, se añade un litro de vinagre de sidra. Se mezcla de nuevo, se pasa a una botella o recipiente con cierre hermético y se deja reposar 2-3 horas y se guarda en un lugar oscuro y seco. Se aplica una vez por semana después del lavado del cabello y con el último aclarado. Para ello se cuela el equivalente a un vaso de agua y se masajea el pelo.

› *Receta para tener el cabello más rubio.* Se hierven 2 cucharadas grandes de manzanilla romana por cada ½ litro de agua hasta que se reduzca a la mitad, y cuando se enfríe se le agrega el zumo de 1 limón y 2 cucharadas soperas de agua oxigenada. Se cuela todo y se aplica mediante fricciones en el cabello. Si se quiere se le puede añadir agua de rosas para perfumar. Los cabellos rubios o castaños adquieren brillo y belleza.

SABÍAS QUE...

El empleo constante de tintes para el cabello colabora de forma decisiva en su debilitamiento.

[CABELLO (graso o seco)]

¿QUÉ ES?

Junto a la raíz del cabello se encuentran unas pequeñas glándulas productoras de grasa que se encargan de elaborar una fina capa de materiales grasos para proteger la parte más externa del cabello. En función de la producción de grasa podemos encontrar pelo seco, normal o graso. Cuando el pelo es seco puede resultar más vulnerable a los agentes externos y presentar mayor fragilidad. Si el pelo es graso, pueden surgir muchos problemas estéticos, mayor tendencia a la suciedad e incluso facilitar la formación de caspa y dermatitis que afectan no sólo a la cabeza sino también a la cara (cejas, párpados, pliegues de la nariz, puente nasal). La causa más frecuente de pelo graso es la genética (herencia), si bien puede agudizarse por el abuso de champús y jabones fuertes y el consumo excesivo de embutidos y grasa animal.

TRATAMIENTO Y PREVENCIÓN

› *Zumo de limón para el pelo graso.* Una vez por semana, después del lavado normal (con champú normal), masajear las raíces del pelo con un poco de zumo de limón. Con ello se disminuye la producción de grasa.

› *Pelo seco o reseco.* Antes de lavar el pelo con un champú específico, utilizaremos un pincel para extender por la raíz del cabello un poco de aceite de oliva virgen, luego con un cepillo extenderemos el aceite por el cabello y nos envolveremos la cabeza con una toalla caliente durante quince minutos. Finalmente nos lavaremos normalmente.

› *Cabello fino o quebradizo.* Después de lavarse el pelo conviene masajearlo con una mezcla de una cucharada sopera de vinagre en un vaso de agua. Lo dejamos actuar durante quince minutos y luego nos aclaramos con agua tibia. Tendremos el pelo más fuerte, voluminoso y brillante.

› *Pelo suave.* Masajear el cabello, antes de lavarlo, con una mezcla de aceite de oliva (2-3 cucharadas) y unas gotas (3-4) de esencia de romero. Dejar que actúe la mascarilla durante quince minutos y luego lavarse la cabeza con normalidad.

› *Para vitalizar el cabello.* Después de haberse aclarado el champú masajeamos el cabello con vinagre de manzana (1 cucharadita) mezclado con una infusión de romero. Lo dejamos actuar veinte minutos y lo eliminamos con agua tibia.

› *Mayonesa para el pelo seco.* Una vez a la semana se extiende un poco de mayonesa en la mano y luego se aplica en el cabello y sus raíces. Se deja que actúe durante quince minutos o más tiempo si es posible (hasta tres cuartos de hora). Luego se lava el pelo con agua tibia.

› *Pelo seco, mejor con cerveza.* Introducir un poco de cerveza en un pulverizador y, tras lavarse la cabeza, se aplica en el pelo y raíces. Se deja actuar un cuarto de hora y luego se seca con la ayuda de una toalla, sin necesidad de lavar el pelo.

› *Pelo suave y sin picor.* Aplicar masajes en la raíz del cabello con la ayuda de unas gotas de aceite de germen de trigo después del lavado. Se deja que actúe veinte minutos y se elimina con un aclarado. Si se hace una vez por semana no aparecerá el picor, y además estará más suave el pelo.

Sabías que…

Los lavados frecuentes del pelo graso propician la producción de grasa. Lo mismo sucede con una actividad física intensa, la humedad o el calor.

[CABELLO (caída)]

¿QUÉ ES?

Se calcula que nuestra cabeza cuenta con más de 150.000 folículos pilosos o cabellos en el momento del nacimiento. A lo largo de la vida muchos de ellos se pierden por efecto de factores hormonales (andrógenos u hormonas masculinas), consumo de medicamentos (como los anticancerosos y antitumorales), agresiones psicológicas intensas (estrés, malas noticias, depresión) e incluso factores genéticos (simplemente por las características heredadas). En la mujer, al contrario de lo que sucede en los hombres, lo habitual es que la caída del cabello se produzca de forma difusa, esto es, en todo el cuero cabelludo, razón por la cual se nota menos que en los hombres, en los que la pérdida se centra en una o varias zonas (coronilla, sienes, parietales). Cuando el pelo se cae, lo fundamental es evitar que siga este proceso en lugar de centrar nuestro interés en recuperar lo perdido.

TRATAMIENTO Y PREVENCIÓN

› *Jugo de tomillo y romero.* Se ponen en un frasco o una botella de cristal de un litro dos puñados de tomillo y otros dos de romero. Añadir alcohol de baja graduación (20 o 30 grados) hasta cubrir las plantas, cerrar el frasco y dejar macerar la mezcla en el frigorífico durante una semana. Transcurrido ese tiempo, filtrar el líquido resultante y aplicarlo diariamente sobre el cuero cabelludo con la ayuda de la punta de los dedos y de un pequeño masaje. Debes mantener el tratamiento hasta que notes los efectos del mismo.

> *Jugo de albahaca.* Hierve en un litro de agua durante 20 minutos 150 gramos de hojas de albahaca. Luego licúa las hojas y guarda el líquido en un frasco con cierre hermético. Se aplica diariamente sobre la raíz del cabello.

> *Jugo de boj y romero.* En un frasco de cristal grande se mezclan 50 gramos de hojas de boj, otros tantos de romero y un litro de alcohol de 60 grados. Se deja macerar durante 15 días en lugar seco y oscuro, y se agita de vez en cuando. Se cuela y se guarda el líquido en un tarro hermético. Se realizan fricciones del cuero cabelludo con este líquido dos veces diarias durante 2-3 días a la semana.

> *Berros.* Este alimento incluye numerosas vitaminas y minerales imprescindibles para el cabello. Conviene utilizarlos con frecuencia en nuestra dieta habitual.

> *Mujeres.* Aquellas mujeres que sufran caída del cabello por culpa de la anemia, pueden recurrir a la receta de zanahoria, remolacha roja y levadura de cerveza que se explica en el apartado que trata esta dolencia (anemia).

SABÍAS QUE...

Sólo los transplantes de cuero cabelludo (no injertos) o la autotransposición del propio cuero cabelludo pueden facilitar tratamientos definitivos a la pérdida del cabello.

[CAÍDA DEL PECHO]

¿QUÉ ES?

La mama está constituida por varias capas desde la superficie de la piel hasta las proximidades de las costillas. Primero encontramos la piel, debajo abundantes glándulas mamarias con numerosos conductos que se dirigen hasta el pezón, tejido adiposo o graso entre las glándulas y, finalmente, los músculos pectorales que los separan de las costillas. Desde estos músculos, y desde una capa de tejido fibroso que les recubre, se envían pequeñas tiras de tejido conjuntivo que forman la mama por dentro. En el fondo, la permanencia de la mama en su posición habitual depende de la piel, las tiras de tejido conjuntivo, el tono de los músculos pectorales y la cantidad de grasa. La piel pierde tono con la edad y permite la caída, pérdida que se incrementa en el caso de una mayor presencia de grasa en las propias glándulas mamarias.

TRATAMIENTO Y PREVENCIÓN

› *Zumo de manzana.* Es un excelente revitalizante para la piel, por eso te aconsejamos que varios días a la semana mojes una gasa en zumo fresco de manzana y lo apliques con suaves movimientos circulares sobre la mama.

› *Agua fresca.* Siempre que te duches aplica sobre la mama un chorro de agua fresca mediante movimientos circulares. Con ello mejoramos la circulación de la sangre en la piel y su vitalidad.

› *Pasta de avena y almendras.* Esta pasta incrementa el tono de la piel del pecho, además de tener efectos suavizantes y revitalizantes. Para elaborarla mezclaremos dos cucharadas de harina de avena con 25 gramos de almendras molidas muy finas y una cucharada de aceite de almendras. Se mezcla todo bien y se aplica sobre el pecho con suaves movimientos circulares. Se deja actuar durante 20 minutos y luego ya nos podemos duchar. Debemos repetir este remedio una vez por semana.

› *Ron y limón.* Se mezcla ron y zumo de limón a partes iguales y con el resultado se aplican masajes en la parte superior del pecho. Si somos constantes podremos presumir de unos pechos firmes. Este remedio de procedencia caribeña es muy popular en aquellas tierras.

› *Pechos demasiado grandes.* Se mezclan 40 gramos de crema neutra, 20 gramos de esencia de espliego y 1 gramo de cardo santo. Con el resultado nos aplicaremos 2 masajes diarios. Conseguiremos dar firmeza a los pechos y disolver masa de grasa residual.

› *Fórmula para el embellecimiento de los senos.* En un plato machacaremos 2 rodajas de piña fresca y las mezclaremos con 6 cucharadas de harina de trigo candeal hasta hacer una masa. Se coloca en forma de emplasto sobre los pechos y se cubre con una toalla pequeña durante 25 o 30 minutos. Después se limpia la zona con agua fresca. Estas aplicaciones se hacen 2 o 3 veces a la semana durante 15 días y después una semanal. Esta fórmula da vigor a los senos flácidos y los tonifica.

SABÍAS QUE...

Al contrario de lo que muchas mujeres creen, los sujetadores pueden alterar el tono de la piel del pecho y facilitar su caída.

[CÁLCULOS]

¿QUÉ SON?

Los cálculos son piedras de diferentes tamaños que se forman con restos de minerales (calcio), restos de células e incluso grasa, y que obstruyen diferentes conductos de nuestro organismo, sobre todo aquellos que tienen una mayor actividad o movimiento de líquidos en su interior como es el caso del riñón (pelvis renal), los uréteres que se dirigen a la vejiga urinaria, la vesícula biliar y sus conductos (cístico, colédoco)... La formación de los cálculos es un proceso lento que pasa desapercibido hasta que son tan grandes que obstruyen el conducto donde se encuentran y dan lugar al cólico, que se caracteriza por un dolor intenso, tipo «puñalada», que recorre la zona afectada e incluso el trayecto del conducto donde se aloja el cálculo. El dolor sube y baja y puede acompañarse de náuseas y vómitos (sobre todo si es de tipo biliar). Las personas con tendencia al sobrepeso y exceso de comida grasa son más propensas a este tipo de problemas.

TRATAMIENTO

› **Infusión de llantén mayor.** Con una cucharada de esta planta seca y una taza de agua hirviendo se prepara una infusión. Se toman 2-3 infusiones diarias mientras sigan las molestias. Los ingredientes de esta planta ayudan a disolver las piedras y evitan la formación de arenilla.

› **Manzana.** Tomar todos los días, a media mañana, una manzana limpia y con piel, ya que con su ayuda evitamos la formación de arenilla.

› *Té de escaramujo.* Todas las noches, antes de acostarnos, tomaremos un té de escaramujo para facilitar la eliminación de arenilla (no se debe practicar este remedio si existen problemas de estreñimiento).

› *Zumo de limón y aceite de oliva.* Si la piedra se encuentra en la vesícula biliar y es pequeña, podemos expulsarla si tomamos cada mañana, media hora antes de levantarnos de la cama, el zumo de un limón y luego nos volvemos a acostar. El cuarto día de esta práctica se añade al zumo una cucharadita de aceite de oliva virgen de primera presión en frío (este remedio sólo debe realizarse si la piedra es pequeña).

› *Savia de abedul o raíz de primavera.* En las herboristerías existen preparados de estas plantas que también ayudan, como el llantén mayor, a disolver las piedras e incluso a impedir su formación. Hay que tomarlos con cierta regularidad, aunque en dosis pequeñas.

› *Cálculos de riñón.* Tomaremos en ayunas, durante 9 días seguidos, el resultado de hervir en medio litro de agua las raíces de 7 puerros. Con este remedio conseguiremos eliminar las arenillas del riñón.

› *Cálculos en la vesícula biliar.* No comeremos nada después de las seis de la tarde, excepto un vaso con ⅓ de aceite de oliva virgen de primera presión en frío, la misma cantidad de zumo de limón y lo mismo de infusión de casia o sen, para completar un vaso, media hora antes de meternos en la cama.

PREVENCIÓN

Controlar el peso, beber mucha agua para «movilizar» la orina y los conductos por los que discurre para que no se forme arenilla, no abusar de alimentos con calcio (leche y derivados), comidas grasas, fritos, mantequilla, margarina, sal, carne y embutidos. Evitar el sedentarismo y practicar un poco de actividad física para movilizar los conductos de nuestro organismo y facilitar la actividad de la vesícula biliar.

SABÍAS QUE...

Cada vez se observan mayor número de casos de piedras en el riñón o vías urinarias derivadas de un consumo elevado de refrescos azucarados y colas. Este tipo de bebidas contienen gran cantidad de oxalatos que deben eliminarse por el riñón, y cuando se toman en exceso (más de 1 litro al día) son tantos los oxalatos eliminados que pueden formar arenilla y piedras.

[CALLOS]

¿QUÉ SON?

Los callos son endurecimientos de la capa más superficial de la piel o epidermis, que aparecen en las zonas de roce de las manos, dedos o pies, y presentan un color blanco-amarillento. Su origen se debe a la presión continuada de un objeto sobre las zonas indicadas. La piel, para protegerse, aumenta de grosor la capa de células más superficiales, la capa córnea (que son células muertas), para evitar de esta manera la formación de ampollas y lesiones similares. En general no duelen, aunque a veces pueden dar lugar a ligeras molestias.

TRATAMIENTO

› **Puerros en remojo.** Se coge un puerro crudo, se limpia bien, se corta la parte blanca central, se deja en remojo durante 24 horas, se corta por la mitad y se colocan ambas partes sobre el callo (ocultándolo por completo) con la ayuda de una venda, un trozo de esparadrapo o similar. Hay que renovar el trozo de puerro cada 12 horas. Notaremos cómo el callo se ablanda y podremos eliminarlo fácilmente (nunca hay que forzar el desprendimiento para no propiciar irritaciones e infecciones).

› **Hojas de hiedra y vinagre.** Se colocan 4-5 hojas de hiedra en vinagre y se mantienen en remojo durante 4 días. Después, se trocean con la ayuda de unas tijeras y se colocan los trozos sobre el callo. Se tapa con una venda o esparadrapo y se mantiene así 3 días. Al cabo de este tiempo el callo suele desprenderse. Si no es así, repetir el proceso.

› **Apósito con limón.** Cada noche, antes de acostarnos, colocaremos un trocito de limón sobre el callo y lo cubriremos con un esparadrapo. A la mañana siguiente se retira el limón. Hay que repetir el proceso hasta que el callo se ablande y pueda desprenderse con facilidad.

PREVENCIÓN

Lo mejor es proteger las zonas que sufren mayor roce con guantes, plantillas o similar. Cuando notes que comienza a formarse algún tipo de dureza, aplica sobre esa zona un poco de zumo de limón. En el caso de los pies, para evitar la aparición de durezas, aplicaremos sobre las zonas más expuestas un poco de vaselina.

SABÍAS QUE...

La capa más superficial de nuestra piel, en cualquier parte del cuerpo, está formada por células muertas. En condiciones normales esta capa tiene una sola hilera de células, salvo en el caso de los callos, que pueden tener varias decenas de células de grosor. Como las células están muertas y no entran en contacto con los nervios, podemos pinchar el callo o atravesarlo con una aguja pues no duele. El dolor surge cuando el callo presiona sobre las capas profundas de la piel.

[CALORÍAS]

¿QUÉ SON?

Las calorías representan la cantidad de energía que podemos obtener de un alimento cuando nuestro organismo lo digiere y metaboliza. Esa energía o calorías se utilizan para realizar las actividades diarias, razón por la cual, cuando nuestra actividad es baja, se utilizan pocas calorías y éstas (o las sustancias de las que proceden) se almacenan en el organismo en forma de grasa. Todos los alimentos se reducen a tres principios inmediatos: hidratos de carbono o azúcares, proteínas y grasas. Con mucho, las grasas son las que más calorías tienen (9 calorías por gramo), seguidas de las proteínas y, por último, de los azúcares (estos dos últimos 4 calorías por gramo de alimento). En nuestra dieta diaria debemos ajustar la cantidad de calorías que ingerimos con las que gastamos (según nuestra actividad), de lo contrario se acumularán en el organismo y aparecerá el sobrepeso. Para que eso no ocurra, tendremos en cuenta los siguientes puntos.

ALGUNOS DATOS...

Si cada día tomamos 100 calorías de más, esto supone engordar 2 kilos por año.

Valor calórico de algunos alimentos por cada 100 gramos: acelgas, 50; alcachofas, 49; aceite, 850; almendras, 598; bacalao fresco, 78; bombones, 458; boquerones, 110; calabacín, 12; calabaza, 20; cerdo a la plancha, 412; cerdo asado, 296; chocolate con leche, 558; ciruelas, 42; copos de cereales, 300; espárragos, 21; espinacas, 24; *foie gras*, 453; galletas María, 354; huevo cocido, 150; huevo frito, 200; jamón york,

170; jamón serrano, 210; judías verdes, 25; leche entera, 68; leche desnatada, 36; lechuga, 12; lomo, 380; macarrones cocidos, 110; macarrones con tomate, 178; mantequilla, 720; margarina, 700; melocotón, 42; mermelada, 275; nabos, 20; naranjas, 45; nueces, 650; pan blanco, 262; pan de centeno, 230; pan integral, 220; patata cocida, 65; patata asada, 110; patatas fritas, 325; patatas chips, 565; pepino, 15; pescadilla, 70; puerros, 45; queso, 300; rape, 80; salchichón, 500; sandía, 25; setas, 45; tarta, 250; tocino, 610; uvas 80; yogur natural, 75; yogur desnatado, 75; zanahoria, 35.

Actividades para perder calorías (cantidad de calorías perdidas por cada hora): trabajo sentado, 150; pasear rápido, 225; andar en bici lento, 250; nadar lento, 300; jugar al tenis, 420; jugar al baloncesto, 450; correr a intensidad media, 500; andar por el monte, 550.

Sabías que...

Las calorías que necesitamos dependen de la edad. Para calcular las tuyas aplica la siguiente fórmula: hasta 25 años necesitas al día 525 calorías más 27 por 26; de 25 a 45 años necesitas 475 más 25 por 26; de 45 a 65 años, 400 calorías más 20 por 26. A partir de 65 años, 400 más 20 por 25.

[CANAS]

¿QUÉ SON?

Todos los folículos pilosos o pelos del cuero cabelludo poseen en la raíz unas células encargadas de formar un pigmento similar a la melanina de la piel (la que produce el color moreno). Según la mayor o menor cantidad de pigmento el cabello será moreno, rubio o claro. Con el paso de los años estas células productoras de pigmento van desapareciendo y eso hace que el pelo pierda su color y adquiera un tono blanquecino (las canas). En su aparición tienen mucho que ver factores genéticos, enfermedades como la hipertensión arterial (y la arteriosclerosis en general) y las situaciones de estrés. Esto hace que unas personas tengan ya canas a los 20 años y otras nunca antes de los 40. Por lo general las primeras aparecen hacia los 35 años.

TRATAMIENTO Y PREVENCIÓN

› *Jengibre rallado.* Para reducir la aparición de las canas prepararemos una loción con jengibre: se añade una cucharada sopera de jengibre bien rallado a un cuarto de litro de agua hirviendo. Se deja reposar la mezcla 20 minutos, se filtra el líquido resultante y se guarda en un frasco con tapón de rosca o hermético. Se aplica el líquido con los dedos sobre las raíces del cabello 2 veces por semana.

› *Champú de hojas de hiedra.* Se añaden dos puñados de hojas de hiedra en un litro de agua y se cuecen hasta que estén tiernas. Se apaga el fuego, se deja que se enfríe el líquido y luego se cuela. Hay que guardarlo en un recipiente oscuro y con cierre hermético o de rosca y conservarlo en un lugar seco. Se utiliza como champú una o dos veces por semana. Este remedio colorea las canas, si no son muchas. Además es un champú revitalizante.

> **Zumo anticanas.** Cada mañana prepara un zumo licuando una rodaja de berza o repollo, dos zanahorias y un puñado de espinacas. El contenido de estos productos (vitamina A, betacarotenos, azufre) protege el cabello y las células que se encargan de dotarle de color.

> **Salvia y té negro.** Ambos ingredientes facilitan la coloración del cabello y dan vitalidad a las células pigmentarias retrasando la aparición de las canas. Se mezclan dos cucharaditas de salvia y dos de té negro. Se añaden a medio litro de agua y se espera a que hierva. Luego se cuece a fuego lento durante dos horas. Se aparta del fuego y una vez que se enfríe se filtra y se guarda el líquido en un frasco de cierre hermético o tapón de rosca. Se aplica todos los días sobre el cabello mediante un ligero masaje.

SABÍAS QUE...

Una cana no es un pelo muerto ni tampoco un pelo más fuerte, solamente le falta el color. Eso sí, el color natural del cabello no puede ser devuelto salvo con el tinte o pigmentos artificiales que se le proporcionen al cabello.

[CANDIDIASIS]

¿QUÉ ES?

Dentro del grupo de los hongos capaces de producir enfermedades en el ser humano se encuentra la denominada *Candida albicans*, cuya capacidad para desarrollar patologías se extiende a los aparatos respiratorio, digestivo y urinario. Las mujeres se ven más afectadas por este último tipo de infecciones, desarrollando vaginitis, uretritis y cistitis de larga evolución, que facilitan la llegada y desarrollo de otros gérmenes. La *Candida albicans* prolifera en estas zonas porque prefiere ambientes cálidos y húmedos, por eso debemos seguir una especial higiene en la región genital. El crecimiento de las cándidas es más frecuente en personas que tienen su sistema inmunitario deprimido o débil por sufrir otras enfermedades, como consecuencia de tratamientos médicos... Los síntomas de la candidiasis vaginal son pequeñas úlceras acompañadas de picor y secreciones blanquecinas. El contagio a otras personas es muy fácil. Otra zona donde con frecuencia pueden desarrollarse las cándidas es en la cavidad bucal, sobre todo cuando bajan las defensas, cuando hemos seguido un tratamiento con antibióticos de amplio espectro o por la quimioterapia, radiaciones.

En el caso de candidiasis intestinal se aconseja realizar una dieta a base de arroz integral y alga kombu, así como kuzu y verduras. También kéfir y por supuesto suprimir el uso de azúcares refinados y de harinas blancas.

Tratamiento

› **Yogur.** Se aplica sobre la zona afectada todos los días (mejor por la mañana), el equivalente a tres cucharadas de yogur natural bio. Se deja que la pasta actúe durante toda la noche y a la mañana siguiente se elimina con agua tibia. También hay que consumir un yogur de este tipo o bien de los naturales diariamente, pues resultan muy efectivos para combatir las candidiasis de tipo bucal (con ellos se equilibra la flora habitual y se reduce la actividad patógena de las cándidas).

› **Tampón de laurel y romero.** El laurel y el romero tienen efectos antisépticos y antiinflamatorios, por eso pueden ser útiles para tratar la candidiasis vaginal. Elabore una infusión de laurel bien concentrada y moje en su interior un tampón limpio. Luego aplique sobre el tampón un poco de miel de romero y colóquelo sobre la zona afectada. Puede practicar este remedio una vez al día, mientras duerme, hasta que desaparezcan las molestias. Es muy efectivo también, para todo tipo de hongos en la zona genital, lavarse todas los días con infusiones de laurel, como han hecho nuestras abuelas durante toda la vida.

› **Enjuagues de vinagre.** Éste es un remedio muy útil en el caso de candidiasis bucal. Para ello basta con mezclar una cucharada de vinagre (a ser posible de sidra) con un vaso de agua tibia, y realizar enjuagues bucales y gargarismos durante 5-10 minutos 2-3 veces al día.

› **Infusión de flor de saúco.** También para la candidiasis bucal y vaginal resulta de gran alivio tomar dos infusiones al día (media mañana y cena) realizadas con una cucharada de flor de saúco y una taza de agua hirviendo. Hay que seguir el tratamiento hasta que desaparezca el problema.

Prevención

Higiene extrema de la región genital con jabones neutros. En el caso de la candidiasis vaginal la contaminación en las relaciones sexuales es muy probable. Para evitar la humedad en estas zonas no deben utilizarse prendas de vestir ajustadas.

[CARIES]

¿QUÉ ES?

La cavidad bucal se encuentra llena de gérmenes, muchos de los cuales se acantonan entre las piezas dentarias y en los diferentes relieves de la corona de las piezas premolares y molares. Cuando estos gérmenes encuentran restos de alimentos (especialmente hidratos de carbono o azúcares) pueden crecer y reproducirse, al tiempo que elaboran sustancias ácidas que lentamente perforan las piezas dentales y surge la caries.

TRATAMIENTO Y PREVENCIÓN

› *Alimentación.* Reducir el consumo de azúcares refinados (blanco) ya que se ha demostrado que su propia descomposición puede dar lugar a sustancias ácidas. Otros edulcorantes como el azúcar moreno, melaza o miel no ejercen este tipo de actividad, por lo que los peligros son menores.

› *Higiene bucal.* Asegurar un buen cepillado bucal después de cada comida. Hay que cambiar el cepillo de dientes cada 3 meses aproximadamente. En el cepillado bucal no debemos olvidar limpiar la lengua, ya que suele comportarse como un «colchón» para los gérmenes.

› *Para combatir el dolor.* Cuando te moleste la caries, y como medida de urgencia, podrás reducir el dolor mediante gárgaras y enjuagues bucales con medio vaso de agua templada a la que añadirás un chorrito de agua oxigenada.

> *Yogur.* Cada vez que comamos yogur debemos lavarnos los dientes a conciencia ya que el ácido del yogur facilita la alteración del esmalte y por consiguiente también la aparición de caries.

SABÍAS QUE...

La cavidad que representa la caries ya nunca más volverá a tener tejido dental sano. Hay que limpiar bien la zona afectada para eliminar los gérmenes que pueda contener e impedir con ello que las bacterias afecten a otras piezas dentales e incluso a órganos situados a distancia, como los grandes vasos sanguíneos, corazón, pulmones...

[CASPA]

¿QUÉ ES?

La caspa representa el desprendimiento de células muertas que se producen en la piel del cuero cabelludo, con la diferencia de que en los casos de caspa el desprendimiento es muy elevado, muy por encima de lo normal, lo que hace que en lugar de eliminar las células muertas con el lavado del cabello, éstas inunden el pelo y zonas próximas. A la hora de valorar su origen hay que tener en cuenta factores tan diversos como el abuso en el empleo de champús y tratamientos del pelo, debilidad en la circulación de la sangre del cuero cabelludo, lavarse la cabeza con agua a temperaturas extremas, situaciones de estrés, conflictos psicológicos... Otras veces las causas son de origen desconocido e incluso pueden estar relacionadas con la polución ambiental. En ocasiones la caspa puede extenderse a las cejas y párpados, e incluso producir picor en las zonas afectadas.

TRATAMIENTO

› *Infusión de ortigas.* Siempre que utilices tu champú habitual, termina el lavado del cabello con un masaje de 5 minutos con una infusión de ortigas.

› *Frotar diariamente el pelo,* en frío, utilizando una infusión de ortigas, de sauce o de fumaria. Con ello fortalecerás el cabello y mejorará la circulación de la sangre del cuero cabelludo y de las células situadas en esta zona.

› **Cebolla y limón.** Pica un trozo de cebolla y viértelo en un plato con el zumo de un limón. Deja reposar la mezcla 5 minutos y luego aplica el líquido sobre el cuero cabelludo con la ayuda de un pequeño masaje. Practica este remedio 2 veces semanales.

› **Infusiones de bardana.** Como en el caso anterior, aplica cada día una infusión de bardana sobre el cuero cabelludo masajeando bien la raíz del cabello. Podrás incrementar la actividad de la bardana si tomas cada día una infusión de bardana después de la comida o la cena. Practica este remedio durante varias semanas, hasta notar que el problema desaparece.

› **Lociones de tomillo, própolis y lúpulo.** Selecciona cualquiera de estas lociones en tu establecimiento habitual y utilízala después de la ducha o del baño.

› **Masaje capilar.** Aprovecha la aplicación del champú en el lavado de cabeza para masajear durante 5-10 minutos la raíz del cuero cabelludo. Con ello mejoramos de forma notable la eliminación de células muertas y, lo que es más importante, la circulación de la sangre en toda la cabeza.

› **Orina.** Para eliminar la caspa podemos aplicarnos ligeros toques de orina propia de primera hora de la mañana. Lo haremos por las noches antes de irnos a la cama, y si queremos podemos recoger el pelo con un gorro que no sea de plástico. A la mañana siguiente nos lavaremos la cabeza con un champú suave. Esto mismo se puede hacer, en vez de con orina, con jugo de cebolla fresca.

PREVENCIÓN

Evita los lavados de cabeza frecuentes (cada 3 días como muy pronto), emplea productos suaves a la hora de tratar el cabello (elegir champús que incluyan en su fórmula ortiga, sauce o fumaria, y mejor si además tienen selenio y/o zinc), favorece la circulación de la sangre en tu cuero cabelludo realizando pequeños masajes con la punta de los dedos. Emplea las cantidades justas de champús, geles, lacas, espumas y productos similares.

SABÍAS QUE...

Los champús antigrasa que son utilizados con frecuencia tienen muchas probabilidades de favorecer la aparición de caspa.

SABÍAS QUE...

Uno de los factores que más facilitan la aparición de catarros y resfriados es respirar el aire por la boca y no por la nariz. Cuando el aire entra por la boca no se calienta, no se filtra y no se humedece, situación que irrita mucho las vías aéreas y disminuye sus defensas.

[CELULITIS]

¿QUÉ ES?

Nuestro cuerpo posee las llamadas células grasas, encargadas de almacenar la grasa dentro del organismo. Por lo general, las células grasas o adipocitos se sitúan debajo de la piel, donde forman el llamado panículo adiposo, aunque también se encuentran alrededor de órganos internos como los riñones, corazón, intestino... En la mujer, y por efecto de las hormonas sexuales femeninas (estrógenos), la capa grasa es más generosa en la región abdominal, caderas y muslos. En el caso de la celulitis las células grasas son más numerosas, más grandes y además se ven rodeadas de una especie de red formada por tiras de tejido conjuntivo que las «retiene» en una zona determinada (cadera, muslos). En su origen, todavía no bien conocido, podemos encontrar alteraciones del riego sanguíneo local, factores de tipo genético...

TRATAMIENTO

› **Hiedra.** A una cazuela con un litro de agua hirviendo se añade una taza de hojas de hiedra y se deja reposar durante 2-3 horas. Luego se cuela el líquido y se guarda en una botella. Las hojas de hiedra cocidas se aplican sobre la zona con celulitis con la ayuda de una venda y se deja que actúen durante 1-2 horas. Luego se lava esa zona con el líquido de la cocción. Este remedio hay que repetirlo una vez por semana y el resto de los días de la semana aplicar un ligero masaje sobre la zona, con el líquido de la cocción.

› *Hiedra fresca.* Se coge un puñado de hojas de hiedra fresca y se pican. Con una gasa, se colocan sobre la zona afectada y se dejan actuar durante 1-2 horas. Se repite todos los días.

› *Queso de burgos.* Se aplica todos los días, sobre las zonas afectadas, una gasa con una capa muy fina de queso de Burgos y se deja que actúe durante una hora.

› *Masaje con vino blanco.* Se aplica un poco de vino blanco sobre la zona afectada con la ayuda de un guante de crin y se dan masajes circulares, durante 3 minutos. Seguidamente se continúa el masaje con el hueso de un aguacate durante otros 3 minutos. Terminaremos con una ducha-masaje de agua fría sobre la zona celulítica. Se practica en días alternos o mejor a diario.

› *Aceites esenciales.* Muchos aceites esenciales colaboran en la disolución y eliminación de la grasa y del agua en las zonas celulíticas. Este efecto lo podemos conseguir con el aceite esencial de limón, de romero, de ciprés o de cedro. Basta con aplicar uno de ellos con un suave masaje circular de 5 minutos de duración. Se hace dos veces al día (hay que ser constantes en la aplicación).

› *Hinojo.* El bulbo de hinojo fresco tiene efectos contra la grasa y contra las toxinas. Por eso se recomienda tomar este tipo de hinojo acompañando a las ensaladas unas 2-3 veces por semana para reducir la obesidad y la celulitis.

› *Sopa anticelulitis.* Se trocean 3 cebollas medianas, dos puñados de acelgas, vainas u otras verduras y se echa todo en un litro de agua hirviendo. Se cuece hasta que todos los ingredientes estén bien blanditos, luego se apaga el fuego, se deja reposar y se cuela el líquido. Para dar un poco más de sabor podemos añadir el zumo de un limón y unas gotas de aceite de oliva virgen de primera presión en frío. Hay que tomar todos los días una taza de esta sopa en la comida de mediodía y otra en la cena. Posee efectos desintoxicantes y «antigrasa» (favorece su disolución).

› *Infusión de cola de caballo.* Por sus efectos diuréticos ayuda a eliminar líquidos y a reducir la celulitis. Hay que tomar una infusión cada dos días.

› *Dieta de la avena.* En cada cambio de estación podemos practicar esta dieta que explicamos en el capítulo de la alimentación.

› *Ejercicio.* Nos ponemos una bolsa grande de plástico entre la ropa interior y el chándal, a modo de pantalón, que nos cubra desde las rodillas hasta la cintura y nos sentamos en el suelo con las piernas estiradas. Hay que intentar avanzar en esta posición deslizándose sobre los glúteos. Por lo menos tenemos que desplazarnos 20 metros todos los días. Conseguiremos que esta zona cubierta con la bolsa de plástico nos sude y reduciremos centímetros.

Prevención

Debemos evitar el consumo de alimentos grasos, frituras, exceso de aceite... Practicaremos con regularidad una actividad física, sobre todo ejercicios que movilicen la musculatura de la cadera y muslos. Podemos favorecer la sudoración de la zona afectada con la ayuda de calentadores, chándal o similar. No conviene consumir alcohol y sí beber al día dos o más litros de agua. Deberemos prestar especial atención a la adopción de posturas que impiden la normal circulación de la sangre, como cruzar las piernas una encima de la otra cuando estamos sentados, así como al uso de prendas ajustadas, que facilitan la aparición de la celulitis.

Sabías que...

La conocida «piel de naranja» que cubre la celulitis es la representación externa de «las cuerdas de tejido conjuntivo» que atraviesan la masa de células grasas y se unen a la piel «tirando de ella» y formando pequeñas depresiones.

[CICATRICES]

¿QUÉ SON?

Cuando la piel se lesiona de forma importante, la reparación no se completa con sus células habituales sino con otros elementos de mayor dureza que forman parte del tejido conjuntivo, el mismo que da lugar a los tendones y ligamentos de las articulaciones. Este tipo de tejido, donde abundan las fibras de colágeno, los fibroblastos y otros elementos, confiere a la zona un color permanente de tipo blanquecino, una mayor dureza de lo habitual y una menor flexibilidad. Las cicatrices se ven favorecidas cuando una herida es amplia y no se unen bien los bordes, cuando la herida se infecta o contamina, o cuando se dejan en su interior cuerpos extraños (polvo, restos de piedras, hilos de gasa). Una cicatriz sólo puede ser eliminada con cirugía, aunque podemos evitar su aparición e incluso reducir su tamaño con algunos remedios...

TRATAMIENTO Y PREVENCIÓN

› *Limpieza* y desinfección extrema de cualquier tipo de herida para que no se contamine o infecte y con ello la cicatriz sea segura.

› *Masajear* la zona próxima a la herida para que la llegada de sangre sea más fluida y generosa. Con ello, la curación será más rápida y en mejores condiciones. Este masaje debes practicarlo a partir del tercer o cuarto día para no afectar a la unión de los bordes de la herida.

› *Dejar las costras.* No hay que intentar desprenderlas, quitarlas o reducirlas. Incluso no conviene rascarlas para evitar su movilización y con ello la contaminación y cicatrices futuras.

› *Aceite de trigo y escaramujo.* Los aceites de germen de trigo y de escaramujo son muy ricos en vitamina E, que, a la postre, es el mejor aliado para la regeneración de la piel en caso de cicatrices, estrías y heridas. Para preparar este remedio se mezcla en un frasco pequeño una cucharada de aceite de germen de trigo y otra de escaramujo. Se agita el frasco hasta conseguir un líquido homogéneo que se aplica cada mañana y cada noche sobre la zona afectada con la ayuda de bastoncillos de algodón.

› *Ungüento anticicatriz.* Se mezcla un trozo de jabón verde o «lagarto» con 3 cucharadas de aceite de oliva, otras 3 de zumo de limón y unas gotas de azufre (del utilizado para el abono de las plantas). Se revuelve todo bien hasta formar una pasta espesa o ungüento que aplicaremos directamente sobre la herida, dejando que actúe durante 10 minutos. Luego se elimina con un poco de agua templada. Guardar el ungüento en un tarro con cierre de rosca en un lugar seco.

› *Infusión de manzanilla.* Elaborar una infusión de manzanilla concentrada (con dos bolsitas o dos cucharaditas) y luego, cuando esté fría, colar el líquido y, con la ayuda de una gasa, aplicarla sobre la herida que se está recuperando. Puedes practicar este remedio 2-3 veces diarias y desde el primer día. La manzanilla ejerce importantes efectos antiinflamatorios y antisépticos.

› *Infusión de milenrama.* Añadir a un vaso de agua hirviendo una cucharada sopera de milenrama y dejar reposar la mezcla durante 10 minutos. Colar el líquido y mojar con él una gasa que luego colocaremos sobre la zona afectada por granos o heridas durante 10 minutos. Repetir este remedio todos los días hasta notar mejoría en la zona afectada. Hay que recordar que la milenrama contiene azuleno y cineol, sustancias con notables propiedades antiinflamatorias y revitalizantes.

› **Infusiones de caléndula.** Las propiedades de esta planta facilitan su actividad para corregir cicatrices ya existentes. Se consigue este efecto si se aplica, con la ayuda de una gasa, un poco de infusión de caléndula sobre la cicatriz que deseemos corregir, de 3 a 4 veces por semana.

› **Ungüento de nuez moscada y miel.** Mezclar en un cuenco una cucharadita de pétalos de caléndula en polvo, otra de nuez moscada en polvo, otra de miel de milflores y otra de aceite de germen de trigo. Remover bien hasta conseguir una pasta totalmente homogénea que guardaremos en un tarro con tapón de rosca. Aplicar sobre las cicatrices un poco de pasta y dejarla actuar durante 20 minutos. Después limpiar la zona con agua destilada y, por último, aplicar otra vez sobre la zona agua destilada con un nebulizador. Hay que practicar este remedio en días alternos para borrar lentamente las pequeñas cicatrices, sobre todo las derivadas del acné.

› **Elasticidad y color.** Podrás recuperar la elasticidad y el color en una cicatriz si colocas sobre ella, una vez por semana, una gasa empapada en zumo de zanahoria. Su elevado contenido de vitamina A favorece estos efectos. Además conseguirás que la zona afectada se pueda mover con mayor facilidad.

› **Botón de nácar.** Para ir borrando las cicatrices poco a poco, se pone un botón de nácar a remojo en el zumo de un limón durante varios días, hasta que se haya deshecho. Se aplica la mezcla de limón y nácar sobre la cicatriz.

› **Para quitar gasas o vendas pegadas a una herida,** o quitar un esparadrapo que se ha dejado demasiado tiempo sobre la piel, se puede frotar con aceite de oliva hasta que se pueda separar la gasa o el esparadrapo.

Sabías que...

Para que las heridas dejen poca cicatriz hay que tratarlas lo mejor posible, evitando el riesgo de infección de la herida, y que el sol apenas incida en ellas durante varias semanas.

[CISTITIS]

¿QUÉ ES?

La cistitis es una inflamación aguda de la vejiga urinaria que afecta sobre todo a las mujeres, ya que su vejiga está más cerca del exterior que en el caso de los hombres (la uretra, o conducto que lleva la orina desde la vejiga al exterior, es mucho más corta en la mujer que en el hombre). En la mayor parte de los casos el origen de la cistitis es de tipo infeccioso, y en particular a partir de bacterias localizadas en la región anal y genital externas. Otras veces se relaciona con agentes físicos como el frío, e incluso factores mecánicos o pequeños traumatismos como es el caso de las primeras relaciones sexuales. Cuando aparecen, los síntomas más comunes son unas ganas frecuentes de orinar, hacerlo en poca cantidad cada vez, acompañado de escozor y dolor en la región genital. La orina puede aparecer turbia o de un color intenso y el olor puede ser fuerte. Lo fundamental en las cistitis es tratarlas por completo, por un período superior a la ausencia de síntomas, ya que de lo contrario pueden cronificarse y aparecer en brotes sucesivos.

Véase también *Infecciones urinarias*.

TRATAMIENTO

› *Zumo de arándanos.* Medio vaso al día de este tipo de zumo colabora de forma notable a la hora de reducir los síntomas. No se debe endulzar. El arándano contiene sustancias que impiden a las bacterias adherirse a las paredes de la vejiga urinaria. También podemos tomar cápsulas del extracto concentrado de arándanos en vez del zumo.

› *Comprimidos de extracto de pomelo.*

› *Emplasto y zumo de patatas.* Cocer 2-3 patatas de tamaño mediano y luego pelarlas, machacarlas, y con una gasa colocar un emplasto sobre el bajo vientre para calmar los síntomas. El líquido de la cocción puedes aplicarlo y tomarlo a lo largo del día para limpiar las vías urinarias (2 vasos al día).

› *Baños de contraste.* Todos los días, por la mañana, toma un baño de contraste en el bidé. Primero llena el bidé con agua templada-caliente (36 grados), y permanece en él durante 3-4 minutos. Después cambia el agua por otra ligeramente fría y permanece en ella menos de un minuto. Repite el ciclo una vez más.

› *Baños de temperatura ascendente.* En la bañera o en el bidé se introducen los pies en agua templada (35-36 grados) y dejamos el grifo abierto para que siga saliendo agua caliente que permita elevar la temperatura del recipiente a un grado por minuto. Notaremos una agradable sensación de incremento de la temperatura y permaneceremos así durante 5 minutos. Cuando alcancemos los 39-40 grados cerramos el grifo y permanecemos otros 5-10 minutos más. Con ello conseguimos mejorar la circulación de la sangre en la región genital y acelerar la curación del proceso.

› *Baños de asiento ascendentes.* Consisten en que el agua del bidé o recipiente similar nos cubra desde medio muslo hasta justo debajo del ombligo. Nos lo aplicaremos con el agua caliente y cuando ésta se enfríe la sustituiremos por otra nuevamente caliente. La duración de esta práctica es de 15 a 20 minutos, no más.

› *Calor seco local.* Con la ayuda de una bolsa de agua caliente aplicaremos calor seco sobre el bajo vientre 2-3 veces al día. Mejora la circulación de la sangre, produce cierto efecto analgésico sobre los nervios de esa zona y reduce las molestias.

> **Cobre.** Se puede tomar cobre (oligoterapia) como antibiótico. Solidago en gotas. También viene bien la echinácea y el propóleo, que funcionan como antibióticos naturales.

> **Agua de cocción de cebolla.** Cocer una cebolla troceada en cuatro partes en medio litro de agua, a fuego lento. Cuando se reduzca a la mitad, se retira del fuego y se deja enfriar. Se filtra y se toma en ayunas. Se repite durante 9 días.

> **Paños de agua fría en el bajo vientre.** A la hora de ir a la cama, aplica en la zona del bajo vientre, a la altura del vello pubiano, un paño empapado en agua fría, bien escurrido. Se cubre con una toallita de higiene íntima y se sujeta con la braguita y el pijama. Al día siguiente te sorprenderás de sus efectos.

> **Infusiones de gayuba, flor de brezo y cola de caballo.** Toma estas infusiones, ya que son de lo más efectivas para el tratamiento de la cistitis. Practica además los baños de genitales con agua caliente, que calman rápidamente el escozor y dolor que se produce en la uretra al orinar.

PREVENCIÓN

Evita el frío en la región genital y extrema la higiene en la zona genito-anal y en particular después de cada micción. La higiene habitual de los genitales debe realizarse de delante hacia atrás, nunca al revés, y si se utiliza jabón, hacerlo una sola vez al día, para no destruir el manto protector de la piel. Se puede lavar más veces, si se desea, con agua clara o con agua y unas gotas de limón o bicarbonato. Evitar el uso de prendas ajustadas y salva-slips que incrementen la sudoración de esta zona (pantalones ajustados, *panties*). Usar prendas interiores de algodón y dormir sin ropa interior para facilitar que los genitales «respiren». Cada vez son más frecuentes los casos de cistitis por la moda que impone ropas ajustadas, tejidos poco flexibles y sintéticos. Estas modas de prendas ajustadas afectan a los ovarios y pueden ser motivo de esterilidad. Para limpiar periódicamente las vías genitourinarias tomaremos con frecuencia cerezas enteras o en zumo, a primera hora del día con el estómago vacío.

SABÍAS QUE...

Uno de los casos más frecuentes de cistitis son los derivados del frío, sobre todo cuando durante cierto tiempo la mujer se sienta en superficies frías como la piedra, el mármol o similar. Esta situación disminuye el riego sanguíneo de la región genital, las defensas bajan y los gérmenes pueden reproducirse con mayor facilidad.

[COLESTEROL]

¿QUÉ ES?

El colesterol es una de las grasas más abundantes e importantes en nuestro cuerpo, ya que con su ayuda se forman las membranas o barrera externa de los miles de millones de células que tenemos en el cuerpo. Del colesterol derivan muchas de las hormonas que controlan las funciones de nuestro organismo. Además, sirve de sustrato energético para la actividad de los músculos y es una forma de almacenar las grasas ya que gracias a él se sintetizan los ácidos biliares. Para circular por la sangre, y como la mayor parte de la sangre es agua, el colesterol necesita unirse a una serie de proteínas que actúan a modo de «taxis»: son la VLDL, LDL y HDL. El colesterol se introduce en nuestro organismo a través de la alimentación, ya que forma parte de los alimentos grasos, en particular de los de origen animal. El problema del colesterol es que, cuando abunda en la sangre, puede pegarse a las paredes de las arterias y formar «costras» que poco a poco dan lugar al estrechamiento de las arterias, proceso que conocemos como arteriosclerosis. Esta enfermedad es más probable cuando en la sangre abunda la VLDL y LDL en lugar de la HDL. También el exceso de colesterol puede favorecer la formación de piedras en la vesícula biliar.

TRATAMIENTO

› *Zumo de limón.* Una vez a la semana licuar 3-4 limones y mezclar el zumo resultante con un litro de agua. Beber 2-3 vasos al día hasta que se agote la mezcla. Debe conservarse en la nevera o en lugar oscuro.

› *Infusión de manzana.* Pelar 1-2 manzanas y cocer la piel en medio litro de agua durante 10 minutos. Seguidamente colar el líquido y beberlo a lo largo de uno o dos días. Repetir este remedio todas las semanas.

› *Manzana y zanahoria crudas.* Ambos alimentos tienen grandes cantidades de pectina, un tipo de fibra que secuestra al colesterol que acompaña a los alimentos en el intestino e impide su absorción y su entrada en la sangre. Si tomamos todos los días una manzana o una zanahoria cruda no tendremos problemas con el colesterol. La manzana es la fruta que más ayuda a regular el nivel de colesterol, lo mismo que los pescados azules, especialmente el salmón.

› *Infusión de diente de león.* Se cuecen 100 gramos de la raíz de esta planta en un litro de agua, procurando que hierva durante 10 minutos. Pasado este tiempo dejamos enfriar la cocción y luego filtramos. El líquido resultante se consume a razón de 3 tazas al día (desayuno, comida y cena). Practícalo una vez al mes.

› *Berenjenas.* Comer con frecuencia berenjenas en cualquiera de sus formas (nunca fritas o rebozadas). Sus ingredientes ayudan a reducir las tasas de colesterol en sangre, así como la entrada del mismo desde el intestino a la sangre.

› *Salvado de avena.* Tomar todos los días tres cucharadas de salvado de avena. Es mano de santo para regular el colesterol.

› *Lecitina de soja.* Una vez reducidas las cifras del colesterol, la lecitina ayuda a que no vuelvan a subir. También ayuda a bajarlo cuando no es muy alto.

> *Alpiste.* Poner una cucharada de alpiste, macerar en agua durante 12 horas y tomarlo al día siguiente en ayunas, tanto las semillas de alpiste, como el agua durante 40 días.

PREVENCIÓN

Cuidar la alimentación aumentando el consumo de frutas, verduras, hortalizas y evitando el exceso de grasa de origen animal y las vísceras (riñones, hígados); mantenerse dentro del peso ideal o cerca de él; practicar con regularidad una actividad física que permita «quemar» la grasa sobrante (y entre ella, el colesterol). Anualmente hay que realizar un análisis de sangre para valorar el colesterol en sangre. Un buen remedio preventivo es la utilización de cebolla o ajo crudo como acompañante de alguno de los alimentos del día (ensaladas, carne a la plancha), eso sí, siempre crudos. Reducir el consumo de café descafeinado, alcohol y tabaco.

SABÍAS QUE...

Los alimentos que contienen mayor cantidad de colesterol son los de origen animal y en particular, los que presentan grasa de aspecto sólido a temperatura ambiente como es el tocino, los embutidos, la mantequilla, la yema del huevo, los empanados, rebozados o la bollería industrial.

[COLON IRRITABLE]

¿QUÉ ES?

El colon irritable es una enfermedad que afecta más a las mujeres que a los hombres y se caracteriza por presentar una irritación del intestino grueso (en el colon), que se manifiesta por episodios más o menos prolongados (horas, días) en los que hay estreñimiento o diarreas, dolor en la región abdominal, abundancia de gases y dificultades para realizar la digestión. Estos síntomas evolucionan a modo de «crisis». Es una enfermedad de las llamadas «psicosomáticas», es decir, su origen suele relacionarse con el estado emocional de la mujer, y en particular las crisis pueden aparecer por estados de estrés, irritabilidad, ansiedad, depresión... El control emocional mejora de forma notable la evolución de la enfermedad.

TRATAMIENTO

› *Cominos.* Para reducir la irritación del intestino grueso y sobre todo para disminuir la formación de gases, conviene que una vez por semana, aproximadamente, añadas una cucharadita de comino a una de las comidas del día, en particular a las legumbres.

› *Infusiones de manzanilla o hinojo.* Al igual que en el caso anterior, tienen la finalidad de reducir o prevenir la irritación intestinal. Lo ideal sería tomar una infusión de manzanilla después de alguna de las comidas del día, o bien una de hinojo de vez en cuando.

> *Manzana pelada cocida.* Tómala un par de veces por se-
mana con el fin de mantener el intestino en perfectas condiciones. Sus ingredientes equilibran las células de la pared intestinal con lo que se evita la irritación.

> *Compresa abdominal.* En caso de tener molestias en el
vientre podemos coger un paño amplio de algodón o lino y
doblarlo varias veces. Luego lo mojamos en agua caliente
y lo colocamos, sin que gotee, sobre el vientre mientras estamos tumbados. Se deja que actúe relajando la musculatura intestinal mientras mantenga algo de calor.

> *Infusión de rabos de cereza.* La infusión de rabos de ce-
reza es de gran ayuda. Además, se debe evitar tomar alimentos crudos, por ejemplo, deberemos hervir las verduras
y ensaladas, si es que vamos a tomarlas. Si el problema de
colon irritable es muy agudo, añadir a los rabos de cereza
unos escaramujos y tomar tres tazas al día.

Prevención

La mejor prevención de esta enfermedad es el control del
estado emocional, evitar las situaciones que dan lugar a las
crisis como la irritabilidad, el estrés, la ansiedad o el nerviosismo. Para liberar tensiones conviene «dedicarse» todos los
días unas horas para realizar las actividades preferidas y en
particular, la de relacionarse con los demás, practicar una actividad física...

Sabías que...

Las pacientes con colon irritable necesitan cierta ayuda psicológica para mejorar el control de su estado de ánimo y con
ello la evolución de la enfermedad. En el fondo el componente psíquico de la persona afectada tiene mucho que ver
con el origen y mantenimiento de la enfermedad.

[CREMAS LIMPIADORAS]

¿QUÉ SON?

Nuestro cuerpo cuenta con una «gabardina» que lo protege, la piel. Una persona adulta tiene aproximadamente 2 metros cuadrados de piel y esta superficie debemos cuidarla como cualquier otro elemento del cuerpo. El uso de cosméticos, los contaminantes externos y otros productos contaminan nuestra piel día a día. Esto nos obliga a tratarla diariamente con productos que nos ayuden a eliminar estas sustancias en su totalidad, sin dejar ningún resto en la piel además de proporcionarle cierta protección y vitalidad. En el fondo, el hecho de utilizar cremas limpiadoras no debe convertirse en un «esfuerzo» por nuestra piel, sino en un tratamiento rehabilitador. Por eso te proponemos una serie de cremas limpiadoras que, además de baratas y sencillas en su elaboración, te aseguran vitalidad y equilibrio. Para preparar estas fórmulas se utilizarán recipientes no metálicos (cristal, loza, porcelana o plástico) y para remover se usarán utensilios de madera, plástico y, en algunos casos, brochas o pinceles. Hay que evitar las cucharas de metal, excepto las de acero inoxidable, ya que, por ejemplo el zinc y el aluminio, en contacto con los zumos u otras sustancias, pueden contaminar las mezclas y producir alergias. Estas cremas limpiadoras deben aplicarse extendiéndolas en sentido ascendente (partiendo del cuello, hacia el nacimiento del pelo) y con suaves movimientos circulares, para emulsionar la suciedad, maquillaje y la limpiadora y que se arrastren todas las impurezas. Después, se aclaran con unas esponjitas o algodones empapados en agua tibia y escurridos. Si se tiene la piel muy sensible se pueden utilizar también gasas.

TRATAMIENTO

› *Crema limpiadora de manzanilla.* Se coloca un recipiente pequeño a fuego lento y se derriten en él 40 gramos de manteca de cacao. Luego, se apaga el fuego y se añaden 7 cucharadas de aceite de almendras. Se mezcla bien durante un par de minutos y se añaden 8 gotas de aceite de manzanilla. Se mezcla de nuevo hasta formar un líquido homogéneo y se conserva en un pequeño recipiente de cierre hermético en un lugar seco. Para utilizarlo, se mojan dos dedos en el líquido y se aplica sobre la cara y cuello mediante suaves movimientos circulares. Dejar que actúe durante 10 minutos y retirar la crema con un trozo de algodón o paño facial humedecido en agua caliente. Finalmente, mojar la cara con agua fría y secar a «golpecitos».

› *Crema limpiadora de avena.* En un plato hondo se mezclan una cucharada de harina de avena y dos cucharadas de agua caliente. Se revuelve bien hasta conseguir una pasta homogénea que se aplicará sobre la piel de la cara y del cuello, formando círculos. Una vez extendida, se deja actuar durante 10 minutos y, finalmente, se elimina con agua tibia.

› *Crema limpiadora de miel.* Se coloca en un recipiente pequeño un poco de miel líquida y, aparte, un vaso de agua caliente. Se mojan los dedos en la miel y se extiende por la cara y cuello con suaves movimientos circulares. Seguidamente, se mojan los dedos en el agua caliente y se repite la misma operación. Se deja actuar 10 minutos, se limpia la cara con el resto del agua caliente y se da un último repaso con agua fría.

› *Aceite de almendras dulces.* Aplicado sobre el rostro con un algodón es un desmaquillador natural que además fortalece la piel.

› *Crema limpiadora para piel normal y grasa.* Se mezcla una cucharada sopera de zumo de limón, una cucharada sopera de aceite de almendras dulces, otra de agua de rosas y otra de alcohol de 60º. Una vez batida la mezcla, se envasa evitando el calor. Cuando se vaya a usar se agitará bien. Esta fórmula se conserva bien durante mucho tiempo. El limón es astringente, purifica, blanquea, tonifica y desinfecta la piel. El aceite de almendras limpia, suaviza y nutre. El agua de rosas hidrata, regula la grasa de la piel ya que es ligeramente astringente y combate las arrugas. El alcohol es antiséptico.

Sabías que...

Las cremas que incluyen manzanilla son ideales para todo tipo de pieles y en particular para las de tipo seco y para las sensibles. Si se utilizan de forma regular limpian los poros, eliminan grasa y ejercen un efecto antiséptico, lo que impide la formación de granitos.

[CUPEROSIS]

¿Qué es?

La *cuperosis* o *couperosis* viene representada por una alteración de la piel, sobre todo en la cara, en la que aparecen pequeños hilillos venosos o venillas dilatadas en zonas concretas como los pómulos, nariz, mejillas y lóbulos de las orejas. Su origen suele estar relacionado con un debilitamiento de la piel al que se une cierta dificultad en el retorno de la sangre por las vénulas, ya sea por usar gafas apretadas, por presentar una tensión arterial elevada...

Tratamiento

› **Lechuga y uvas.** Tanto la lechuga como las uvas contienen grandes cantidades de vitamina C que pueden transferir a la piel y mejorar así su vitalidad. Hervir dos hojas de lechuga y colocarlas sobre las zonas afectadas por la cuperosis para reducir la inflamación y aportar vitamina C. Después de colocar la lechuga, frotar la piel con el hollejo de una uva (la piel de la uva). Practicar este remedio una vez al día hasta notar mejoría. También puede hacerse un par de veces por semana si queremos prevenir esta situación.

› **Infusión de hojas de llantén.** Añadir una cucharada de hojas secas de llantén a medio litro de agua hirviendo. Dejar reposar 10 minutos la mezcla, hasta que se enfríe ligeramente. Después colar y, con la ayuda de una gasa, aplicar el líquido directamente sobre las zonas afectadas por la cuperosis. Repetirlo todos los días hasta que se mejore.

> *Agua de rosas y azahar.* Este preparado está indicado para la nariz roja, pómulos rojos, cuperosis no muy marcada o de reciente aparición. Se mezclan 100 gramos de agua de rosas, 100 gramos de agua de azahar y 2 gramos de borato de sosa (de venta en droguerías) y se aplica mañana y noche en las zonas afectadas.

> *Infusión de menta, bardana y primavera.* Para elaborarla basta con añadir a una taza de agua muy caliente una cucharadita de menta, otra de bardana y una pizca de primavera. Dejamos reposar la mezcla 15-20 minutos y luego filtramos el líquido. Se toman 2-3 infusiones durante un par de semanas (no deben seguir este remedio aquellas personas que padezcan de vértigos o mareos con cierta frecuencia).

PREVENCIÓN

Debemos evitar obstáculos al retorno de la sangre en la piel con el uso de gafas apretadas, joyas... Conviene reducir el consumo de café, té y alcohol, ya que estos hábitos contribuyen a dilatar las venas de la cara.

SABÍAS QUE...

La cuperosis tiene un gran componente de tipo genético, de tal forma que los antecedentes familiares determinan mucho la existencia futura de esta alteración. En el caso de haberlos, hay que prevenir la situación tomando sobre todo alimentos con mucha vitamina C (naranja, limón, mandarina, pomelo, bróculi, acelgas, pimiento verde, perejil, etc.).

[CUTIS]

¿Qué es?

Las células que forman la piel de la cara o cutis, al igual que las del resto del organismo, se encuentran en constante renovación. La zona más superficial, o epidermis, consta de cinco capas de células. La capa más profunda incluye los melanocitos que producen la melanina (pigmento que da el color moreno a la piel) y las «células madres» de las cuales surgen las capas más superficiales. Lentamente, las células más profundas se dirigen a la superficie y poco a poco pierden vitalidad hasta que mueren y se desprenden. Este ciclo viene a durar 48 horas y, para permitir que se mantenga en perfectas condiciones, debemos cuidar el cutis. Un tipo de alteración del cutis es la cuperosis.

Tratamiento y prevención

› *Tomate crudo.* Para mantener la vitalidad del cutis, una vez por semana aplícate tomate crudo. Se limpia y se pela un tomate, se corta en rodajas gruesas, se quitan las semillas y se hace una pasta que colocaremos en una capa fina sobre la cara y luego cubriremos con un paño mojado en agua caliente y escurrido. Se deja que actúe durante 15 minutos y luego se elimina con agua tibia.

› *Yogur natural.* Ésta es una de las mascarillas más baratas y eficaces que se conocen. Se extiende una fina capa de yogur natural por el cutis y se deja actuar durante 15 minutos, luego se elimina con agua tibia. También se puede preparar una mascarilla con una cucharada sopera de yogur, una cuchara de postre de miel y 10 gotas de zumo de limón, que ayudarán a suavizar y proporcionar un cutis resplandeciente. Para mezclar los ingredientes, se calienta un poco la miel. Se aplica durante 45 minutos en la cara limpia y se retira con agua tibia. A los tres días ya se notan sus efectos.

› *Harina, leche y miel.* Una vez por semana se aplica la siguiente mascarilla: se mezclan cuatro cucharadas de harina con medio vaso de leche entera templada, una cucharada de miel y otra de aceite de oliva virgen. Luego se extiende por la cara y cuello, siempre después del baño o la ducha. Pasados 30 minutos se elimina con un poco de agua tibia. Esta mascarilla limpia y equilibra de forma notable la piel.

› *Mascarilla limpiadora.* Mezcla una cucharadita de levadura de cerveza, otra de germen de trigo, una más de aceite de almendras y otra de huevo batido. Se bate todo bien y se extiende por la cara y cuello. Se deja que actúe durante 20 minutos y luego se retira con agua tibia. Hay que practicarlo 2-3 veces por semana.

› *Manteca de cerdo o tocino blanco.* Cuando tenían el cutis muy estropeado, las abuelas se untaban con un poco de manteca de cerdo o se aplicaban masajes con un trozo de tocino blanco.

› *Aceite de onagra y borraja.* Aplicar el aceite de las perlas de onagra y borraja por el rostro y el escote, que es donde primero se envejece. También conviene tomar estas perlas, ya que la belleza también entra por la boca.

› *Polvos de arroz.* Es el secreto de las *geishas* para tener un cutis claro y aterciopelado. Los polvos de arroz tienen propiedades suavizantes y calmantes, pero son más apropiados para la tez clara que para la morena. Se pueden preparar pasando dos cucharadas de arroz por el molinillo de café. También se pueden usar como limpiadores para las pieles más sensibles e intolerantes incluso a los jabones neutros. Se pone un poco de polvo de arroz en un saquito y se pone en agua tibia durante unos minutos. Después se masajea la cara con el saquito mojado.

› **Cutis piel de melocotón.** Se prepara el zumo de un melocotón y un vaso de leche. Una vez bien batida la mezcla con la ayuda de la batidora, se aplica directamente sobre el rostro. Pasados unos minutos, se aclara con agua tibia.

› **Parietaria.** Se pone a macerar un puñado de hojas frescas de parietaria en una taza de agua durante toda la noche. A la mañana siguiente, se utiliza esta agua para lavar la cara. Embellece y clarea la piel del rostro. Se recomienda hacerlo durante varias semanas.

Sabías que…

Aunque el cutis sea seco o graso, puede verse afectado por la deshidratación, que se manifiesta con aspereza de la superficie facial, escamas en las cejas, en el nacimiento del cabello y sensación de tirantez en la cara.

[CUTIS GRASO]

¿Qué es?

Toda nuestra piel cuenta con un pequeño manto de grasa que trata de protegerla de los efectos negativos de la temperatura, polución ambiental o agentes extraños. Esta capa grasa se produce a partir de las glándulas sebáceas que se encuentran cerca de las raíces del vello, en las zonas más profundas de la piel. En el caso del cutis graso podemos observar un manto excesivamente amplio y rico en grasa, generalmente con poros muy dilatados que con frecuencia facilitan el envejecimiento precoz del cutis y la aparición de arrugas profundas.

Tratamiento y prevención

› *Rodajas de pepino.* Todos los días, por la noche, coloca unas rodajas de pepino sobre el cutis y déjalas actuar durante 15-20 minutos. El pepino ejerce un efecto astringente sobre los poros de la piel (equilibra la producción de grasa), al tiempo que los cierra. Además revitaliza la piel por sus elevadas concentraciones en vitaminas A, B, C, E y minerales. Este remedio es también muy conocido entre las azafatas de los aviones, artistas de cine y teatro, ya que también ayuda mucho a «animar» los cutis fatigados después de un largo día de trabajo.

› *Para eliminar la grasa del día* sin necesidad de eliminar el maquillaje, podemos utilizar un pañuelo de papel con el que, por medio de pequeños toques, eliminaremos la grasa sobrante.

› *Naranja.* Otro remedio muy sencillo con el que podemos reducir los poros del cutis y disminuir la secreción de grasa consiste en aplicar todos los días una loción astringente. Se mezcla el jugo de una naranja con un chorrito de agua de rosas y se extiende por la piel con la ayuda de un algodón o gasa. Se deja que actúe durante 15 minutos.

› *Cocción de hojas de alcachofa.* Si tenemos el cutis graso es bueno que ayudemos a nuestro hígado a eliminar la grasa que él no puede y que envía hacia nuestra piel. Se cuecen durante 15 minutos en un litro de agua las hojas de la alcachofa que normalmente van a la basura. Se toma el caldo resultante a lo largo del día, durante 9 días. Hay que vigilar la dieta y evitar, sobre todo, los quesos curados, chocolate, pastelería y la leche.

› *Desmaquillador natural para piel grasa.* Un buen desmaquillador para piel grasa puede ser la leche de soja, avena o arroz aplicada con un algodón. Además de regular la hiperactividad sebácea de las glándulas, nutre la piel.

› *Mascarilla de pera.* Muy recomendada para piel muy grasa. Se hace un puré con una pera y se aplica como una mascarilla durante 4 o 5 minutos.

SABÍAS QUE...

El cutis graso debe limpiarse a diario, ya sea con agua tibia sola o con la ayuda de geles hidratantes y pobres en grasa. No deben utilizarse productos ricos en aceites (o que incluyan aceites en su composición).

[CUTIS (limpieza)]

¿QUÉ ES?

La piel es una de las partes más activas de nuestro cuerpo. De hecho, a través de ella realizamos parte de la respiración y eliminamos toxinas, además de que en ella el recambio de células es constante. Se suda, se produce grasa que nos protege, recibe contaminantes externos... Bajo estas condiciones resulta imprescindible mantenerla a punto y limpiarla con cierta frecuencia. Las células de la piel, de forma natural, se renuevan con una gran rapidez. En algunos casos cada 2 o 3 días. Esto hace que constantemente encontremos en su superficie células muertas y descamadas que deben ser eliminadas para no producir brillos, facilitar infecciones, etc. Para realizar una buena limpieza de cutis no resulta imprescindible pasar por un instituto de belleza. Hay que seleccionar aquellos productos que limpian, desinfectan (eliminan gérmenes) y nutren.

TRATAMIENTO

› *Crema de maíz.* Batir un poco los granos tiernos de dos mazorcas de maíz junto con la clara de un huevo y el zumo de un limón. Sin batirlo del todo añadir una cucharadita de aceite de oliva y seguir batiendo durante dos minutos. Colar la mezcla a través de una gasa e introducir el líquido en un frasco de cristal. Aplicar tres veces diarias sobre el cutis, limpiando primero la cara con un poco de agua tibia para abrir los poros. Dejar actuar la crema 10 minutos y luego retirarla con agua templada. Guardar el frasco con la crema en la nevera.

> *Vapores de tomillo.* Cocer a fuego lento en un cazo con agua una cucharada de tomillo y, sin apartarlo del fuego, exponer el rostro a los vapores durante cinco minutos con una toalla cubriendo la cabeza. Para potenciar sus efectos podemos aplicar este remedio después de la crema de maíz anterior. El tomillo es uno de los productos que más se emplean para la limpieza de cutis, desde la antigüedad hasta nuestros días, ya que posee notables efectos desinfectantes y tonificantes.

> *Leche de limón.* Cortar un limón por la mitad y exprimirlo ligeramente para que vacíe parte de su contenido. Rellenar el limón con una cucharadita de aceite de oliva virgen y colocarlo sobre la llama de una vela. Cuando el limón empieza a sudar una especie de leche, se recoge ésta en un paño que luego se aplica sobre la cara. Se deja actuar 5-10 minutos y se aclara con agua templada.

> *Ungüento de jabón.* Preparar el ungüento mezclando un trozo de jabón verde o «lagarto», una cucharadita de aceite de oliva virgen, el zumo de medio limón y unas gotas de azufre (el mismo que se utiliza como abono para las plantas). Se mezcla bien todo a fuego lento hasta formar una especie de pomada y después se guarda en un frasco. Se aplica sobre el cutis, bien estirado, y se deja actuar 5 minutos. Se limpia con agua tibia. Se repite este remedio una vez por semana.

> *Mascarilla nutritiva para pieles secas.* Se mezclan dos cucharadas de miel con una de aceite de oliva virgen de primera presión en frío y una cucharada de harina de avena, hasta hacer una pasta cremosa y se aplica en el rostro durante unos 15 o 20 minutos. Acto seguido se aclara con abundante agua tibia.

> *Mascarilla para pieles sensibles.* Se mezclan tres cucharadas de harina de avena con dos de miel, una de zumo de zanahoria y tres cucharadas de infusión de manzanilla o agua de azahar. Se mezcla bien hasta hacer una pasta cremosa, y se aplica, al igual que la anterior, durante unos 15 o 20 minutos. Después se aclara con agua tibia.

› **Agua de salvado.** Una vez a la semana prepararemos un baño con agua de salvado para limpiar todo tipo de impurezas de la piel (células muertas, restos de cosméticos...). Añadimos a una cazuela con cuatro litros de agua un kilo de salvado y lo calentamos a fuego lento hasta llevarlo a ebullición, manteniéndolo en este punto diez minutos. Seguidamente filtramos el líquido y lo añadimos a un baño con agua caliente en el que estaremos unos veinte minutos frotando la piel de todo el cuerpo con suavidad.

› **Pepino.** Para la limpieza de pieles grasas podemos utilizar una decocción de pepino. Se corta en rodajas un pepino mediano sin pelar y se ponen dentro de un litro de agua fría. Se coloca en el fuego y se hierve durante 15 minutos. Se cuela el líquido resultante mientras tamizamos el pepino y se aplica este líquido sobre la piel (cara, cuello, brazos...) con la ayuda de un algodón.

› **Para incrementar la vitalidad de la piel** beber una vez al día el zumo de un pepino mediano y una zanahoria.

› **Mascarilla de arcilla.** Se prepara una pasta mezclando la arcilla con un poco de agua de manantial, agua de lluvia o mineral, incluso si nos atrevemos, con la propia orina de primera hora de la mañana. La arcilla absorbe todas las impurezas de la piel y la deja tersa y fresca.

Sabías que...

Las células de la piel son como las plantas de un jardín y se alimentan por sus raíces, es decir, por los alimentos que le llegan con la sangre. Por esta razón una buena alimentación rica en verduras, hortalizas, frutas y legumbres, así como 2 o 3 litros de agua al día, es la mejor forma de «abonar» las células de la piel.

[CUTIS (masaje)]

¿QUÉ ES?

El cutis se encuentra expuesto a multitud de agentes externos agresores como los productos cosméticos, las radiaciones solares, el aire, los humos o las temperaturas extremas.
Además, debajo de la piel de la cara encontramos una serie
de pequeños músculos que la soportan y movilizan cuando
realizamos algún tipo de gesto o mueca. El cutis pierde elasticidad con el paso del tiempo, ya que la cantidad de elastina y de colágeno que tiene se reduce por efecto de factores
externos, porque los pequeños músculos de debajo se «atro-
fian», por el sol... Para dotar de mayor movilidad a nuestro
cutis, a los músculos que hay debajo de él y retrasar la aparición de arrugas, debemos realizar algún tipo de «gimnasia» o masaje facial todos los días.

TRATAMIENTO

› **Masaje con deslizamiento.** Consiste en deslizar los dedos
encima de los músculos de la cara, desde la frente hasta el
cuello. El frontal, desde el centro de la frente hacia las sienes; el temporal, desde el oído hasta la parte superior del cráneo; el de los párpados, mediante un círculo suave sobre los
párpados, con los ojos cerrados; los de la nariz, deslizando
el dedo desde su origen entre los ojos hacia abajo por el la-
teral y luego, desde la entrada de las fosas nasales hacia los
pómulos (aquí estamos estimulando también el músculo ci-
gomático); el músculo risorio o de la risa, si deslizamos el
dedo desde la comisura labial, en horizontal, hasta la rama

ascendente de la mandíbula; el orbicular de los labios, si cerramos los labios y dibujamos un círculo alrededor de la boca.

› *Masaje con caricias.* Es un masaje muy superficial que practicamos con la ayuda de una crema hidratante. Aunque sea superficial, se mejora la circulación de la sangre en el cutis y se relaja la musculatura facial.

› *Masaje con amasamiento.* Es un masaje destinado a relajar la musculatura de la cara y facilitar la penetración en la piel de cremas y lociones. Sólo debemos realizarlo en zonas «acolchadas», donde hay músculos y en particular en las mejillas y en el cuello.

› *Masaje con pinzamiento.* Se destina a las zonas de la cara que no tienen casi músculo o se encuentran en contacto con el hueso como la frente, la región de los pómulos, la nariz... Basta con realizar pequeños movimientos similares a los pellizcos, siempre de dentro hacia fuera.

› *Masaje vibratorio.* Realizado con aparatos, contribuye a vigorizar la piel y los músculos de la cara. Debe aplicarse en zonas desvitalizadas, acartonadas y sobre todo donde hay músculos e incluso cicatrices.

Sabías que...

Los masajes siempre hay que realizarlos de dentro hacia fuera (por ejemplo, de la nariz a los pómulos) sin apretar demasiado. Si nos ayudamos con cremas aplicaremos una dosis muy pequeña. Debemos utilizar la yema de los dedos y hacer desaparecer las arrugas si las hubiere, estirando la piel con una de las manos mientras que con la otra se masajea.

[DEPILACIÓN]

¿QUÉ ES?

Por razones de carácter estético, la depilación del vello de las piernas, ingles, axilas, cejas y otras zonas del cuerpo se ha convertido en una necesidad para la mujer. El vello corporal tiene un ritmo de crecimiento muy inferior al del cabello y se sitúa en torno a 4 milímetros por cada mes, aunque varía de unas zonas a otras. A la hora de realizar la depilación debemos tener en cuenta diversos aspectos que pueden incrementar sus efectos o por el contrario reducirlos.

TRATAMIENTO Y PREVENCIÓN

› *Cubitos de hielo.* Después de la depilación con cera o maquinilla, la piel se encuentra muy irritada y debemos estimularla pasando sobre ella un cubito de hielo. En las horas posteriores se aconseja no tomar el sol.

› *Cera depilatoria de emergencia.* Si no tienes cera puedes elaborar una de urgencia si mezclas una taza de azúcar, otra de zumo de limón y una más de agua. Caliéntalo todo, mézclalo bien durante diez minutos hasta que espese y, una vez templado, aplícalo sobre la piel de la misma forma que la cera habitual.

› *Depilación de cejas.* Resultará más sencilla si antes de hacerlo mojas las cejas con alcohol para tratar las heridas y las dejas luego secar. Otro sistema que te ayudará a reconocer los pelos «de más» en estas zonas es untar las cejas con un poco de vaselina y luego peinarlas. Así tenemos cada pelo en su sitio y eliminamos únicamente los que están «fuera de la ceja».

› *Para eliminar los restos de cera en las manos,* los dedos, las uñas u otras zonas, la mejor solución es mezclar un poco de pasta de dientes y jabón que extenderás sobre la zona que tiene cera. Unos minutos más tarde se elimina la mezcla con un poco de agua.

› *Depilación de axilas.* Después de hacerlo nunca te apliques desodorante ya que resultaría muy irritante. En su lugar utiliza durante un día un poco de polvos de talco.

› *Depilación en luna decreciente.* Como sucede con todo aquello que desees que crezca lentamente (pelo, uñas, vello, rosas o cualquier otra cosa), debes cortarlo en luna decreciente. A la hora de la depilación hazlo siempre el día con este tipo de luna. La depilación dura mucho más tiempo.

› *Depilación con láser.* Es un sistema de depilación definitiva, apropiado para las mujeres con piel clara y vello oscuro (se nota mucho más). Aunque es cara resulta definitiva ya que se quema la raíz del folículo piloso. Es preferible realizarla en invierno y siempre por personal especializado.

› *Depilación de ingles.* Con carácter preventivo y para evitar irritaciones e incluso infecciones, conviene aplicar antes de la depilación un poco de agua y jabón. Después, al concluir la depilación, extiende un poco de agua oxigenada y polvos de talco.

› *Para disminuir el vello poco a poco.* Se ponen a hervir 2 puñados de muérdago fresco de encina en medio litro de agua. Cuando hierve, se pone un trapo de algodón limpio sobre el recipiente para que se empape del vapor de agua. Se aplica el trapo en la zona donde se quiere que disminuya el vello y se mantiene toda la noche, cubierto con otro paño seco. Esta operación debe realizarse hasta que se consiga el efecto deseado.

Sabías que...

Cada persona nace con un número mayor o menor de folículos pilosos (de vello), depende de los genes que le aportan sus progenitores. Cada pelo tiene un ciclo de crecimiento mensual durante el cual la raíz se acerca o aleja de la superficie de la piel. Este ciclo se repite continuamente. Lo ideal es cortar el vello cuando la raíz se sitúa más cerca de la superficie de la piel, ya que así su crecimiento será más lento y la depilación dura más tiempo. Este momento es diferente para cada persona.

[DEPRESIÓN (tristeza)]

¿QUÉ ES?

Tanto en la depresión como en la tristeza encontramos un estado de ánimo decaído, sin ganas de hacer cosa alguna, con escasa autoestima, sentimiento de que todo lo hacemos mal y con la impresión (a veces seguridad) de un futuro «incierto y negro». Con frecuencia la depresión responde a factores externos que suponen una pérdida, ya sea en el orden material (desempleo, ausencia de objetivos o estímulos profesionales, la hipoteca de la casa) o incluso en el aspecto humano (fallecimiento de un ser querido, el final del embarazo, la jubilación, una separación o divorcio). Otras veces no encontramos ninguna de estas situaciones y hablamos de depresión endógena, situación en la que pueden estar alterados uno o varios de los sistemas químicos que actúan en el cerebro, sobre todo la serotonina. En cualquier caso la depresión y la tristeza suelen acompañarse de pérdida de movimiento, falta de apetito, alteraciones a la hora de dormir (sueño escaso), lentitud en los movimientos, disminución de la comunicación con los demás, tendencia al aislamiento... En general se requiere tratamiento por parte del especialista, a menudo durante algunos meses, pero podemos ayudar con algunos remedios y hábitos.

TRATAMIENTO

› *Infusión de hipérico o hierba de san Juan.* Tomar 2 infusiones diarias elaboradas con una cucharada de esta planta por cada taza de agua caliente. También puede utilizarse en forma de cápsulas, así resulta más fácil el tratamiento e incluso más eficaz ya que la cantidad administrada es más precisa. También se puede encontrar en las herboristerías en forma de gotas, que es como mejor se absorben los principios activos. Se debe consultar con el especialista antes de tomar hipérico, sobre todo si se está en tratamiento con fármacos antidepresivos.

› **Baños relajantes de sándalo.** Tomar 2-3 baños a la semana de agua templada-caliente a la que se añaden 5 gotas de aceite de sándalo (posee un notable efecto relajante).

› **Té de semillas de cardamomo.** Tomar un té al día con las semillas de esta planta. Es una de las formas naturales más eficaces de alimentar el espíritu y elevar nuestro estado de ánimo ya que sus ingredientes facilitan la actividad de nuestro cerebro emocional.

› **Plátanos batidos con yogur.** Cada día tomaremos dos plátanos batidos y mezclados con yogur natural. Se pueden tomar durante el desayuno o en la merienda. Seguiremos este remedio sólo en los casos en los que nos notemos tristes, o de vez en cuando, si hay tendencia a la depresión o a la melancolía.

› **Infusión de verbena.** El consumo de 2-3 infusiones al día de esta planta (una cucharada por taza de agua caliente) ayuda a reducir los síntomas de los estados de ánimo «apagados» como la tristeza, depresión, insomnio... Seguiremos este remedio hasta notar cierto alivio de los síntomas, en cuyo caso tomaremos sólo una infusión diaria durante algunas semanas.

› **Simpaticoterapia. provocar estornudos.** Los chinos, cuando les sobreviene una tristeza súbita, se suelen provocar unos cuantos estornudos con una pluma de gallina.

› **Reflexoterapia podal con ayuda de una bola.** Los egipcios cogían una bola hecha de madera o piedra y la hacían deslizar por la planta de los pies descalzos. La bola les producía un masaje en la planta del pie que producía un reflejo en el bienestar de todo el organismo.

› **Ejercicios de respiración.** Tapar un «caño» de la nariz e inspirar por el otro. Se tapa éste y se espira por el que antes estaba tapado. Repetir varias veces. Por increíble que parezca, con este ejercicio notaremos una mejoría inmediata.

› **Eleuterococo.** Es muy efectivo en mujeres con tristeza. Lo encontraréis en las herboristerías sólo o mezclado con jalea real o polen.

› **Polen.** Es muy recomendable para las personas con tendencia a la depresión estacional (otoño, primavera). El polen posee importantes propiedades energizantes.

› **Baños de arena.** En verano, cuando vayamos a la playa, practicaremos baños de arena. Después de un baño en el mar y sin secarte, entiérrate en la arena como suelen hacer los niños. Debemos tener cubierto el cuerpo pero no hace falta poner una capa muy gruesa para que la acción del sol penetre. Ponte crema solar y sombrero para proteger la cabeza y la cara del sol y permanece así durante 15-20 minutos. A continuación, báñate de nuevo en el mar y al salir, haz ejercicios de estiramientos, respiración y relajación en la orilla. Estos baños de arena tienen resultados extraordinarios para conseguir una relajación general en estados de estrés e insomnio. También ayudan a relajar las contracturas musculares.

PREVENCIÓN

Mayor atención a nosotros mismos dedicando una o dos horas diarias a nuestra relación con los demás, practicar una actividad física que nos relaje, o simplemente hacer las cosas que más nos gusten (leer, pintar, escribir). Hay alimentos como los plátanos y las nueces que suministran al «cerebro emocional», el sistema límbico, las sustancias que necesita para funcionar correctamente y poder controlar nuestras emociones. Existen medicamentos que facilitan el fallo del cerebro emocional y propician la depresión o la tristeza, como los antihipertensivos, antiarrítmicos, anticonceptivos, sedantes y algunos tranquilizantes.

SABÍAS QUE...

Más del 50 % de los médicos alemanes tratan la depresión o estados similares administrando en primera instancia hipérico o hierba de San Juan. Sólo en un 2 % de casos se utiliza fármacos antidepresivos como primera medida dentro del tratamiento.

[DIABETES]

¿QUÉ ES?

La diabetes se caracteriza por la presencia en sangre de cantidades elevadas de glucosa o azúcar, que pueden dañar las arterias, el cerebro y otros órganos. Por eso debemos mantenerla «a raya». Los diabéticos deben excluir de su dieta la bollería, la miel, el chocolate, bebidas alcohólicas... Para no cargar la sangre con digestiones pesadas deben comer de 5 a 6 veces al día e incluir en la dieta legumbres, verduras (coliflor, coles, endibias, escarola, lechuga, guisantes, pepino), frutas y cereales. En las personas adultas la diabetes se debe casi siempre a una producción reducida de insulina que se ocasiona por diversos motivos, pero en general lo que sucede es que el páncreas, poco a poco, se agota. Los factores que más influyen son la obesidad, el sobrepeso, el sedentarismo, los embarazos previos, los traumatismos graves, el consumo de fármacos como los corticoides... En el caso del adulto podemos corregir la diabetes si controlamos la alimentación, con ayuda de fármacos que sacan la glucosa sobrante de la sangre o con inyecciones de insulina. También podemos colaborar con algunos remedios naturales.

TRATAMIENTO

› *Eucalipto.* El eucalipto contiene en sus hojas grandes cantidades de eucaliptol o cineol, elemento que cuenta con diversas propiedades farmacéuticas como las de ayudar a regular los niveles de glucosa en la sangre. Además, las infusiones que se elaboran con esta planta tienen un sabor muy agradable. Proponemos un remedio en el que sólo se necesita una cucharada sopera de hojas de eucalipto y una taza de agua: se hierve el agua y se añaden las hojas de eucalipto, se deja reposar el preparado hasta que el agua esté templada y luego se cuela el líquido resultante y se toma. Si se toma todos los días esta infusión y una cucharada de germen de trigo, veremos qué sorpresa nos llevaremos en los próximos análisis. Este remedio es muy efectivo y ha dado muchas alegrías.

> *Ensalada para la diabetes.* Sólo se necesitan unas hojas de diente de león, un par de rodajas de cebolla y un puñado de picatostes. Se prepara como una ensalada normal: lavar las hojas de diente de león, picar la cebolla y freír los picatostes. Se mezclan los ingredientes y se toma. Puede comerse las veces que se quiera. Tanto el diente de león como la cebolla colaboran a mantener la glucosa (el azúcar) dentro de valores normales.

> *Apio y alcachofas.* Estos productos tienen en su composición una sustancia muy similar a la insulina, razón por la que si los tomamos con frecuencia en nuestra dieta (en cualquiera de sus formas), estaremos colaborando a reducir los niveles de glucosa en sangre.

> *Infusión de agrimonia.* Se toman 3 tazas al día de infusión de agrimonia elaboradas con las flores y hojas de esta planta (30 gramos de planta por litro de agua hirviendo). Se sigue este remedio durante 5 días y se descansa otros 5. Se debe mantener este ritmo hasta situar los niveles de glucosa cerca de lo normal, momento en el cual se puede dejar el remedio.

> *Infusión de vincapervinca.* Se elabora de la misma forma que la receta anterior, con la diferencia de que se toman dos tazas diarias durante 10 días.

> *Hidroterapia.* Para evitar las alteraciones de las arterias que produce la diabetes hay que realizar, 3 veces por sema-

na, cepillados de la piel con agua, duchas de temperatura alterna (primero templada-caliente y luego fría unos segundos), o bien chorros de agua fría.

> *Lechuga y cebolla cocidas.* Al igual que lo que sucede con la alcachofa, estos alimentos incluyen sustancias similares a la insulina y favorecen su actividad.

> *Vainas de judías o habas, hojas de nogal.* Las infusiones realizadas con cualquiera de estos productos ayudan a controlar los niveles de glucosa en sangre. Basta con tomar una infusión al día hasta conseguir los efectos deseados.

> *Mirtilo.* Tomar mirtilo protege de las retinopatías diabéticas e incluso, si se tratan a tiempo, ayuda a recuperarse. También hay extracto de mirtilo en cápsulas, al que se ha eliminado la fructosa (azúcar de la fruta) de manera que los diabéticos pueden tomarlo sin problemas.

> *Retinopatías.* Los diabéticos, para prevenir la pérdida de visión, pueden hacer un cocimiento de 2 o 3 brotes tiernos de zarzamora en medio vaso de agua. Se hierve 5 minutos y se toma a diario en ayunas.

PREVENCIÓN

Aunque las frutas tengan azúcares, los diabéticos deben comerlas (sobre todo mangos y plátanos) y también cereales integrales (pan integral) ya que contienen grandes cantidades de vitaminas con carácter antioxidante que protegen las paredes de las arterias. Hay que controlar el peso para que se encuentre cerca de su valor ideal y evitar la bollería industrial, dulces, grasa animal y comidas abundantes. Conviene repartir la comida del día en 5-6 tomas; practicar con regularidad una actividad física para ayudar a producir un poco más de insulina y eliminar el azúcar sobrante en la sangre y realizar periódicamente análisis de sangre para controlar que la glucosa se encuentre por debajo o cerca de 120 miligramos por cada 100 mililitros de sangre.

SABÍAS QUE...

La diabetes es una enfermedad cada vez más frecuente. De hecho, 5 personas de cada 100 padecen esta patología. Aparece sobre todo en edades adultas, es más, cada año que cumplimos tenemos más probabilidades de sufrirla.

[DIARREA]

¿QUÉ ES?

La diarrea se caracteriza porque las deposiciones son blandas, líquidas, frecuentes y en número superior a tres veces al día. A menudo suelen acompañarse de dolor abdominal, flatulencia y debilidad general. La diarrea es un síntoma que acompaña a muchas enfermedades del intestino como por ejemplo irritaciones o inflamaciones del mismo, desarrolladas por gérmenes (gastroenteritis), alimentos en malas condiciones, comidas abundantes, exceso de alcohol... Otras veces se relaciona con impactos de tipo psíquico o situaciones de estrés (la conocida diarrea pre-examen de los estudiantes). El mayor problema de las diarreas es que eliminan gran parte del agua que hay en el organismo, que debe ser repuesta de inmediato para evitar la deshidratación.

TRATAMIENTO

› *Dieta líquida.* Para evitar la pérdida de líquidos (agua) y permitir que el intestino trabaje lo menos posible hay que mantener una dieta líquida durante 1 o 2 días. En ese tiempo tomaremos mucha agua, zumos, alimentos licuados...

› *Jarabe de arroz y membrillo.* Se hierve un vaso de arroz en un litro de agua y luego se filtra el líquido. Cuando esté frío se añaden 100 gramos de membrillo y tres claras de huevo. Se bate todo y se guarda en un lugar seco y oscuro. Se toma medio vaso cada hora, hasta que desaparezcan las molestias.

> *Agua y limón.* Se licúa un limón grande y se mezcla con un litro de agua tibia. Tomar todo lo que se desee y cuando se desee. El efecto astringente del limón evitará la pérdida de líquidos desde el intestino.

> *Agua de cebada.* Se hierve una cucharada de cebada en medio litro de agua durante veinte minutos. Después se filtra el líquido resultante y se toma las veces que se desee. Este remedio también es muy útil, tomado de vez en cuando, para evitar las diarreas de carácter crónico.

> *Yogur natural.* Es uno de los métodos conocidos mejores y más efectivos. Tomar 2-3 yogures naturales al día para repoblar la flora intestinal que se pierde en caso de diarrea. Además resulta muy nutritivo por ser fácilmente absorbido.

> *Zumo de grosella.* Tomar tres veces al día el zumo obtenido al exprimir bayas frescas de grosella. En menos de 48 horas se habrá resuelto el problema.

> *Sal en el ombligo.* Cuando la diarrea sea muy fuerte, se coloca un poco de sal en el ombligo y se sujeta con una tirita. Este remedio es muy recomendable también para los niños.

> *Manzana rallada.* La manzana ayuda a regular el intestino.

> *Copos de avena.* La avena en copos actúa como modulador del tránsito intestinal. En caso de diarrea, los copos de avena ayudarán a hacer volver al intestino a un ritmo normal.

> *Infusión de piel de granada.*

> *Agua de zanahorias hervidas.*

> *Infusión de kuzu, té de tres años y pasta umeboshi.*

> **Suero oral casero.** 1 ½ litro de agua, 2 limones, 1 cuchara-
da de azúcar, ½ cucharada de sal y ½ de bicarbonato.

> **Arcilla.** Fija y arrastra los residuos en los intestinos. Se
toma una cucharadita disuelta en un vaso de agua.

> **Granada.** La granada es muy astringente y ayuda mucho
en caso de diarrea, colitis y gastroenteritis. En la época en
que madura el fruto de la granada, secaremos las cáscaras al
sol, evitando el rocío para que no se forme moho. Una vez
secas, se trocean en pedacitos de unos 2 centímetros y se
guardan en un frasco de cristal hermético. Se conservan de
una temporada a otra. Se prepara un té concentrado y se
le agregan 2 o 3 trozos de cáscara. Se deja reposar unos minutos con la taza cubierta. Se bebe una taza 2-3 veces al día.

> **Escaramujo.** Se toman infusiones de escaramujo (*Rosa ca-
nina* L.). El escaramujo es una planta con propiedades as-
tringentes que ayuda a combatir las molestias de la diarrea.
Se vierte un puñado de semillas de escaramujo en una taza
de agua, se da un hervor y se tapa, dejándolo reposar unos
5 o 10 minutos. Se toman 3 tazas al día.

> **Rabos de cereza.** Infusión de rabos de cereza en caso de
cólicos y flatulencia. Relaja mucho el vientre. Se toma en todos los procesos intestinales (colitis, rectocolitis). Es un po-
deroso cicatrizante del intestino en los casos de colitis ulce-
rosas con pérdida de sangre con las heces.

Prevención

Hay que vigilar los alimentos que se consumen y su estado,
sobre todo en verano. Evita las comidas copiosas. Cuando
notemos los primeros síntomas, cambiaremos la alimentación a una dieta blanda.

Sabías que...

Con las diarreas se «arrastra» todo el contenido que hay en el intestino grueso y perdemos también las bacterias que por millones se encuentran en esta zona y nos ayudan a producir vitamina K, ácido fólico y otras sustancias beneficiosas. Por eso después de las diarreas conviene tomar alimentos suaves y ricos en bacterias para repoblar el intestino. Aquí es de ayuda el yogur bio.

[DIENTES]

¿QUÉ SON?

Las 32 piezas dentales permanentes con las que contamos para toda la vida, se ven diariamente sometidas a multitud de agresiones como una incorrecta higiene bucal, los cambios de color por efecto del tabaco, café, alcohol, e incluso la erosión producida por las caries. Una adecuada higiene bucal es la mejor manera de conservar en perfectas condiciones nuestros dientes (limpieza después de cada comida, no abusar de alimentos y bebidas azucarados), además de visitar anualmente al dentista. En algunos casos los remedios que proponemos pueden aliviar los problemas más frecuentes.

TRATAMIENTO Y PREVENCIÓN

› *Fortalecer los dientes.* Una o dos veces por semana añadiremos a las sopas o guisos, cebada. Los ingredientes de este tipo de cereal te reportarán un buen número de minerales y vitaminas que te darán más vitalidad.

› *Dientes blancos.* Una vez por semana frotaremos los dientes en todas sus superficies con unas hojas de salvia. Se pueden conseguir los mismos beneficios si además, una vez por semana, cepillamos los dientes con un poco de bicarbonato extendido sobre el cepillo de dientes. Una tercera fórmula muy sencilla consiste en mojar un trozo de algodón con un poco de agua oxigenada y frotar los dientes después del cepillado normal. Se practica cada dos días, sobre todo si se toma café, se fuma o se consume alcohol con frecuencia.

Manzana cruda. Las frutas frescas con abundante fibra como la manzana sirven de masaje para las encías, endurecen los dientes e incrementan la secreción de saliva y con ello se combaten las bacterias que pueden facilitar las caries y otros problemas.

› *Dientes amarillos.* Son el resultado del consumo de tabaco, café, alcohol o ciertos antibióticos como las tetraciclinas. Para combatir este problema podemos utilizar una pasta de dientes que en su composición incluya papaya (ayudará a blanquear los dientes).

› *Corteza de limón.* Una vez por semana podemos frotar los dientes con corteza o jugo de limón para mantener, o en su caso recuperar, la blancura dental.

› *Fresas.* De vez en cuando podemos frotar los dientes con una fresa partida por la mitad. Blanquea los dientes y fortalece las encías sangrantes, con lo que ayuda y previene la gingivitis o inflamación de las encías.

SABÍAS QUE...

La primera pieza dental permanente suele aparecer a los 6 años de vida y, hasta los 16 años (por término medio), el resto. Esto hace que las piezas dentales permanentes nos deban acompañar durante más de 70 años.

[DISPAREUNIA]

¿Qué es?

La dispareunia equivale a la penetración con dolor o molestias diversas. Esta situación puede considerarse frecuente en el caso de las primeras relaciones sexuales, sobre todo hasta que se produce la desaparición por completo del himen. En situaciones posteriores puede ser debida a la existencia de contusiones en la región genital, pequeñas laceraciones, e incluso ulceraciones de la zona vaginal y/o uretral, ya sean relaciones con procesos infecciosos o inflamatorios. Es muy frecuente la dispareunia por una falta de lubricación adecuada de la vagina durante la penetración, e incluso por la adopción de posiciones incómodas. Otras veces, no pocas, existen conflictos psicológicos que tensan la musculatura vaginal y convierten la penetración en un problema. Estos casos requieren la ayuda del psicólogo.

Tratamiento y prevención

› *Conseguir la mejor lubricación* de la región vaginal para que la penetración resulte sencilla y cómoda. En este sentido, las prisas son las peores consejeras...

› *Preservativo* colocado de manera correcta, ya que la presencia de arrugas, pliegues o situaciones similares, facilita la irritación vaginal.

› *Relajación* a la hora de la penetración, no sólo desde un punto de vista orgánico sino también mental. Cuando la practicamos de forma no deseada, la lubricación vaginal es menor, la musculatura de la vagina se tensa y la penetración resulta dolorosa.

› *Ayuda psicológica.* Cuando no hay ninguna causa orgánica o externa que justifique la dispareunia, debemos pensar en algún conflicto de tipo psicológico que, con la ayuda del personal especializado, podremos superar.

Sabías que...

La lubricación de la vagina se reduce considerablemente a medida que nos acercamos a la menopausia y después de ella, así como en el caso de recibir radiaciones, cirugía importante o tratamiento con corticoides.

[DOLOR DE CABEZA]

¿Qué es?

Los dolores de cabeza tienen orígenes muy diferentes en cada persona, pero los más frecuentes son: tensión nerviosa, músculos del cuello o de la espalda agarrotados, problemas visuales, alteraciones dentales, artrosis de las vértebras cervicales, hipertensión arterial, estreñimiento... Si las molestias aparecen con frecuencia conviene distribuir las comidas en horarios regulares, evitar pasar largos espacios de tiempo sin comer y reducir el consumo de alimentos como el alcohol, el queso maduro, los embutidos, el azúcar blanco o los helados, ya que propician la formación de una serie de sustancias que favorecen el dolor de cabeza.

Tratamiento

› *Hielo.* Un remedio muy efectivo e intenso para el dolor de cabeza es el empleo de una bolsa de tela o plástico con varios cubitos de hielo en su interior. Con ella masajeamos las zonas doloridas durante unos pocos minutos. En estas condiciones las terminales nerviosas quedan en cierto modo «anestesiadas» y las molestias son menores.

› *Pepinos o patatas.* Con pepinos o patatas pueden aliviarse las molestias, particularmente si se aplican mediante masajes sobre las sienes, pues inducen pequeños cambios en el riego sanguíneo de la cabeza. Basta con utilizar un pepino mediano o una patata pequeña: cortar un par de rodajas (los extremos) del pepino y realizar con ellos pequeños masajes circulares durante unos 5-6 minutos sobre las sienes. En el caso de la patata cortaremos dos rodajas y colocaremos una en cada sien por la parte blanca, sujetas con la ayuda de un pañuelo. Las dejaremos actuar durante media hora. Ambos remedios pueden realizarse por separado, o uno tras otro, en función de los resultados observados.

› *Digitopuntura.* Cuando duele la cabeza buscamos el punto más alto del cráneo (situado en una línea imaginaria entre las dos orejas) y presionamos en ese punto, sin desplazar el dedo, dibujando círculos en el sentido contrario a las agujas del reloj. Se puede comprobar su efectividad si la presión llega a provocar un eructo que consigue aliviar el dolor.

› *Pinza en el lóbulo.* Si el dolor de cabeza nos afecta a una sola parte de la misma, bastará con sujetar una pinza de colgar la ropa al lóbulo de la oreja del mismo lado (como si fuera un pendiente) o bien podemos apretar el lóbulo con dos dedos.

› *Baño de pies con vinagre.* Se llena el bidé con agua templada y se añade un vaso de vinagre. Se permanece en el bidé durante 5 minutos y mientras tanto, se masajean los músculos de las pantorrillas y de los pies. Con ello conseguimos equilibrar la circulación de la sangre y reducir los dolores de cabeza. Además produce un notable efecto relajante.

› *Toalla con agua caliente.* Empapamos una toalla en agua caliente, la escurrimos y luego la colocamos alrededor del cuello. Con ello conseguiremos relajar los músculos de esta zona y aliviar el dolor de cabeza que muchas veces se relaciona con la tensión y contracturas en estas regiones musculares.

› *Maceración de valeriana.* Se ponen dos cucharaditas de raíz de valeriana en un plato y se añade un vaso de agua fría. Se deja reposar la mezcla durante 8 horas, se cuela y se toma el líquido resultante. Puede repetirse siempre que se noten los primeros síntomas.

› *Baños vitales.* Si se tiene tendencia a las jaquecas y migrañas, se debe practicar todas las noches, antes de acostarse, baños vitales de asiento con agua fría. Sentada en el bidé, aplicar durante 10 minutos agua fría en los genitales con una esponja vegetal, cuidando de no sobrepasar nunca la línea del vello pubiano.

› *Aceite de oliva virgen en ayunas.* Resulta aconsejable tomar todos los días, en ayunas una cucharada de aceite de oliva virgen de primera presión en frío por cada 20 kilos de peso, mezclado con el zumo de medio limón. Seguidamente, se desayuna. Por ejemplo: si se pesan 60 kilos, serán tres cucharadas; si se pesan 40 kilos, dos cucharadas.

PREVENCIÓN

Para evitar los dolores de cabeza es muy importante mantener algunas reglas a la hora de dormir: descansar las horas suficientes, orientar la cabecera de la cama hacia el norte, mantener la habitación bien ventilada, no estar en contacto con ningún metal y utilizar siempre ropa cómoda y floja. También es importante vigilar la dieta. No se debe tomar ningún alimento frito, rebozado o empanado. Es mejor tomarlos a la plancha, asados o hervidos al vapor, sin salsas. Se recomienda sustituir la leche de vaca por leche vegetal (soja, avena, arroz, almendra…), el pan blanco por pan integral de herbodietética y el azúcar por miel o melaza. Alimentos prohibidos: los que contengan leche de vaca, harina blanca refinada o azúcar refinado (pan, pasta, bollería, chocolate, cremas pasteleras...). Estos productos es mejor tomarlos sólo si se han elaborado con harina integral, miel, melaza o leche vegetal. También se recomienda tomar la fruta antes de la comida, no después. No se debe tomar pan acompañando a la carne o al pescado, sino sólo con fruta o verdura. Evita tomar carne y pescado en la misma comida.

Sabías que…

Los dolores de cabeza son más frecuentes en el caso de las mujeres que en los hombres, y esto se debe sobre todo a que padecen con más facilidad de artrosis cervical, causa número uno de los dolores de cabeza.

[DOLOR DE CUELLO]

¿QUÉ ES?

El cuello está constituido por siete pequeñas vértebras cervicales rodeadas de más de una veintena de músculos que protegen la laringe y el esófago. Pero no es recto, sino ligeramente curvo, apuntando hacia delante. Esto hace que si no respetamos la curvatura ni adoptamos las posiciones más adecuadas, los músculos trabajan más de lo debido y aparecen contracturas que se manifiestan con dolor que puede extenderse hasta la cabeza. Las causas más frecuentes de dolor en el cuello son posiciones anómalas a la hora de leer, escribir, ver la televisión o dormir.

TRATAMIENTO

> *Jabón.* Todas las noches, antes de acostarte, coloca una pieza de jabón debajo de la almohada, justo ocupando la zona que entra en contacto con el cuello. De esta manera te aseguras una buena disposición de las vértebras cervicales y con ello evitas la tensión de los músculos y posibles molestias.

> *Estiramientos.* Cuando tengas dolor en el cuello realiza estos sencillos ejercicios: intenta tocar con la cabeza el hombro derecho sin elevarlo, mantén esa posición 4-5 segundos y luego vuelve la cabeza a su posición normal. Repite el ejercicio 10 veces con el hombro derecho, otras 10 con el izquierdo, hacia delante (para tocar con la barbilla el pecho) y hacia atrás (pegando la nuca a la espalda).

> *Almohada de trigo sarraceno.* El trigo sarraceno es una variedad de cereal rico en hidratos de carbono, proteínas, minerales y vitaminas del grupo B. Las almohadas elaboradas con este trigo se adaptan perfectamente a cada milímetro del cuello y además mantienen la forma durante mucho tiempo, por eso se utiliza como almohada en muchas clínicas y hospitales (dentro de los departamentos de traumatología). Medidas de la almohada: ancho equivalente a la distancia que hay entre los dedos pulgar e índice si se estiran con la mano abierta.

> *Pañuelo de seda.* Para prevenir e incluso tratar el dolor de cuello o de las vértebras cervicales puede servir de ayuda colocar un pañuelo de seda alrededor del cuello ya que así conservamos el calor y estimulamos la circulación de la sangre en esta zona.

> *Bálsamo para los dolores de cuello.* Para combatir los dolores de cuello y contracturas musculares se puede preparar un bálsamo para aplicarlo en masajes. Se ponen 100 gramos de aceite de almendras dulces y 25 gramos de cera blanca al fuego hasta que se derritan y se mezclen bien. Seguidamente, se retiran del fuego y se espera a que se enfríe un poco. Después se añaden 10 gotas de esencia de romero, 10 gotas de esencia de tomillo y otras 10 gotas de esencia de eucalipto y se mezcla bien. Se envasa y se guarda. Se aplica con suaves masajes cuando hay dolor.

PREVENCIÓN

La tensión nerviosa es una causa frecuente de dolor en el cuello porque los músculos de la parte superior de la espalda se encuentran «tensos», duros, y generan una gran presión.

Sabías que...

La cabeza de una persona adulta pesa cerca de 6 kilos que debemos transportar durante todo el día. Hay que cuidar posiciones en las que la cabeza se inclina hacia delante (leer un libro, una revista, hacer punto, estudiar) y descansar de vez en cuando para relajar los músculos de esta zona y evitar los dolores.

[DOLOR DE ESPALDA]

¿Qué es?

Éste es uno de los problemas más frecuentes que afectan a la mujer, especialmente por su relación con las actividades domésticas, la compra... Las molestias en la espalda pueden ser dolor agudo, dolor sordo o pesado, pinchazos, en un punto concreto o difusos. Varían mucho en función de su origen, y las causas más frecuentes son las contracturas musculares, la artrosis vertebral, la ciática, el lumbago, la tensión muscular de carácter nervioso y otras alteraciones internas que reflejan el dolor en la espalda como el cólico renal, problemas de páncreas o de la vesícula biliar. En la mayor parte de los casos la causa del dolor son las contracturas musculares, y en segundo lugar, problemas de artrosis vertebral.

Tratamiento

› *Baño de agua y vinagre.* Se prepara un baño de agua ligeramente caliente y se vierte en él dos vasos de vinagre. Luego hay que permanecer en su interior durante 10-15 minutos. Este tipo de baño relaja toda la musculatura del organismo y particularmente la de la espalda.

› *Hojas de rábano.* Éste es uno de los remedios más antiguos y eficaces contra el dolor de espalda, particularmente para las personas que lo sufren con frecuencia. Basta con masticar todos los días durante unos minutos unas hojas de rábano.

› *Masaje.* Tumbada sobre la alfombra o similar, te aliviará un pequeño masaje con maniobras de amasamiento (como si amasaras pan) sobre la musculatura de la espalda (en particular la situada cerca de la columna vertebral) y en sentido descendente, de arriba abajo. El masaje puede ser más efectivo y fácil de realizar con unas gotas de aceite de oliva.

› *Toalla mojada con agua caliente.* Colocar la toalla cubriendo toda la espalda y sobre todo la zona que presente mayor dolor. Con ello evitaremos la contractura muscular y produciremos cierta «anestesia» de los nervios de esa zona, calmando el dolor.

› *Cataplasma de patata cocida.* El calor ayuda mucho a aliviar los dolores de espalda. Por ello, se utiliza la patata, ya que conserva y mantiene el calor muy bien. Se cuecen 3 o 4 patatas y se machacan. Después se extiende el puré en una toalla que se aplica en la zona lumbar. Se envuelve con una toalla mayor, para guardar el calor, y se sujeta con una camiseta. Se puede mantener así hasta que se pierda el calor.

› *Cinturón de castañas contra el lumbago.* Los pastores de las Bardenas Reales, en Navarra, se hacían cinturones de castañas de Indias y se lo ponían para prevenir el lumbago. Llevando dos castañas de Indias en el bolsillo, los dolores que tengan una implicación circulatoria mejoran notablemente.

PREVENCIÓN

Se debe evitar doblar la espalda para coger objetos o limpiar (doblar siempre las rodillas). Lo mejor es mantenerse lo más cerca posible del peso ideal para no cargar las vértebras dorsales y lumbares. No conviene permanecer mucho tiempo de pie. Se debe cargar el menor tiempo posible con pesos y otras cargas. Se debe practicar una actividad física con cierta regularidad (sobre todo natación) y realizar estiramientos de la espalda a diario. En muchas ocasiones, el dolor de espalda tiene su origen en una mala postura al sentarse o al levantar pesos. Hay que estar lo más cerca posible de la mesa. Para levantar peso, se deben doblar las rodillas. Son los cuádriceps de las piernas los que deben levantar el peso, no los músculos de la espalda. En ocasiones un buen masaje puede ser la solución.

SABÍAS QUE...

Siempre que nos afecten los dolores de espalda que se repiten, o aunque se produzcan una sola vez, si éstos son de carácter agudo e intenso, hay que consultar con el especialista para conocer la causa y seguir así un tratamiento específico.

[DOLOR DE MUELAS]

¿QUÉ ES?

Dolor agudo o sordo que tiene su origen en una pieza dental por irritación de los nervios que se encuentran en su interior, en la pulpa. La causa más frecuente es la caries que lentamente perfora el diente y construye túneles que llegan hasta el nervio. Otras veces se debe a traumatismos que rompen la pieza dental, pequeñas fisuras y, con menor frecuencia, el dolor se debe a lesiones de la encía o a una dentadura postiza mal adaptada. Con frecuencia el dolor de las muelas puede transmitirse, recorriendo el trayecto de los nervios, hasta otras zonas próximas como la cabeza, el oído, los ojos, los pómulos...

TRATAMIENTO

› *Manzanilla con sal.* Se prepara una infusión de manzanilla de la forma habitual y se le añade una pizquita de sal. Antes de tragar cada sorbo, se deben realizar pequeños movimientos con el líquido sobre la zona dolorida. Es importante que la infusión esté caliente.

› *Agua caliente con sal.* Efectos similares al remedio anterior podemos conseguir con un vaso de agua caliente y una pizquita de sal.

› *Aceite de canela.* Se vierten unas gotas de aceite de canela en medio vaso de agua y se mezclan bien ambos líquidos. Se moja el dedo en el resultado y se frotan con suavidad las piezas dentales afectadas, tres o cuatro veces por día.

› **Infusión de hierba gayuba.** Se cuece un manojo de hierba gayuba en medio litro de agua durante unos minutos y luego se cuela el líquido resultante. Para tratar el dolor de muelas se hace un simple enjuague y el dolor desaparece en pocos minutos. Puede repetirse varias veces al día si es necesario.

› **Cocimiento de hierba rúa.** Cocer un manojo de hierba rúa en medio litro de agua y cuando ésta haya adquirido cierto color, se deja reposar durante 10-15 minutos y se cuela. Después se moja un poco de algodón en el líquido y se pone sobre la muela dolorida.

› **Cebolla asada.** Cortar una rodaja de cebolla y asarla en la sartén. Cuando esté doradita y calentita se coloca sobre la muñeca del mismo lado que duele, con la ayuda de una venda, y notaremos que, lentamente, el dolor remite.

› **Higo paso.** Cuando la inflamación da lugar a un flemón, se pone durante toda la noche un higo paso aplastado en la zona afectada. Es un remedio antiquísimo y muy efectivo.

Prevención

› Una vez que hemos superado el dolor de muelas hay que tratar la causa que lo ha producido (caries, dentadura mal adaptada, encías debilitadas) y no «acordarnos de santa Bárbara sólo cuando truena».

Sabías que...

› Las piezas dentales sólo tienen nervios sensitivos en su interior, en la pulpa. Por eso cuando duele una pieza dental es que parte del diente se ha perdido y las bacterias llegan a la pulpa, a su centro, e irritan los nervios.

[DOLOR DE OÍDOS]

¿Qué es?

Una de las principales causas del dolor de oídos, aparte de las inflamaciones de esta zona u otitis, es la contaminación acústica del medio ambiente (tráfico, *pubs*, discotecas, MP3, televisores…). España es el segundo país del mundo más ruidoso y eso hace que si antes comenzábamos a tener problemas de audición a partir de los 65 años, ahora la pérdida ya se nota a partir de los 45. Basta con estar 15 minutos en una discoteca para comenzar a sentir molestias. Por todo esto se hace necesario proteger más nuestros oídos si no queremos padecer dolores con frecuencia.

Tratamiento

› *Aceite de enebro.* El aceite de enebro debe ser uno de los elementos que siempre deben encontrarse en el botiquín de urgencia casero, ya que resulta de lo más eficaz frente a los dolores de oídos, tanto en personas adultas como en niños. En su composición se han encontrado algunas sustancias de carácter analgésico. Para elaborar este aceite necesitamos una cucharada sopera de bayas de enebro, un mortero, un tarro pequeño de cristal, 50 centímetros cúbicos de aceite de almendras o de aceite de oliva de primera presión en frío (casi 3 cucharadas soperas), un colador, un cuentagotas y un cazo. El procedimiento es sencillo: se machacan un poco las bayas de enebro en el mortero hasta que queden abiertas y se ponen en el tarro de cristal que contiene el aceite de almendras o de oliva. Se pone el tarro al baño María durante

30 minutos, se espera hasta que se enfríe, se cierra y después se deja en reposo en un lugar seco y oscuro durante 9 días. Pasado este tiempo se pasa a un frasco con cuentagotas que guardaremos en el baño o en el botiquín de urgencias. Antes de usarlo calentaremos el frasco bajo el chorro de agua caliente y, cuando esté templado, aplicaremos 2-3 gotas en el oído que duele, o en ambos si es el caso, y lo taponaremos con un poquito de algodón para que no se salga. Se puede repetir la aplicación a las 4-5 horas si lo consideramos necesario. Este remedio nos puede sacar de más de un apuro si lo tenemos siempre a mano. Es curioso cómo antiguamente las abuelas colocaban un paño en la base del recipiente del baño María para que el frasco de cristal no se rompiera por efecto del calor.

› *Remedio de urgencia con ajo.* En una sartén se ponen dos cucharadas de aceite de oliva virgen y se fríe muy lentamente un ajo cortado en láminas a lo largo. Una vez que el ajo está listo, se deja enfriar el aceite y se aplican 2 o 3 gotas templadas en el conducto del oído y se protege con un pequeño algodón.

› *Zumo de limón.* Se exprime el limón para obtener el zumo y se empapa un algodón en él, que se introduce suavemente en el oído y se deja así durante toda la noche. Al día siguiente se habrán reducido las molestias y además la cera de su interior saldrá con mayor facilidad.

› *Manzanilla.* Este remedio es para los casos de dolor de oídos cuando hay cera. Se ponen 10 o 12 cabezas de manzanilla en un tarro de cristal con 4 cucharadas de aceite de oliva virgen de primera presión en frío. Después de macerar durante 48 horas, se puede utilizar. Se templa un poco el aceite y se aplica con un algodoncito.

Sabías que...

Muchas veces el dolor de oídos se debe a irritaciones en la garganta ya que desde esta parte del organismo se proyecta un pequeño «túnel» o canal que asciende hasta el oído medio. Sirve para renovar el aire de esta zona pero, cuando hay bacterias en la garganta, pueden utilizar el túnel para llegar al oído y generar una infección y dolor.

[DOLOR MENSTRUAL]

¿QUÉ ES?

Durante la menstruación se produce el desprendimiento de parte de la capa más interna del útero o endometrio. Este desprendimiento supone la rotura de tejidos e incluso de algunas arterias de pequeño calibre que facilita el sangrado. En estas circunstancias, las terminales nerviosas situadas en esta zona se irritan fácilmente y producen dolor. Este dolor es más intenso en las primeras menstruaciones, así como en las mujeres que no han estado embarazadas. La intensidad del dolor es muy variable y puede oscilar desde ligero y soportable hasta muy intenso, casi de tipo cólico, e invalidante. Igualmente, en ocasiones dura unas horas y en otros casos varios días. La forma ideal de tratar o prevenir estas molestias consiste muchas veces en anticiparse a ellas.

Véanse también *Menstruación* y *Síndrome premenstrual*.

TRATAMIENTO Y PREVENCIÓN

› *Infusiones de milflores.* Llamadas así porque utilizan varios tipos de flores y en particular caléndula, milenrama y artemisa. Para elaborarlas colocamos en un plato o taza un puñado igual de cada una de estas plantas secas y troceadas. A la hora de preparar la infusión añadimos a una taza con agua hirviendo una cucharada de la mezcla y la dejamos reposar durante 10 minutos. Seguidamente colamos el líquido y lo tomamos caliente. Hay que beber tres tazas al día desde ocho días antes de la menstruación y terminar el mismo día que concluye la regla.

› *Arcilla y milenrama.* Se prepara una infusión de milenrama y, en un plato, se mezcla con unos puñados de arcilla blanca en polvo. Cuando se obtenga una especie de pasta, se coloca un paño en el bajo vientre y encima la pasta de arcilla durante treinta minutos. Se puede repetir este remedio 2-3 veces al día.

› *Infusión de diente de león.* Está particularmente indicada para disminuir la retención de líquidos que suele acompañar a la menstruación. Recomendamos tomar dos infusiones diarias de esta planta. Sus efectos diuréticos facilitarán la eliminación de líquidos retenidos por efecto de las hormonas.

› *Baño de asiento caliente y frío.* Todos los días, mientras se tengan molestias, por la mañana y por la noche, se llena el bidé con agua caliente (36-37 grados) y se permanece en él durante 5 minutos. Luego, se cambia el agua por otra ligeramente fría y se permanece en su interior menos de un minuto. Repetir el ciclo. Con este remedio equilibramos la circulación y calmamos los dolores.

› *Dieta* rica en alimentos con abundantes vitaminas A, B y C, así como hierro y yodo (fruta, verduras y hortalizas en general).

› *Decocción de jengibre* elaborada con jengibre en polvo o la raíz de esta planta cortada en trocitos. Preparar una decocción de 3 o 4 minutos. Tomar media taza 3-4 veces al día, siempre y cuando existan dolores.

› *Infusión de alcaravea.* Con un puñado de las semillas de esta planta y medio litro de agua se prepara una infusión de la que se toman tres tazas pequeñas diarias, siempre que existan dolores. Esta planta posee notables efectos antiespasmódicos y alivia el dolor.

› *Pechos doloridos.* Con frecuencia durante la menstruación, además del dolor en el vientre, se comprueba la presencia de dolor en las mamas, como consecuencia de la retención de líquidos. Para aliviar este dolor aconsejamos el uso de infusión de caléndula (2-3 tazas al día). También alivia el hecho de mojar un paño con la infusión y colocarlo sobre el pecho dolorido.

› *Infusión de maravillas.* Al igual que en el caso de la infusión de milflores, podremos aliviar las molestias de la menstruación si una semana antes de su inicio tomamos dos tazas diarias de este tipo de infusión. Además contribuye a evitar la retención de líquidos y los dolores de mamas.

› *Dong quai.* La planta china que recibe este nombre o también el de *Angelica sinensis* regula el ciclo menstrual, alivia el dolor y los calambres. Se toma media cucharadita de la tintura con agua, de 3 a 4 veces diarias. En China la utilizan mucho las mujeres.

› *Masajes.* En el abdomen y en la parte inferior de la espalda con aceite de almendras dulces, al que se le puede añadir una gota de aceite calmante como el de manzanilla o el de lavanda. Aliviarán el dolor.

› *Corteza de sauce.* Tiene efectos analgésicos. En tabletas o tomad en infusión.

› *Dolores menstruales.* Se cuece canela con cerveza y se toman dos o tres vasitos diarios. Es un buen remedio eficaz en estos casos. Otra receta que también incluye canela consiste en tomar infusión de 1 o 2 palitos de unos 10 centímetros de largo de esta planta por cada taza de agua. Lo utilizaremos para tratar dolores menstruales, articulares y de cabeza.

Sabías que...

El dolor menstrual está muy relacionado con los cambios en el útero y ovario durante la menstruación. Con frecuencia tomar unas galletas un par de veces al día durante esos días, es suficiente para combatir el dolor.

[ECCEMAS]

¿QUÉ ES?

Los eccemas se corresponden con pequeñas inflamaciones que afectan a las capas más superficiales de la piel (epidermis y dermis), que suelen acompañarse de manchas rojizas de diferentes tamaños, pequeñas vesículas de contenido líquido transparente y picor. El origen de estas lesiones es muy diverso, aunque la mayoría de las veces suele deberse a una reacción alérgica (a metales, cosméticos, productos de limpieza, alimentos, medicinas), infecciones por virus o alteraciones del sistema inmunitario. Normalmente remiten en varios días y las lesiones siguen una evolución fija: rojez en la zona, picor, aparición de minúsculas vesículas, secado de vesículas, aparición de pequeñas costras y desaparición de la lesión.

Véase también *Alergias*.

TRATAMIENTO

› *Masaje con yema de huevo duro.* Se cuece un huevo durante 4-5 minutos. Seguidamente se saca la yema entera y se frota con suavidad sobre las lesiones. Se puede repetir este remedio las veces que se quiera con la misma yema, siempre que esté caliente.

› *Masaje con jugo de pepino.* Licúa un pepino mediano y con parte del líquido resultante y una gasa, humedece los eccemas que existan en tu piel. El resto del líquido hay que beberlo enseguida. Basta con practicar este remedio 2 veces al día hasta que las lesiones hayan desaparecido. También se puede utilizar el zumo desprendido por el pepino sin licuarlo: se corta un pepino mediano en rodajas y se deja reposar durante 3 horas en un plato hondo o cazuela y, luego, se cuela el líquido que lentamente desprenden las rodajas. Con una gasa, se aplica sobre el eccema las veces que se quiera hasta que desaparezca.

› *Infusión de manzanilla.* Se aplica con la ayuda de una gasa sobre las lesiones. Es el mejor remedio para calmar el picor.

› *Zumo de berros.* Se licúa un puñado de hojas de berros. Con el líquido obtenido, se humedecen las lesiones producidas. Sirve para calmar el picor y, además, acelera su recuperación. También se puede beber para equilibrar el sistema inmunitario y reducir las reacciones alérgicas.

› *Crema nutritiva de aloe vera.* Se corta en trocitos muy pequeños un puñado de hojas de aloe vera y se introducen en una botella. Se añade aceite de oliva, se cierra y se deja macerar durante mes y medio. Pasado este tiempo, se cuela el aceite para eliminar las hojas y se guarda de nuevo en la botella. Ya está listo para emplearlo cuando se necesite. Para tratar los eccemas aplicar el gel sobre la zona afectada un par de veces al día (mañana y noche). Una de cada 200 personas es alérgica a este gel, razón por la cual antes de aplicarlo por primera vez conviene dejar un poquito sobre el brazo y esperar 24 horas. Si hay algún tipo de reacción anómala (picor, enrojecimiento...), somos alérgicos al producto y no lo debemos utilizar.

› *Aceite de girasol.* Es ideal para el tratamiento de los eccemas secos, los que no se acompañan de vesículas. Con una gasa o un trozo de algodón aplicar un poco de este aceite, 3-4 veces al día, sobre las lesiones.

PREVENCIÓN

Evita los productos que puedan facilitar una reacción alérgica local (joyas, bisutería, cosméticos, alimentos…). Reduce las situaciones que provoquen una excesiva sudoración, mantén una buena higiene de la piel, reduce el uso de prendas de lino o nailon si padeces eccemas con frecuencia. Si éste es el caso, toma una vez por semana huevos de codorniz u hojas de diente de león añadidas a cualquier ensalada del día. Para ayudar al sistema inmunitario hay que cuidar la alimentación añadiendo a nuestra dieta levadura de cerveza, ensaladas en abundancia, queso de cabra, y reduciendo el consumo de dulces, salsas y excitantes.

SABÍAS QUE…

Los eccemas son quizá las lesiones más frecuentes que afectan a nuestra piel, de tal forma que todos, una o dos veces al año, sufrimos este tipo de procesos.

[EMBARAZO]

¿Qué es?

La reproducción de la especie humana se realiza gracias a la fecundación o unión de los gametos (óvulo y espermatozoide) y el desarrollo posterior del embrión formado dentro del útero materno a lo largo de 9 meses. Este período se conoce como embarazo y supone para la mujer notables cambios hormonales, del flujo sanguíneo, de la tensión arterial, del control de la glucosa en la sangre, en el peso, etc. Estos cambios traen consigo molestias diversas. Te proponemos algunos procedimientos para saber si estás embarazada o bien para combatir las molestias más frecuentes.

Tratamiento

› **Para saber si se está embarazada.** Se pone en un cuenco una taza de garbanzos y se añade un vaso de agua. Se deja macerar toda la noche. A la mañana siguiente se toma el agua donde han estado los garbanzos a remojo. Si en 24 horas no baja la regla, ¡enhorabuena! Tenemos un bebé en camino. Este procedimiento se hace a partir de los 14 días de retraso de la menstruación.

› **Náuseas y vómitos.** Según los científicos, el feto absorbe mucho zinc de la madre y al quedarse ella sin las cantidades necesarias, el síntoma suele ser las náuseas y los vómitos. Se suele notar la falta de zinc también en las uñas, pues aparecen unas manchitas blancas, que no se deben a una carencia de calcio como mucha gente cree. Para evitar la carencia de zinc se puede tomar todos los días una ensalada preparada con 100 gramos de pepino y una cucharada de perejil picado. En una semana, los vómitos desaparecen. No hay que preocuparse por tomar perejil. Puede provocar un aborto, pero cuando se aplica de otra manera.

› *Mareos.* Las mujeres embarazadas suelen marearse con facilidad en los viajes. Para evitar estos molestos mareos, prueba a ponerte una aspirina en el ombligo y sujetarlo con una tirita y descalzarte. Si no hay aspirinas a mano, prueba a ponerte dos huesos de oliva o ciruela en la boca, debajo de la lengua. ¡Feliz viaje!

› *Antojos.* Los antojos son más marcados durante la formación global del feto (3-4 primeros meses). El cuerpo equilibra ciertas necesidades vitamínicas y minerales a través del reclamo de ciertos alimentos. Estudios nutricionales indican que cuando el antojo es de carne, debemos aportar pescados blancos como aporte de proteínas, con verduras de hoja verde y algas marinas (antianémico). Si hay antojos de queso, faltan grasas, minerales y proteínas. La fuente más rápida serán los frutos secos naturales. Si el antojo es de tomar leche, tomar verdura de hoja verde o incluir leche vegetal en la dieta. Si se antoja algo dulce, hay que disminuir la sal, quesos, carnes, que son los que nos reclaman el dulce; aumenta la ingesta de orejones, miel, compotas, ya que son azúcares de lenta asimilación. Si se antoja pan, es síntoma de que se necesita comer más pastas, trigo cocido y pan integral. Si se antoja alcohol, tomar zumos de frutas o una tacita de alguna infusión saludable y buena calidad. Si se antoja chocolate, hay que evitar comer huevos, horneados y sal, y tomar en su lugar compotas de manzana, cereales como la avena o *muesli.*

› *Estrías.* Las estrías suelen aparecer durante la adolescencia (debido a cambios hormonales), por variaciones bruscas en el peso y en el embarazo, debido al «estiramiento» que sufre la piel durante esta etapa. Son pequeñas cicatrices que quedan en la piel, difíciles de eliminar, aunque se puede reducir su apariencia y, sobre todo, se pueden prevenir. Durante el embarazo, conviene aplicar aceite de germen de trigo muy a menudo para favorecer la elasticidad de la piel en las zonas más propensas a las estrías: los pechos, vientre y caderas. También se puede realizar el siguiente preparado: se rallan unas zanahorias, se colocan en una gasa y se empapan en cerveza y agua de rosas. Se aplica como una cataplasma en las zonas donde haya estrías y se deja actuar durante 20 minutos.

› *Ácido fólico.* El ácido fólico o vitamina B_9 es esencial durante la gestación ya que participa en el desarrollo psicomotor del feto y reduce el riesgo de que éste sufra malformaciones. Además contribuye a fabricar glóbulos rojos y otras células de la sangre, por esta razón suele prescribirse junto con el hierro en casos de anemia. Para que resulte eficaz debe estar en la sangre antes del momento de la concepción y hasta el final del tercer mes. Lo recomendable es tomarlo antes de concebir. Previene a la madre de la aparición de las varices durante el embarazo, del cáncer de cuello de útero y de la espina bífida en el bebé. Tres meses antes de intentar concebir hay que procurar ingerir alimentos ricos en ácido fólico. Se puede conseguir el ácido fólico necesario tomando tres cucharadas de levadura de cerveza cada día, que tiene 10 veces más ácido fólico que cualquier alimento, y germen de trigo, que es también otro alimento que lo contiene en abundancia, e introduciendo en los menús semanales zumo de naranja, lechuga, remolacha, melón, col, espinaca...

SABÍAS QUE...

Los antojos, rechazos o aversiones son pistas o señales que la embarazada nos da, indicando que su organismo está viviendo una gran depuración y está movilizando antiguos depósitos tóxicos provocados por excesos de otros tiempos.

[ENCÍAS]

¿QUÉ SON?

Los dientes se incrustan por su raíz directamente en el hueso. Para cubrir el hueso y parte del diente, incluida la raíz, encontramos una capa de tejido rojizo brillante que denominamos encía, elemento de protección que puede alterarse por efecto de los alimentos, tabaco, gérmenes de la cavidad bucal... Las lesiones más frecuentes se producen por golpes, mordeduras o rozaduras. Cuando las encías se inflaman hablamos de gingivitis. Este tipo de inflamaciones hay que tratarlas con rapidez y eficacia ya que pueden progresar y dar lugar a lesiones de los dientes o del propio hueso (periodontitis, osteomielitis, piorrea...).

TRATAMIENTO Y PREVENCIÓN

› *Infusión de salvia.* Para prevenir lesiones que afecten a las encías e incluso para tratarlas son de gran utilidad las infusiones de salvia por el efecto calmante y desinfectante de esta planta. En caso de gingivitis o similar, realizar una infusión y practicar enjuagues bucales durante 10 minutos con una frecuencia de 3-4 veces al día.

› *Fruta con piel.* Tanto en el caso de que las encías sangren como para fortalecerlas es muy eficaz el consumo, una vez al día, de una manzana, pera o similar, limpias y con piel. La dureza de estas frutas estimula la circulación de la sangre en las encías y fortalece su estructura.

› **Masticar hojas de berro.** Ésta es otra de las fórmulas sencillas para prevenir e incluso tratar los problemas de las encías, como si fuera chicle, masticar unos trozos de hojas durante 5-10 minutos. En el caso de tener gingivitis practicarlo 2-3 veces al día.

› **Bicarbonato.** Para vitalizar y fortalecer las encías, un par de veces por semana, añadir unos polvos de bicarbonato en un dedo y masajear las encías durante 5 minutos.

› **Fresas.** Frotar los dientes y encías con una fresa partida por la mitad, por la parte de la pulpa. La fresa ayuda a mantener los dientes blancos, fortalece las encías y previene y alivia la gingivitis.

› **Vinagre.** En caso de padecer lesiones en las encías y sobre todo gingivitis, todos los días, en ayunas, añadir a un vaso de agua diez gotas de vinagre y practicar enjuagues bucales durante 5-10 minutos.

› **Abscesos en las encías.** Después de cocer un higo seco en leche, se parte en dos y se aplica caliente sobre las encías.

› **Aftas y encías inflamadas.** Mastica la mezcla de perejil con unas gotas de limón y miel.

SABÍAS QUE...

Cuando las encías se alteran, uno de los procesos que con mayor frecuencia aparece es la piorrea, lesión crónica de las encías que debe tratarse con mucha constancia para impedir lesiones en el hueso.

[ESTÓMAGO]

¿Qué es?

El estómago es una cavidad del aparato digestivo que se encarga de recibir los alimentos que proceden de la boca. En su interior se degradan para transformarse en una especie de semilíquido que al intestino le resulta más fácil absorber. Su labor es realizada por medio de movimientos peristálticos y a partir de las secreciones gástricas (jugos gástricos). La labor del estómago se prolonga durante 2-3 horas después de comer, siempre en función de la cantidad de alimento que se ingiera.

Tratamiento y prevención

› *Evitar las comidas excesivas* ya que con ello se «hincha» mucho el estómago y su actividad, además de prolongada, no resulta tan eficaz. Lo ideal es comer 4-5 veces al día y con cantidades similares cada vez, distribuyendo mejor el trabajo del estómago a lo largo del tiempo.

› *No concentrar la comida* en una sola toma durante el día tal y como suele suceder con la comida del mediodía. Debemos habituarnos a que ésta sea menos abundante e incrementar los alimentos en el desayuno. El estómago se sentirá mejor y dará menos molestias.

› *En caso de dolor de estómago* puede ayudarnos tomar una ducha de agua caliente aplicando el agua sobre la región abdominal, sobre el estómago, durante 10 minutos.

> *En caso de acidez* es de gran ayuda tomar, a sorbos, un vaso de agua templada.

> *Perejil.* Masticar una ramita de perejil es uno de los remedios más eficaces y naturales contra la acidez de estómago. Además puede practicarse siempre que se quiera.

> *Infusiones.* Las infusiones colaboran con la actividad del estómago haciéndola más fácil y eficaz. Te recomendamos las infusiones de manzanilla, menta, menta poleo o salvia, entre otras.

> *Dolor o acidez de estómago.* Un método infalible consiste en hervir una cebolla pequeña y limpia en un poco de leche. Luego se cuela el líquido y se toma caliente. Los efectos son inmediatos. En cualquier caso siempre que hay dolores en el estómago que se repiten hay que acudir al especialista para conocer su origen (úlcera, gastritis...).

> *Limón y bicarbonato.* Para aliviar la acidez del estómago, se prepara medio vaso de agua templada y se le añade una cucharilla de bicarbonato y el zumo de un limón. Se toma en ayunas.

SABÍAS QUE...

Una siesta prolongada, superior a los 30-45 minutos, dificulta la actividad del estómago prolongándola durante más tiempo del necesario. Por esta razón muchas veces después de la siesta superior a una hora tenemos pesadez gástrica e incluso acidez.

Sabías que...

Es muy importante combatir y tratar el estreñimiento ya que puede favorecer la aparición de otros problemas para la salud como hemorroides (almorranas), fisuras anales, divertículos en el intestino grueso, hernias en la pared abdominal, etc.

[ESTREÑIMIENTO AGUDO]

¿Qué es?

El estreñimiento agudo es aquel que puede afectarnos durante unos días o unas pocas semanas y casi siempre es la consecuencia de diferentes circunstancias que reducen la movilidad intestinal, bien por falta de estímulo o por exceso de sedentarismo. Algunos ejemplos son la permanencia en la cama durante un tiempo (por enfermedad o similar), efecto secundario de medicamentos (antiácidos, sedantes, tranquilizantes), consumo de pocos líquidos, reprimir la necesidad de acudir al servicio e incluso permanecer mucho tiempo en él... Casi siempre la situación puede resolverse en unos días. Si esto no sucede debemos acudir al especialista para evitar la cronificación del problema.

Tratamiento y prevención

› **Abundante agua,** tanto en la comida como fuera de ella, para lubricar el intestino y «disolver» su contenido, siendo más fácil evacuarlo. También con el agua «hinchamos» la fibra y actúa como una especie de «desatascador».

› **Aceites.** Utilizar en cada comida una cucharadita de aceite crudo (con las verduras, legumbres, ensaladas) para facilitar el tránsito intestinal de los residuos alimenticios.

› **Desayuno laxante.** A primera hora del día toma alimentos que ayuden a la actividad intestinal como es el caso del zumo de naranja, ciruelas pasas, un par de kiwis o simplemente leche vegetal con melaza.

> **Baños de asiento.** Una o dos veces al día, hasta que el proceso se regularice, utiliza el bidé para practicar baños de asiento sobre la región genital durante 5-10 minutos. El agua debe estar ligeramente caliente. Con ello relajamos los esfínteres anales.

> **Salvado.** En alguna comida del día toma dos cucharadas de salvado junto con un vaso de agua o zumo.

> **Evita las bebidas con gas** ya que dificultan la actividad del intestino con estreñimiento.

SABÍAS QUE...

Una de las principales causas de estreñimiento agudo son aquellos días en los que consumimos pocos líquidos o sudamos más de lo normal. Esto hace que el organismo intente no perder ni una gota de agua, sacando del intestino, y de las heces, toda la posible.

› *Ejercicio físico cotidiano.* Caminar durante una hora y media a diario.

SABÍAS QUE...

Los fármacos laxantes no son de utilidad en el tratamiento del estreñimiento crónico ya que nuestro intestino se acostumbra enseguida a sus efectos y cada vez necesitamos dosis mayores.

[EXFOLIANTES]

¿Qué son?

Las células de la piel tienen un ciclo vital muy corto, apenas de varios días en el mejor de los casos. Esto hace que todos los días la superficie de la piel acumule células muertas y con ellas se pierde el brillo, la suavidad y se facilitan lesiones e infecciones. Te proponemos unos remedios que «pulen» la piel al eliminar las células muertas (productos exfoliantes), además de conseguir efectos suavizantes y nutritivos para el resto de células vivas. Por otra parte, la mayoría de estos remedios pueden aplicarse a todo tipo de pieles y en particular, a las de tipo seco.

Tratamiento

› *Exfoliante para pieles secas.* Mezcla en un plato hondo o cazuela pequeña una cucharadita de miel, una cucharadita de azúcar y una cucharada de harina de avena no demasiado fina. Remueve todo hasta conseguir que se forme una pasta granulada o arenosa. Extiéndela sobre la piel con la ayuda de los dedos formando círculos y desde la frente hacia el cuello. Insiste un poco más en las zonas de «roce» o regiones «ocultas» como es el caso de la nariz, aletas, frente, pómulos y mentón. Una vez aplicada la pasta, limpiar la cara con agua tibia. Es suficiente con aplicarla una vez a la semana.

› *Exfoliante de acción rápida.* Pela una papaya madura formando amplios cortes de piel. Frota suavemente la cara y el cuello con la parte interna de los trozos de piel, desde la frente hasta la clavícula. Deja actuar esta «crema» durante 10 minutos y después limpia la cara con agua fría. Puede practicarse 2-3 veces por semana y en particular antes de utilizar fórmulas limpiadoras, hidratantes o tonificantes, para que desarrollen sus efectos con mayor facilidad.

> **Exfoliante de azúcar blanco.** Mezcla en un plato una cucharada de azúcar blanco no muy fino y un poco de agua caliente, hasta formar una pasta. Aplícala sobre la piel formando círculos (desde la frente hasta el cuello) y deja que actúe durante 5 minutos. Pasado este tiempo, aclara con agua templada.

> **Exfoliante de sal y aceite.** Prepara dos cucharadas de aceite de oliva y un puñado de sal fina, sin mezclar. Con los dedos, extiende por la piel (en la zona del cuerpo que se desee, incluso en todo él) el aceite de oliva. Deja que actúe durante 10 minutos y seguidamente aplica con suavidad la sal realizando círculos. Transcurridos unos minutos limpia la piel con la ayuda de la ducha o baño.

> **Exfoliante de cocina integral.** Este preparado recibe esta denominación porque reúne tres elementos presentes en la cocina: azúcar fina, sal fina y harina de avena no muy molida. En una cazuela mezclamos un puñado de azúcar fina, otro de sal, dos puñados de harina de avena y un vaso de agua tibia. Se mezcla bien hasta formar una pasta homogénea y se guarda en un tarro con cierre hermético. Se puede conservar durante meses en un lugar seco. Para emplear la mezcla primero debemos humedecer la piel con agua tibia, después aplicarla con la mano sobre la piel y dejar que actúe durante 10 minutos. Se elimina con agua tibia. Puede utilizarse con la frecuencia que se desee.

> **Exfoliante para los senos.** En un plato hondo, mezclamos medio puñado de harina de avena no muy fina, una cucharada de aceite de almendras y un poco de agua hasta formar

una pasta homogénea. Para aplicarla sobre la piel, humedece primero los senos con agua tibia y luego extiende la pasta con los dedos comenzando en la parte inferior y haciendo círculos hacia arriba, hasta el cuello, siempre en sentido ascendente (si no, el pecho puede perder tersura). Deja que la mezcla actúe durante 15 minutos y elimina con la ayuda de una ducha templada.

› **Exfoliante para la celulitis.** Esta crema es útil para limpiar y mejorar la piel de las zonas afectadas por la celulitis, además de proporcionarle mayor firmeza, suavidad y equilibrio. En un plato, se mezclan dos cucharadas de aceite de semillas de uva y dos gotas de aceite de limón, y se vierte esta combinación sobre otro plato donde tendremos un puñado de harina de maíz y un poco de agua tibia. Mezclar bien hasta conseguir una pasta homogénea. Antes de aplicarla sobre la piel, hay que humedecerla con un poco de agua. Se extiende la pasta con los dedos ejerciendo una ligera presión, siempre de abajo arriba, con movimientos circulares (así ayudaremos al sistema linfático a eliminar líquidos). También puede aplicarse con una gasa para «pulir» mejor la piel tratada. Finalmente se enjuaga la zona con la ayuda de abundante agua tibia. Practica este remedio una vez a la semana.

› **Exfoliante de manzana.** La manzana contiene elevadas cantidades de vitaminas C, A, betacarotenos y minerales como el potasio, calcio, magnesio, ácido málico y tartárico. En su conjunto estos elementos son muy útiles para nutrir la piel y eliminar las células muertas. Para conseguir estos efectos es suficiente con utilizar el zumo de manzana puro: se aplica directamente sobre la cara 2-3 veces por semana. Una vez aplicado el zumo, se deja actuar durante 20 minutos y se aclara el cutis con agua tibia.

Sabías que...

La papaya madura es uno de los elementos naturales con mayor capacidad exfoliante gracias a su elevado contenido en papaína y una serie de enzimas que disuelven, eliminan y desprenden las células muertas y otras sustancias residuales acumuladas en la piel. Estas enzimas se encuentran sobre todo debajo de la cáscara de la papaya.

[FARINGITIS]

¿QUÉ ES?

La faringe es una especie de tubo muscular que se encuentra detrás de las fosas nasales y de la boca, llegando hasta la parte superior del cuello donde se une con el esófago (aparato digestivo) y laringe (vías respiratorias). Gracias a la faringe el aire llega hasta la laringe y el alimento desde la boca alcanza el esófago. Por esta razón tanto la calidad del aire como del alimento pueden afectar a la faringe y facilitar su inflamación, situación que conocemos con el nombre de faringitis. El aire frío respirado por la boca, las bebidas frías, el tabaco, el alcohol, hablar mucho son las situaciones que con mayor frecuencia facilitan las faringitis, las cuales se manifiestan por pinchazos o dolor al tragar un alimento, sensación de ocupación en el cuello, ligero picor, secreciones y a veces tos.

TRATAMIENTO

› *Infusión de flor de saúco.* Se coloca en un plato una cucharada de flores de saúco y se añade medio litro de agua hirviendo. Se deja reposar la mezcla durante 10-15 minutos y luego se cuela el líquido. Conservar el líquido en lugar seco y utilizarlo para hacer gárgaras durante 5 minutos 4-5 veces al día.

› *Infusión de tomillo.* El tomillo presenta en su composición elementos de carácter antiinflamatorio y analgésico. Para elaborar una buena infusión y, al igual que en el caso anterior, se añade una cucharada de esta planta en un cuenco y se vierte sobre ella un vaso de agua. Se deja reposar la mezcla 15 minutos y se cuela el líquido. Se añade el zumo de medio limón y una cucharada de miel. Parte del líquido se utiliza para hacer gargarismos durante 5 minutos y el resto se bebe con una pajita intentando que ésta se acerque lo más posible a la zona de la faringe y laringe. Se repite 2-3 veces al día según las necesidades.

› *Jarabe de zanahorias.* Se rallan dos zanahorias y se ponen a macerar toda la noche en un cuenco con 4 cucharadas de miel de tomillo, o en su defecto, miel de milflores o cualquier otro tipo de miel. A la mañana siguiente se filtra y se añade el zumo de un limón y se toma durante el día a sorbos y ensalivando bien, como si fuera un caramelo.

› *Cebada integral molida.* Se cuecen 100 gramos de cebada en 1 litro de agua durante 30 minutos. Filtrar el líquido y utilizarlo 4-5 veces al día para realizar gárgaras con un poco de miel.

› *Compresa de agua caliente.* Humedece un paño limpio o unas gasas en agua caliente y colócalas sobre la parte alta del cuello. Mantenlas mientras conserven calor.

› *Tostada con vinagre.* Mojar una rebanada de pan tostado en un poco de vinagre y chupar lentamente. Éste es un remedio muy antiguo que evita las molestias y en particular los pinchazos y quemazón de la faringitis. Si tienes úlcera, reflujo gastroesofágico o acidez de estómago, no debes practicarlo.

› *Zumo de tomate.* Licúa dos tomates medianos y toma el zumo lentamente. Practica este remedio 2-3 veces al día.

› *Infusiones de equinácea.* Tomadas con cierta regularidad suponen un buen método preventivo para evitar la faringitis.

Prevención

› Evitar los agentes irritantes como respirar aire frío por la boca, los alimentos muy fríos, el consumo de tabaco y alcohol. Hay que respirar siempre por la nariz para calentar el aire antes de que llegue a las vías aéreas. Debemos evitar los ambientes secos para lo cual podemos ayudarnos, en el caso de padecer con frecuencia este problema, de humidificadores a los que podemos añadir infusiones de eucalipto o menta.

Sabías que...

Hay muchos casos de faringitis crónica o recurrente y suelen estar relacionados con factores externos como el hábito de fumar u otros factores internos como la desviación del tabique nasal, sinusitis crónica o estreñimiento crónico.

[FERTILIDAD (fecundación)]

¿QUÉ ES?

La capacidad reproductiva de la raza humana es una de las más limitadas dentro de la naturaleza, de tal manera que por término medio la fecundación se produce tras un año de intentos. En estos resultados contribuyen factores naturales, como el hecho de que el óvulo sólo es fértil 4 días en cada ciclo. Sin embargo, hay otros aspectos externos que hacen que los ciclos sean más prolongados o incluso desaparezcan. Por ejemplo, el tabaco dificulta la fecundación y se sabe que una pareja de fumadores tarda más de dos años, por término medio, en concebir. Otros factores a tener en cuenta son el estrés, la alimentación o el consumo de alcohol. Aunque la solución definitiva a los problemas de fertilidad los propone el especialista (incluida la fecundación asistida), te facilitamos algunos remedios que pueden ayudarte.

TRATAMIENTO Y PREVENCIÓN

› *Infusiones de hojas de frambuesa.* Tomadas con cierta regularidad (2 por semana) contribuyen de forma notable a fortalecer el aparato reproductor femenino mejorando su estado y capacidad funcional (previene muchas enfermedades).

› *Reducir el consumo* de alcohol y de tabaco.

› *Alimentación rica* en alimentos crudos y vitamínicos como es el caso de las verduras, hortalizas, frutas...

> *Aporte especial de selenio,* elemento fundamental para el buen funcionamiento de las glándulas sexuales. Puedes encontrarlo en las verduras, cebollas, ajo, germen de trigo, pescado, huevos.

> *Aporte especial de zinc, taurina, desmodium y magnesio.*

> *Erizos de castañas.* Se cogen tres erizos de castañas de las que comemos en el invierno. Se hierven en un vaso de agua durante 5 minutos y se deja reposar. Se toma en ayunas este preparado desde el séptimo día después de haber venido la regla hasta el día 21. Se hace durante 3 ciclos seguidos. Si no te has quedado embarazada, descansa un ciclo y vuelve a repetirlo durante 3 ciclos más. Seguro que nos llevamos una alegría...

Sabías que...

La especie humana es, con mucho, la menos fértil de la naturaleza ya que la probabilidad de fecundación en una relación sexual es menos del 25 %. Además la calidad de los gametos (óvulos y espermatozoides) cada año es peor por razones ambientales, laborales, estéticas o de hábitos (alcohol, tabaco, etc.).

[FIEBRE]

¿QUÉ ES?

La fiebre en sí es un mecanismo de defensa del organismo por medio del cual se aumenta la producción de ciertas sustancias que ayudan al cuerpo a luchar contra la infección, por eso no conviene eliminarla por completo, aunque sí controlarla, ya que a partir de 39 grados es peligrosa (comienzan a fallar algunas funciones de diferentes órganos).

TRATAMIENTO

› **Dieta líquida.** Durante un proceso febril es importante mantener una dieta líquida o semilíquida con zumos, caldos vegetales, purés, yogures, destinados a evitar la deshidratación además de aportar vitaminas y minerales que favorecen la actividad de nuestras defensas.

› **Vinagre de manzana.** Aplicar un chorrito de vinagre de manzana sobre la planta de los calcetines y mantenerlos puestos mientras se está en la cama. También paños empapados en vinagre en la frente y las muñecas.

› **Cebolla.** Cortar un par de rodajas de cebolla amplias y colocarlas en las plantas de los pies (en ambos pies). Sujetarlas con los calcetines para mantenerlas pegadas a los pies y cambiarlas cada 12 horas.

› **Col** picada en la planta de los pies.

› *Ajo.* Frotar un ajo en los pies cada hora.

› *Patata cruda.* Se cortan dos finas lonchas de patata y se colocan sobre las plantas de los pies. Se ponen encima unos calcetines y se deja actuar la patata durante unas horas. Por medio de mecanismos reflejos se modifica la circulación de la sangre y se reduce la temperatura del organismo.

› *Sopa de pollo.* Elaborar una buena sopa con diversas partes de gallina o pollo (incluida la piel) y tomarla a lo largo del día en varias tomas. Tiene efectos inmediatos y a la vez presenta un gran valor nutritivo. Además, en un reciente estudio realizado en la Universidad de Nebraska, en Estados Unidos, se ha descubierto que el caldo de pollo alivia los síntomas del resfriado al reducir la inflamación de las mucosas de la nariz, garganta y pulmones, ya que contrarresta los efectos inflamatorios cuando se está luchando contra una infección. Así que si la fiebre es síntoma de alguna de estas situaciones, el caldo de pollo es un remedio sencillo y de gran ayuda.

› *Infusión de salvia.* Calentar el agua hasta que hierva, apagar el fuego y añadir una cucharada de salvia, dejando reposar la mezcla durante 15 minutos. Colar el líquido y tomarla lentamente, a sorbos. Practicar este remedio 2-3 veces al día. La salvia tiende a reducir la fiebre y además posee un cierto efecto antisudorífico.

› *Infusión de borraja, cebolla, ajo y apio.* Tomar un vaso cada dos horas con el zumo de medio limón.

› *Infusión de menta, saúco y tomillo* tomada a pequeños sorbos cada media hora ayuda a bajar la fiebre de menos de 40 grados.

› *Toalla mojada.* Cuando la fiebre se encuentra cerca de 39 grados se aconseja reducirla con procedimientos como frotar el cuerpo con una toalla mojada en agua fresca, baño en agua templada o envolver el cuerpo con una sábana húmeda.

> *Agua de cebada.* Añadir 50 gramos de cebada en dos litros de agua y hervirlo hasta que el agua se reduzca a la mitad. Seguidamente se cuela y se toma a lo largo del día añadiendo un poco de miel a cada vaso.

SABÍAS QUE...

La fiebre es en realidad un mecanismo de defensa del organismo que nos alerta de la invasión de bacterias y otros elementos patógenos. Aumentando la temperatura el cuerpo trata de destruir estos agentes extraños, pero, cuando es elevada (a partir de 39 grados) puede resultar peligrosa para el propio cuerpo.

tiempo sentado para no facilitar la humedad en la región anal, realizar una actividad física de forma regular.

Sabías que...

Si las molestias se extienden, a pesar del tratamiento, durante varios meses, hay que pensar en la posibilidad de un tratamiento médico especializado en el que a veces se incluye la cirugía.

[FLORA INTESTINAL]

¿QUÉ ES?

La denominada flora intestinal reúne varios billones de microorganismos, principalmente bacterias, que habitan en nuestro intestino y facilitan la digestión. Desde la boca hasta el recto la capa interna del tubo digestivo presenta diferentes gérmenes que colaboran con su función: en la boca destacan estreptococos, lactobacilos y bifidobacterias; en el estómago, entre otros, los peptoestreptococos, enterobacterias, lactobacilos y eubacterias. Estos microorganismos son muy útiles para el organismo ya que a cambio de que sobrevivan gracias al consumo de parte del alimento que ingerimos, ellos nos ayudan a metabolizar los alimentos, colaboran en la formación de vitaminas y otras sustancias, además de evitar, con su presencia, la proliferación de otros gérmenes patógenos. Por estas y otras razones debemos cuidar la flora intestinal.

TRATAMIENTO Y PREVENCIÓN

› *Alimentos recomendables para mantener la flora intestinal.* Todas las frutas y todas las hortalizas y verduras; pan integral; miel pura de abejas; yogures bio; aceites vegetales; zumos naturales, vinos de baja graduación e infusiones; germen de trigo, levadura de cerveza. Es importante no estreñirse, para que nuestra flora no mantenga materias putrefactas de la digestión. Hay gente que va todos los días al baño, pero que sin embargo, sus heces son duras, como bolas (heces caprinas, como las de las cabras).

› **Alimentos no recomendables para mantener la flora intestinal.** Fruta verde no madura, setas, patatas fritas o asadas; pan blanco, azúcar refinada (blanca), chocolates, dulces, repostería industrial; huevos duros y natas; mayonesa y margarina, grasa en general; condimentos, licores, café y té.

› **Yogur natural o bio.** Consume todos los días un yogur de estas características para facilitar la actividad de la flora intestinal. También son útiles los denominados yogures «bio» con bífidus activos y lactobacilos.

› **Kéfir de agua.** Es un buen aporte de elementos para tener una flora intestinal sana y en perfectas condiciones.

SABÍAS QUE...

Las diarreas, gastroenteritis y procesos similares «barren» el intestino y desequilibran gran parte de la flora intestinal. Por eso durante estos procesos debemos cuidar mucho nuestra alimentación, facilitando una fácil renovación de este tipo de flora (dieta blanda, yogur, etc.). Algunos medicamentos (antibióticos), la quimioterapia, radioterapia, el estrés y la tensión nerviosa también pueden afectar a nuestra flora intestinal.

[FLORES DE BACH]

¿QUÉ SON?

Las flores de Bach son sustancias extraídas del rocío de las flores, en su mayoría silvestres. Son originarias de Gran Bretaña y su precursor fue el doctor Edward Bach. Descubrió que el rocío de ciertas flores actuaba sobre las emociones y sentimientos, pero sin reemplazar a la medicina tradicional o alopática, y dedicó muchos años de su vida a investigar con sus pacientes y obtuvo resultados excelentes.

Los remedios fueron desarrollados para el tratamiento de los problemas emocionales, actuando únicamente sobre ese campo. Estos remedios ayudan a enfrentarse, con un ánimo positivo, a cualquier situación que se nos presente, a cualquier enfermedad, y a conseguir mejorar nuestra calidad de vida. Por ejemplo trata los problemas de incertidumbre: falta de confianza en uno mismo, personas que siempre buscan la aprobación en los demás. También pueden recurrir a las flores de Bach aquellos con falta de interés en general, los soñadores, los nostálgicos, los distraídos, los que se resignan fácilmente, las personas que se sienten tristes sin motivo aparente, los que se sienten solos, los orgullosos reservados, los impacientes irritables, los obsesionados con sus preocupaciones, los excesivamente sensibles a quienes todo les influye y sufren por ello, personas que se reservan todas sus preocupaciones y no pueden mostrarse alegres, los obsesionados en servir a los demás, los que se sienten explotados, los envidiosos que sienten odio y les reconcomen los celos; remedios para el desaliento o la desesperación, para los que se preocupan demasiado por los demás, para los que tienen sentimientos excesivos de culpa…

En realidad, todos estos sentimientos que nos influyen negativamente se tratan con alguna de las 38 esencias florales existentes, pues cada una pertenece a un tipo de emoción concreta o a varias.

Esta Terapia Natural de Bach está aprobada por el Departamento de Salud Pública de Reino Unido y por la Food and Drug Administration de Estados Unidos (Administración de Alimentos y Drogas), que controla los productos relacionados con la salud.

De todas maneras, este tratamiento requiere consejo y seguimiento de un experto o especialista.

[FRIGIDEZ]

¿QUÉ ES?

Se denomina frigidez a una situación en la que la mujer presenta una incapacidad permanente para conseguir el orgasmo o al menos para mantener una buena lubricación de la vagina compatible con una relación satisfactoria. Esta situación hace que la mujer sienta cada día menos deseo sexual. Año tras año se observan más casos de estas características y en sus causas podemos encontrar técnicas sexuales inadecuadas en la pareja (rapidez que facilita una mala lubricación vaginal favoreciendo un coito doloroso, posturas incómodas), motivaciones religiosas, mala formación sexual, falta de intimidad o compenetración, empleo de medicamentos, cistitis, diabetes, estrés, etc. A veces la frigidez puede surgir después de una vida sexual satisfactoria. En estos casos la causa más probable se encuentra en los medicamentos y, en particular, los antidepresivos o hipotensores.

TRATAMIENTO

› *Infusión de hojas de ajedrea.* Se prepara una infusión añadiendo 50 gramos de estas hojas a un litro de agua hervida y manteniéndolas durante 10 minutos. Se cuela y se bebe un vaso inmediatamente. Con ello se consigue incrementar el deseo sexual o favorecer una mejor disposición. Se puede utilizar este remedio de vez en cuando.

› *Infusión de romero.* Éste es otro de los procedimientos más eficaces para conseguir aumentar el deseo sexual e, incluso, según demuestra la experiencia, para favorecer la llegada del orgasmo. Hay que tomar por la noche, durante varios días, una infusión de romero (flores de romero) a razón de una cucharada sopera por cada medio litro de agua. Se deben mantener las flores secas en infusión durante 10 minutos y luego tomar un vaso de forma inmediata.

› *Aceite de romero.* Con unas gotas de aceite de romero se masajea suavemente la región situada entre los glúteos, la zona sacra. Sus efectos afrodisíacos son prácticamente seguros.

› *Jarabe de dátiles.* Con un cuarto de kilo de dátiles podemos elaborar un líquido que predispone a las relaciones de pareja de forma satisfactoria. Cortar en trocitos muy finos un cuarto de kilo de dátiles y añadir a dos litros de agua hirviendo junto con dos cucharadas soperas de regaliz. Cuando el agua se reduzca a la mitad, apagar el fuego y dejar reposar. En este momento añadimos al líquido una cucharada de miel y removemos durante unos minutos. Una vez frío filtramos el líquido y lo guardamos en una botella en un lugar fresco. Se toma medio vaso cuando se considere necesario.

› *Infusión de ginseng.* Se toma una infusión elaborada con mezclas de té de ginseng. Basta con practicar este remedio de vez en cuando. Los ingredientes del ginseng son, en su mayoría, estimulantes y consiguen incrementar el deseo sexual, sobre todo en aquellos casos en que se encuentre disminuido.

› *Pipas de calabaza.* Tomar todos los días un puñado de este tipo de pipas para facilitar el deseo sexual e incluso prevenir desórdenes en el aparato genital.

› *Alcachofas.* Se deben tomar por lo menos una vez al día (y durante los días que se quiera) varias alcachofas. Sus efectos para reducir el colesterol, eliminar grasas y, entre otras cosas, controlar los niveles de azúcar en la sangre, mejoran el riego sanguíneo de la región genital y proporcionan cierto efecto afrodisíaco.

› *Maca peruana.*

PREVENCIÓN

Presentar una buena disposición para las relaciones de pareja es la mejor forma de iniciarlas y concluirlas con éxito. El temor, la inquietud, la falta de apetito sexual no son buenas compañeras «de viaje». Es fundamental hablar del problema entre los dos y tratar de solucionarlo. Nunca debemos guardarlo para nosotros mismos. En el caso de que el problema se repita hay que consultar con el especialista (ginecólogo, psicólogo). También una dieta rica en alimentos crudos puede ayudarnos y en particular si todos los días tomamos alguno de los siguientes alimentos: miel, almendras, espárragos, ajo, cebolla o polen.

SABÍAS QUE...

No debemos confundir la frigidez con la anorgasmia o falta de orgasmo ya que en estos casos sí hay deseo sexual, hay placer durante la masturbación e incluso respuesta a las caricias. En la frigidez se carece de este tipo de respuestas.

[GASES]

¿QUÉ SON?

Las bacterias que se encuentran habitualmente en el intestino (la flora intestinal) producen gran cantidad de gases mientras actúan sobre los alimentos. Estos gases son el resultado de la degradación del alimento (mediante un proceso de fermentación) y son similares al butano empleado en la cocina, por eso la mayor parte de ellos tienen un olor desagradable. En función del tipo de alimento y la flora intestinal, la cantidad de gas que se produce es mayor o menor, así por ejemplo las comidas de mayor consistencia (legumbres) son las que más gas producen. Otros factores que elevan la producción de gas son la bebida de líquidos con gas, hablar mientras se está masticando el alimento e incluso enfermedades del aparato digestivo como el colon irritable, alteraciones de la vesícula biliar, etc. Cuando la producción de gases es elevada y crea problemas hablamos de flatulencias o meteorismo.

TRATAMIENTO

› *Hojas de diente de león.* Cuando te prepares una ensalada o plato similar se pueden añadir a la lechuga unas hojas de diente de león. Facilita la actividad digestiva y reduce la formación de gases.

› *Infusión de hinojo.* Se toma una vez al día, después de la comida más abundante del día, una infusión de hinojo realizada con una cucharada de esta planta.

> **Achicoria.** Toma una vez al día un poco de achicoria, ya sea sustituyendo al café o mezclada con él (mitad y mitad).

> **Manzana cruda.** Toma cada día dos o tres manzanas crudas de tamaño mediano fuera de las comidas. Colabora en la actividad de la flora intestinal y reduce considerablemente la formación de gas. Además la fibra que incluye facilita la eliminación lenta de los gases.

> **Jengibre rallado.** Todos los días añade a alguna de tus comidas (ensaladas, verduras, hortalizas, etc.) un poco de jengibre rallado.

> **Zumo de zanahoria y pepino.** Todos los días, para desayunar, toma un zumo que incluya tres partes de zanahoria y una de pepino. De esta manera «disuelves» los gases que hay en el intestino facilitando su eliminación sin notarlo.

> **Infusión con cáscara de limón.** Coger una cáscara de limón seca e introducirla durante diez minutos en un litro de agua hirviendo. Apagar el fuego y dejar reposar otros diez minutos. Filtrar y tomar dos o tres tazas al día hasta eliminar el problema.

> **Infusiones de manzanilla.** Dos o tres veces al día y en particular después de las comidas. Con ello mejoramos el tránsito de los alimentos por el intestino.

> **Comino y laurel.** Estas plantas son unos de los mejores remedios contra los gases y las malas digestiones, sobre todo cuando se ha comido carnes rojas, caza, legumbres o platos fuertes. La forma más sencilla de utilizarlos es añadir un puñado a los platos de verduras o legumbres o tomarlos en infusiones después de comer.

> **Para los dolores por gases.** Te recomendamos que apliques compresas de agua fría sobre el vientre durante los prime-

ros síntomas. Si el dolor es intenso colocar sobre el vientre una botella con agua caliente o manta eléctrica.

› **Té amargo.** Cuando se utiliza antes de las comidas como infusión es un buen remedio para incrementar la producción de jugos gástricos y biliares, con lo cual la actividad de las bacterias del intestino será más «cómoda» y con menor producción de gas.

› **Gases y malas digestiones.** Para evitar los gases y facilitar las digestiones, es muy recomendable tomar después de las comidas una infusión preparada con una pizca de menta, tres estrellas de anís estrellado y una pizca de regaliz.

Prevención

No hablar mientras se come, evitar el consumo de bebidas con gas, reducir el uso de alimentos muy pesados o sólidos (alubias, garbanzos, lentejas), no abusar de los alimentos ricos en fibra (verduras y hortalizas crudas, o la col, coliflor, alcachofas, coles de Bruselas y las judías blancas), distribuir la comida del día en cuatro o cinco tomas para que la fermentación sea más ligera y con menor producción de gas. Si el problema es permanente piensa que puedes estar afectada por alteraciones que debilitan la producción de los jugos gástricos, disminución de la presencia de jugo pancreático en el intestino, escasa producción de jugos biliares… Practica todos o casi todos los días un poco de actividad física para que el movimiento del intestino sea más eficaz y regular.

Sabías que…

Los gases que se acumulan en el intestino deben ser expulsados al exterior ya que de lo contrario «estiran» las paredes del mismo y, además de irritarlas, producen dolor intenso, de tipo cólico. También facilitan el aumento de volumen del vientre.

[GASTRITIS]

¿QUÉ ES?

La gastritis es un proceso inflamatorio, de corta o larga duración, que afecta a la capa más interna de la pared del estómago, la capa mucosa. La gastritis se manifiesta por síntomas como dolor punzante después de comer que aparece en el abdomen (sobre todo después del consumo de muchos alimentos, comidas picantes, consumo de alcohol), hay cierta acidez y, en ocasiones, náuseas y vómitos. En las gastritis agudas las molestias aparecen muy de vez en cuando y en las crónicas se repiten durante días, sobre todo en otoño y primavera. Las de tipo agudo están producidas por un exceso de consumo de alcohol, comida muy abundante, alimentos en mal estado, consumo de ciertos medicamentos (los antiinflamatorios no esteroides o AINEs como la aspirina, antiinflamatorios). En el caso de las crónicas, la causa actúa durante un mayor período de tiempo y cronifica el proceso. Es el caso del estrés, situaciones de nerviosismo, consumo habitual de medicamentos, jugos biliares que vuelven al estómago y lo irritan. En caso de gastritis crónica debemos seguir las indicaciones del especialista para que la enfermedad no evolucione, en algunos casos, a la úlcera gástrica o al cáncer de estómago.

TRATAMIENTO

› *Infusión de tilo y cola de caballo.* Se elabora una infusión con media cucharada sopera de hojas de tilo y otra media de cola de caballo. Tomar dos infusiones al día cuando se noten molestias, acompañando a las comidas más importantes del día.

› **Comida líquida.** Cuando se tienen molestias lo mejor para reducirlas es tomar alimentos líquidos como infusiones (manzanilla, menta, salvia, hojas y flores de malva), sopas, zumos, sobre todo de manzana y zanahoria, y poco más durante 2-3 días.

› **Compresas de agua caliente** sobre la región abdominal para reducir las molestias.

› **Patata rallada.** Antes de la comida y de la cena toma un pequeño zumo elaborado con una patata rallada o el zumo de una patata cruda licuada. La patata reduce la necesidad de trabajo digestivo por parte del estómago y proporciona un relativo descanso. Al parecer, la patata contiene sustancias sedantes, similares al diazepán, que podrían actuar localmente sobre el estómago y contribuir a su relajación.

› **Jugo de col.** Conviene tomar unas cucharadas de jugo de col con el estómago vacío cinco o diez minutos antes de las comidas. Su acción es tan potente que en experiencias realizadas en la Universidad de Stanford se comprobó que en pacientes que tenían úlcera gastroduodenal, si tomaban medio vaso de jugo de col fresco 4 o 5 veces al día, el tiempo de cicatrización se reducía a dos semanas. Además el dolor de estómago desaparecía en pocos días. Otros alimentos beneficiosos son la avena, el arroz, la zanahoria, el aguacate, la calabaza, la chirimoya y la manzana. Si además en ayunas tomamos aceite de oliva virgen sin filtrar con unas gotas de limón, el éxito está asegurado.

PREVENCIÓN

Hay que evitar los mayores enemigos de la mucosa del estómago como el tabaco, el alcohol, café, té, comidas abundantes, nerviosismo y estrés, etc. Resulta recomendable distribuir las comidas del día en cuatro o cinco tomas para no sobrecargar la actividad del estómago. Mantener una buena higiene bucal, masticar bien los alimentos para que lleguen más reducidos al estómago, reducir el consumo de alimentos grasos como los embutidos y fritos en general, no consumir comidas muy calientes o frías.

Sabías que...

Muchas veces las gastritis crónicas se asocian con otras dolencias próximas y de larga evolución como es el caso de la hernia de hiato esofágico o los problemas de vías biliares.

[GINGIVITIS]

¿QUÉ ES?

La gingivitis se caracteriza por la inflamación de la encía o capa de tejido que tapiza la raíz de los dientes y el hueso donde se encuentran. Cuando la inflamación afecta también a las paredes de la boca, hablamos de estomatitis. Las gingivitis se manifiestan por hinchazón de una parte de la encía que se acompaña de ligero dolor, enrojecimiento y mínimas pérdidas de sangre. Pueden durar unos pocos días (agudas) o períodos mucho más prolongados (crónicas). Su origen es muy variable, pero con frecuencia suele ser la irritación de la encía por un trozo de alimento, las prótesis dentales mal colocadas o que no están bien adaptadas, los depósitos de sarro en el diente, empleo de pasta de dientes muy agresiva o cepillos de cerda muy dura. También pueden influir en su aparición el abuso en el consumo de antibióticos, la falta de vitamina C que protege las mucosas, mala higiene de las manos, etc.

TRATAMIENTO

› *Infusión de salvia o tomillo.* Todos los días preparar una infusión con alguna de estas plantas y realizar enjuagues después de cada comida. Sus efectos antiinflamatorios eliminarán las molestias.

› *Hojas de zarzamora.* Se añaden 30 gramos de hojas de zarzamora a un litro de agua hirviendo y se deja hervir durante 3 minutos. Se apaga el fuego y se deja reposar a lo largo de diez minutos. Se cuela y se utiliza el líquido para realizar enjuagues bucales. Hay que repetir el proceso hasta que desaparezca el problema.

› **Zumo de limón.** Una vez al día extraer el zumo de medio limón y mezclarlo con medio vaso de agua. Con este líquido, se practican enjuagues bucales (además de su efecto antiséptico, contra los gérmenes, fortalece las encías). También se puede realizar este remedio con unas gotas de aceite de limón disueltas en agua.

› **Aceite de salvia.** Se añaden 3 gotas de este tipo de aceite a medio vaso de agua y se enjuaga bien la boca con este líquido después de cada comida.

PREVENCIÓN

Hay que mantener una buena higiene bucal (cepillado frecuente con cepillo blando, pasta de dientes no abrasiva o «dura»), buena higiene de las manos y útiles de alimentación, evitar las caries y otros problemas de las piezas dentales, perfecto ajuste de la dentadura postiza, implantes, etc., tomar abundante vitamina C (zumos de naranja). Durante la limpieza bucal, no hay que olvidarse del cepillado de la lengua.

SABÍAS QUE...

Para prevenir la gingivitis es importante acompañar el cepillado de los dientes y de la lengua con el empleo de algún líquido que proteja las encías, ya sea adquirido en farmacias o elaborado en casa. Una opción es enjuagarse y hacer gárgaras con medio vaso de agua y unas gotas de limón (6-8 gotas).

[GOTA]

¿QUÉ ES?

Cuando nuestro organismo digiere las proteínas que forman parte de los alimentos (sobre todo de la carne y el pescado), uno de sus restos o desechos es el llamado ácido úrico, que es eliminado del cuerpo por medio de los riñones con la orina y, en menor medida, con el sudor. En el caso de que la cantidad de ácido úrico en la sangre fuera elevada, éste se deposita en distintas partes del organismo, especialmente en las articulaciones, y aparece la gota. El ácido úrico se acumula en las articulaciones y, como si fuesen cristales, pincha elementos articulares y produce inflamación, enrojecimiento y dolor. Suele afectar a las pequeñas articulaciones como las de los dedos de los pies (sobre todo el dedo gordo) y de las manos, aunque también puede aparecer en grandes articulaciones (rodilla, tobillo, pie, hombro, codo). En la mayor parte de los casos la gota se debe a una dieta inadecuada con mucha carne, pescado, abundantes alimentos azucarados, alcohol, etc., sustancias que inundan el cuerpo con ácido úrico. La gota se presenta con mayor frecuencia entre los hombres, en las personas obesas y en aquellas personas con antecedentes genéticos o familiares.

TRATAMIENTO

› *Fresas crudas.* Todas las mañanas, en ayunas, toma un puñado de fresas para facilitar la eliminación de ácido úrico y prevenir los ataques.

› **Zumo de patata contra el dolor.** Se licúan 2 o 3 patatas limpias y con el líquido que se obtiene se aplica un suave masaje sobre la zona dolorosa. Se repite este remedio 3-4 veces al día hasta que desaparezcan las molestias. También se consigue el mismo efecto con ralladura de col en la zona afectada.

› **Zumo de tomate para prevenir y tratar el dolor.** Otra forma de facilitar la eliminación del ácido úrico sobrante y evitar o tratar las molestias de la gota consiste en tomar 2-3 veces al día el jugo de un tomate bien maduro.

› **Arándano rojo.** Éste es otro elemento que colabora en la eliminación de ácido úrico. Se ponen en un litro de agua fría 30 gramos de planta seca, se calienta y se mantiene en ebullición 3 minutos. Se deja reposar otros 10 minutos, se cuela el líquido y se toman 2-3 vasitos al día.

› **Aceite de romero.** A una cucharada sopera de aceite de soja, añadir tres gotas de aceite de romero, mezclar bien y aplicar suavemente sobre la zona dolorosa.

› **Para evitar los ataques.** Consume con frecuencia sandía o perejil en tus comidas (con estos alimentos facilitamos la eliminación de ácido úrico). La sandía es la fruta que más elimina oxalatos. El plátano también resulta conveniente por su contenido en litio, que disuelve las purinas, y potasio, que expulsa las toxinas fuera del cuerpo. Otro remedio muy eficaz es tomar con frecuencia el zumo de los espárragos (incluso sirve el que les acompaña en el interior de la lata). No tomar acelgas, espinacas, col (berza) o lenguado, pues es un pescado azul, no tan azul como las sardinas o el bonito, pero azul. Se recomienda tomar apio, buena fuente de potasio, que ayuda a eliminar el exceso de ácido úrico causante del dolor y la inflamación propios de la gota, y cerezas. Si se toman unas 15 o 20 cerezas rojas o picotas disminuye el nivel de ácido úrico en la sangre y se previenen los ataques de gota debidos a su cristalización.

> **Calihueso.** Antiguamente, para los ataques de gota, se guardaban los huesos de cereza, se metían en un calcetín de lana y se calentaban en el horno de las cocinas económicas. Este calcetín caliente se aplicaba en las zonas con dolor y el calor que retenían los huesos hacían calmarlo. Este calihueso, que así se llamaba, también se usaba para calmar los dolores de reuma de cualquier parte del cuerpo (cuello, rodilla, hombro...).

> **Curas de uva y sandía e infusión de cáscara de piña.** En Brasil, además de tratar la gota con sandía, se suele preparar una infusión con cáscara de piña para aumentar la diuresis.

> **Bicarbonato.** Se coloca un emplasto de bicarbonato en el área afectada, ya que posee efectos antiinflamatorios, es antiácido y regula el pH. También se puede tomar a lo largo del día un litro de agua al que se le añade una cucharada de bicarbonato y la cuarta parte del zumo de un limón.

> **Diamante.** Se coloca una piedra mediana de diamante en bruto dentro de un vaso de agua durante la noche (también puede servir el diamante de una alhaja). Al despertarse se bebe el agua del vaso. En casos más agudos de gota se pone en una botella y se bebe a lo largo del día. Los diamantes son también muy usados en los ayunos espirituales, para dejar de fumar o beber, para ello se introduce un diamante en bruto en la boca.

Prevención

Hay que reducir el consumo de alimentos ricos en ácido úrico (carne grasa, vísceras como el hígado); evitar comprimir en exceso las articulaciones empleando calzado y calcetines amplios; reducir el consumo de alcohol; controlar el peso para evitar el sobrepeso y la obesidad.

Sabías que...

Años atrás la gota era una enfermedad de ricos porque sólo ellos podían consumir cantidades importantes de carne, marisco y otros alimentos ricos en ácido úrico.

[GRIETAS]

¿QUÉ SON?

Las grietas consisten en fisuras o aperturas que aparecen en la piel, sobre todo en las zonas que presentan una capa más gruesa, como es el caso de las palmas de las manos, parte posterior de los codos, zona anterior de las rodillas o talones de los pies. El factor más importante en la formación de las grietas lo constituyen las durezas, aunque también influyen situaciones como el exceso de sudoración, piel seca o deshidratada, alteraciones en la circulación de la sangre, excesiva exposición al sol... Además de la alteración de tipo estético, las grietas pueden facilitar el desarrollo de infecciones, inflamaciones y descamación de la piel. Para evitar las grietas son útiles los remedios propuestos en el capítulo de las durezas, a los cuales se puede añadir el siguiente...

TRATAMIENTO

› *Aceite de ajo.* Se aplica sobre la zona agrietada una o dos gotas de aceite de ajo con la ayuda de un pequeño masaje. Este aceite puedes obtenerlo machacando un ajo sobre una compresa y, cuando esté mojada, colocarla sobre la zona afectada. Repite este remedio hasta que desaparezcan las grietas.

› *Baños alternos de agua.* Todos los días practicaremos este tipo de baños para mejorar la piel afectada. Podemos realizarlos en las manos o en los pies. Primero mantenemos la zona 3-4 minutos en agua templada y luego 30 segundos en agua fría. Repite el ciclo una vez más (dos veces en total).

› *Masajes de mirra.* Aplicar sobre las zonas agrietadas unas gotas de tintura de mirra y masajear ligeramente hasta que se absorba todo el líquido. Puedes practicarlo todos los días hasta que desaparezcan las lesiones.

› *Grietas en las mamas.* Se aplica sobre la zona afectada un poco de clara de huevo dos veces al día, hasta que desaparezcan las lesiones. También se puede colocar un poco de pulpa de fresa o fresón justo antes de dar de mamar.

› *Aceite de germen de trigo.* El aceite de germen de trigo, por su contenido en vitamina E, es el aceite protector de la piel. Aplícate este aceite por las zonas afectadas por las grietas. Si se tienen grietas con frecuencia es conveniente tomar levadura de cerveza, al mismo tiempo que se utiliza el aceite de germen de trigo.

› *Milenrama y aloe vera.* Si el caso es muy grave, estas dos plantas son de gran ayuda y fáciles de encontrar en farmacias y herboristerías. A los romanos no les faltaba la milenrama para cicatrizar sus heridas de flecha, y a Jesús el Nazareno dicen que le curaron las heridas de la crucifixión con aloe vera.

› *Heridas.* Nuestros abuelos solían coger tela de araña para aplicarla en las heridas y que éstas cicatrizaran bien y no se infectaran.

Prevención

Trata las durezas que puedan aparecer en la piel; evita las exposiciones prolongadas al sol; no facilites la sudoración excesiva, cuidando de forma especial el vestuario; toma con frecuencia zumos de frutas para aportar a la piel vitamina C, especialmente indicada para su mantenimiento.

Sabías que...

Es importante tratar las grietas que aparecen en las zonas duras de la piel ya que si no presentan huecos y cavidades donde crecen tranquilamente gérmenes que pueden dar lugar a lesiones más importantes.

[GRIPE]

¿QUÉ ES?

La gripe es una enfermedad infecto-contagiosa de origen
vírico que suele presentarse en los meses fríos del año. Sus
síntomas son muy similares a los de un resfriado muy fuerte: fiebre, sensación de postración, dolor muscular, cefaleas,
conjuntivitis, catarro nasal, tos... pero a veces también afecta al estómago, con una gran sensación de malestar.

TRATAMIENTO

› *Infusión de eucalipto.* Toma tres tazas de esta infusión al
día durante la fase aguda.

› *Aceite con esencia de eucalipto, pino y romero.* Se hacen
fricciones en el pecho con un aceite preparado con la mezcla de unas gotas de estas esencias con un aceite base (de almendras, germen de trigo o aceite de oliva).

› *Refuerza las defensas y la vitamina C* con ayuda de infusiones de plantas como la equinácea, la drosera, el saúco,
el sauce y la estevia.

› *Jarabe para la gripe.* Se hierven en un cazo pequeño tres
cucharadas soperas de aceite, dos cucharadas soperas de miel
y una copa de coñac. Después, se vierte en un vaso con el
zumo de un limón, se revuelve bien y se toma por vía su-
blingual.

> *Jarabe de limón y miel.* Se cuecen a fuego lento dos vasos de zumo de limón y seis cucharadas de miel, durante una hora y media. Una vez preparado, se toman dos cucharadas cada hora el primer día y cada tres horas el segundo día, hasta que se cure la gripe.

Prevención

Siempre que sea posible es importante vacunarse contra la gripe, sobre todo en personas de edad avanzada, enfermos de pulmones y vías aéreas, enfermos con problemas de corazón, personas que trabajan de «cara» al público, con enfermos o personas mayores, etc.

Sabías que...

La gripe sólo podemos sufrirla una vez al año ya que, una vez pasada la enfermedad, nos queda cierta inmunidad que nos ayuda a combatir el virus si entra de nuevo en nuestro cuerpo. Esta inmunidad dura sólo unos meses. Sin embargo, los catarros y resfriados podemos sufrirlos varias veces a lo largo del año.

que ayudan a prevenir y tratar las hemorroides como es el caso de la fruta en general, los cereales, verduras y sobre todo el ajo (utilízalo crudo, bien picadito, acompañando a cualquiera de las comidas del día). Recuerda que las personas que tienen problemas de coagulación de la sangre deben usar el ajo lo menos posible. Hay que beber muchos líquidos con los alimentos para que su tránsito intestinal sea más fácil y practicar todos los días un poco de actividad física (media hora de paseo es suficiente). Uno de los elementos que más nos pueden ayudar a combatir y prevenir este problema es tomar todos los días, en la cena, un puerro (mantener el remedio un par de meses como mínimo). También se recomienda la toma de desmodium y las lavativas de café para descongestionar el sistema porta.

SABÍAS QUE...

Una de las causas más frecuentes de anemia son las hemorroides ya que con ellas perdemos constantemente pequeñas cantidades de sangre.

[HERPES]

¿QUÉ ES?

El herpes se caracteriza por lesiones que aparecen en la piel a modo de pequeñas vesículas repletas de un contenido claro y transparente. Estas lesiones están producidas por un virus, el herpes virus, que suele entrar en contacto con nuestra piel casi en el mismo momento del nacimiento. Su apetencia por las células de la piel es tal que puede quedar acantonado en su interior durante años y sólo cuando las defensas de nuestro organismo se reducen, prolifera y aparecen las vesículas (después de catarros, resfriados, gripes…). Estas lesiones «van y vienen» en función del estado general de nuestro organismo. Las vesículas suelen surgir en zonas de pliegues de la piel como es el caso de la comisura labial e incluso la región genital. Las vesículas apenas tienen síntomas, salvo picor y ligero enrojecimiento de la piel próxima.

TRATAMIENTO

› *Sal.* Podemos elaborar una solución salina mezclando medio litro de agua templada con una cucharadita de sal. Remover bien hasta disolver toda la sal. Se aplica dos o tres veces sobre las lesiones con la ayuda de una gasa. Este remedio acelera la curación de las lesiones y evita sus molestias.

› *Herpes genital.* Para eliminar el picor y el escozor de este tipo de herpes prepara una infusión de malvavisco y con la ayuda de una compresa aplícala durante unos minutos sobre la zona lesionada. Luego, extiende un poco de aceite de oliva por las lesiones con un una gasa. Si se percibe dolor en la zona genital también se puede utilizar un poco de frío con unos cubitos dentro de una bolsa de plástico limpia.

> *Herpes labial.* Deja que el sol bañe la zona afectada y toma todos los días un zumo de zanahoria. El problema se resolverá mucho antes.

> *Para acelerar su curación* conviene mojarlos todos los días con «un toquecito» de gasa impregnada en un poco de alcohol.

> *Melisa.* Si exprimimos un puñado de diferentes partes de esta planta y obtenemos su savia, conseguiremos uno de los remedios más eficaces para eliminar el herpes rápidamente. Basta con aplicar la savia, dos veces al día, sobre las lesiones.

> *Crema de la abuela estefanía.* Esta crema sirve para tratar el herpes y el herpes zóster. Para prepararla se necesita una perola de acero inoxidable o esmaltada (no utilizar una de barro, ya que desprende sales de plomo, ni de aluminio, cobre o hierro, ya que desprende óxido). Se ponen en ella un litro de aceite de oliva virgen de primera presión en frío, 200 gramos de cera virgen, un vaso de vino tinto bueno y 25 hojas frescas de la planta llamada «lengua de gato». Cocer a fuego muy lento todos los ingredientes 45 minutos. Remover con cuchara de palo, retirar del fuego y pasar la mezcla a tarros. Se guarda en un sitio fresco y seco, se conserva durante 3 años.

> *Para las llagas producidas por herpes zóster y psoriasis.* Se pone en un recipiente un litro de agua destilada, se le añade un gramo de sulfato de cobre (de venta en droguerías y farmacias) y se hierve durante 5 minutos. En otro recipiente se preparan unas flores de saúco, se agrega el agua con el sulfato hirviendo, se tapa y se deja enfriar. Se filtra a una botella y queda listo. Este líquido se emplea para lavar las zo-

nas afectadas por el mal, 2 o 3 veces al día. El sulfato de cobre hace que se quiten las escamas de la piel, producidas por el mal, y el saúco hace regenerar los tejidos. Se empapa una gasa en el líquido y se lavan las costras y heridas. Se deja secar al aire durante media hora y después se aplican los aceites y pomadas que se usen.

PREVENCIÓN

Mantener un buen estado general, particularmente con una dieta rica en frutas, verduras, hortalizas y practicando regularmente un poco de actividad física. Si tienes vesículas con frecuencia, fortalece tu piel y tus defensas tomando casi todos los días un zumo de naranja o de manzana mezclado con una cucharadita de levadura de cerveza. No toques las vesículas ya que su interior se encuentra repleto de virus que pueden extenderse a otras zonas próximas y generar nuevas lesionas. Deja que se sequen de forma natural. En el caso de herpes genital es muy importante utilizar ropa de algodón.

SABÍAS QUE...

Los virus responsables del herpes entran en contacto con nuestra piel desde el mismo momento del nacimiento. Cuando nacemos y desde la vagina de la madre parte de ellos pasan a nuestra piel y allí se quedan «a vivir», reproduciéndose de forma intensa cuando nuestras defensas bajan (catarros, resfriados, otras enfermedades, etc.).

[HIERRO]

¿Qué es?

El hierro es un elemento imprescindible para la formación de glóbulos rojos y de hemoglobina, sustancias encargadas de transportar el oxígeno desde los pulmones a todas y cada una de las células del cuerpo humano. Cada molécula de hemoglobina tiene varios átomos de hierro que almacenan el oxígeno. Por eso cuando falta hierro hablamos de anemia ferropénica y nos cansamos con facilidad (hay palidez, debilidad general, palpitaciones, inapetencia, fragilidad de uñas y pelo, etc.). La falta de hierro puede darse por una alimentación desequilibrada (vegetariana estricta) o bien por pérdidas de sangre (menstruación abundante, hemorragia, hemorroides).

Tratamiento y prevención

› *Hay que cuidar el hierro* en caso de embarazo (ya que se deben producir mayores cantidades de hemoglobina de lo normal, para la mujer y el feto), durante la menstruación (sobre todo si son abundantes), al seguir determinadas dietas (en particular, las que apenas incluyen alimentos de origen animal y carne) y en las personas con dieta vegetariana (los alimentos más ricos en hierro son las carnes y vísceras).

› *Los alimentos con más hierro* son (de mayor a menor cantidad, dentro de los que contienen hierro): vísceras, setas, hígado, cacao, yema de huevo, ostras, legumbres secas, levadura de cerveza, chocolate, almendras, perejil y en general verduras de hoja verde, pan integral y filete de vaca o ternera.

› *Perejil y zumo de limón.* Éste es un buen remedio para aumentar el hierro del organismo. Basta con incluir en las ensaladas u otras comidas del día un poco de perejil y unas gotas de zumo de limón. El hierro del perejil se absorbe mejor en el intestino cuando va acompañado por los ácidos del limón.

› *Limón.* Los ácidos del limón, y en particular el ácido cítrico, facilitan la absorción del hierro presente en los alimentos. Por eso si se desea aumentar el nivel de hierro, se deben acompañar las comidas con unas gotas de este zumo.

› *Levadura de cerveza.* Es un importante complemento de hierro que puede acompañar a muchos de los alimentos del día (basta, por ejemplo, con una cucharadita en la ensalada).

› *Menú para aumentar el hierro.* Desayuno con pan integral, zumo de cítricos y copos de avena; comida en la que no falten un poco de perejil, setas, anchoas o remolacha; merienda que incluya cacao puro o zumo de cítricos; cena con filete asado, perejil, ensalada de espinacas con limón y pimientos del piquillo... Puedes acompañar cada comida con un vasito de vino tinto natural. Ver receta contra la anemia.

› *No pierdas hierro en la cocina.* El hierro se pierde cuanto más tiempo se encuentre al calor (cocción) o con agua, por eso debemos preparar los alimentos, y en particular las verduras y hortalizas, crudas o al vapor.

› *Remolacha, zanahoria, levadura y polen.* Se licúan una remolacha roja, dos zanahorias y se añaden dos cucharadas soperas de levadura en polvo y una cucharadita de polen. Realizar una toma diaria de este jugo. No falla a la hora de aumentar el hierro. Es recomendable incluso para aquellos pacientes sometidos a radio y quimioterapia que presenten anemia.

› *Zumo de naranja.* El hierro necesita de la vitamina C para fijarse en el cuerpo, por ello a las mujeres que presentan un nivel bajo de hierro con frecuencia les conviene tomar zumo de naranja antes de comer o cenar.

SABÍAS QUE...

Los huevos y las espinacas contienen hierro pero, al contrario de lo que suponen muchas personas, este hierro apenas se absorbe en el intestino y se utiliza poco.

Sabías que...

Hay que extremar el cuidado de la región genital ya que de lo contrario podemos desarrollar una de las más de cien enfermedades que afectan esta zona.

[HIPERTENSIÓN ARTERIAL]

¿Qué es?

Definimos la hipertensión arterial como un estado en el que la presión que se ejerce sobre las paredes de nuestras arterias es superior a la normal. Esta presión o tensión tiene dos valores, mínimo o presión diastólica (la baja que significa que el corazón se está llenando de sangre) y la máxima o presión sistólica (la alta que significa que el corazón se ha contraído y ha expulsado toda la sangre que había en su interior). Cuando la baja es igual o superior a 8,5 centímetros de mercurio o la alta a 13,5, hablamos de hipertensión. Ésta es una enfermedad tan extendida en nuestra sociedad que una de cada dos personas adultas tiene problemas con su tensión arterial. Cuando hay hipertensión la sangre circula dentro de las arterias con gran velocidad y tensión, razón por la cual puede dar lugar a roturas de pequeñas arterias, formación de embolias y acelera el infarto de miocardio porque el corazón trabaja más de lo normal. La causa más frecuente de hipertensión es la llamada desconocida o idiopática. Otras veces se relaciona con la obesidad, sobrepeso, consumo de abundantes líquidos (alcohol), estados de nerviosismo y estrés (que contraen las paredes de las arterias «estrujando el contenido», la sangre), irregularidades de las paredes de las arterias con estrecheces (diabetes, arteriosclerosis).

Tratamiento

› *Peladuras de patata.* Pelar cuatro patatas limpias, cocer las peladuras en un litro de agua durante 20 minutos y luego, tras reposar otros 10 minutos, colar el líquido y tomar tres vasos al día.

> *Arroz integral.* Incluye en tu dieta habitual 3 o 4 platos por semana de este tipo de arroz. Sus ingredientes colaboran a relajar las paredes de las arterias y disminuir la tensión arterial.

> *Infusión de hojas de olivo.* Cuece un puñado de hojas de olivo en un litro de agua durante 15 minutos. Deja reposar 10 minutos y colar el líquido. Toma dos vasos al día.

> *Infusión de piel de cebolla.* Éste es un remedio muy similar al de la peladura de patata. Se pela una cebolla y se cuece la peladura en un litro de agua durante 15 minutos. Se deja reposar 10 minutos y se filtra el líquido. Se toma medio vaso tres veces al día hasta conseguir que la tensión disminuya.

> *Tirar del dedo.* Aunque no conocemos muy bien el porqué de este sencillo remedio te podemos asegurar que si tienes hipertensión conseguirás reducirla parcialmente si todos los días estiras de la última falange del dedo medio de una de tus manos, un día la izquierda y otra la derecha. Eso sí, no practiques este remedio más de 10 días seguidos para evitar problemas en esta articulación.

> *Ajo y limón.* Ambos alimentos contienen una serie de sustancias que relajan las paredes de las arterias. Para obtenerlas debemos cortar un diente de ajo muy fino, así como media corteza de limón. Incluir todo en un vaso de agua y dejarlo reposar durante toda la noche. Por la mañana, en ayunas, filtramos el líquido y lo bebemos antes de ingerir cualquier alimento. En una semana ya se notan los resultados.

> *Cebolla, ajo y limón.* En un cuenco se pone una cebolla pequeña y troceada, 6 dientes de ajo pelados y escachados y el zumo de un limón. Se añade agua hasta cubrir los ingredientes y se deja toda la noche. A la mañana siguiente se fil-

tra y se toma en ayunas. Se repite un mínimo de 9 días y entonces se toma la tensión.

> **Pimientos verdes.** Añade a ensaladas y otros platos similares unas rodajas de pimiento verde crudo y limpio. Entre sus ingredientes encontramos ciertas vitaminas que relajan las paredes de las arterias, además de fortalecerlas.

> **Aceite de oliva.** Todos los días incluye en tu dieta un poco de aceite de oliva virgen de primera presión. Con ello conseguirás mejorar el estado de las paredes de las arterias y además de tratar la hipertensión puedes prevenir y tratar la arteriosclerosis.

> **Tensión descompensada.** Se toma en ayunas durante 9 días la cocción de 4 hojas de laurel en una taza de agua. Se hierve durante 3 minutos y después de unos minutos de reposo, está lista para tomar. Este remedio es para cuando la tensión está descompensada: cuando la baja está alta y la alta, normal.

> **Pomelo.** Los hipertensos deben tomar todos los días pomelos. Se ha demostrado que es un cítrico que contiene un vasodilatador que no contienen las demás frutas. Cuando se toma en el desayuno, el pomelo ejerce un efecto relajante sobre las paredes arteriales que hace que baje la tensión.

Prevención

Reduce el consumo de líquidos y de sal acompañando a los alimentos del día. Evita el consumo de grasa de origen animal y en particular las frituras. Elimina los excitantes de tu sistema nervioso como el café, té, tabaco, alcohol y contrólate tus emociones y actividad laboral para reducir al mínimo los estados de nerviosismo y el estrés. Cuida tu peso manteniéndolo lo más cerca posible de tu peso ideal. Da prioridad a una dieta rica en frutas, zumos, verduras y hortalizas.

Sabías que…

La actividad física es un gran aliado para combatir la hipertensión. Pasear, nadar, correr o la práctica de gimnasia facilitan que tanto la tensión arterial alta como la baja disminuyan hasta los valores normales.

[HIPO]

¿QUÉ ES?

El hipo se produce cuando el diafragma, el músculo que separa los pulmones del resto de la cavidad abdominal, se contrae bruscamente y sin control, de tal manera que empuja el aire que se encuentra en ese momento en los pulmones, provocando esos ruidos que tanto nos incomodan. Suele ocurrir cuando comemos o bebemos muy rápido y sin darnos cuenta tragamos algo de aire o por las prisas descompensamos el buen ritmo de la respiración, con lo que el diafragma se descontrola y se contrae a su antojo.

TRATAMIENTO

› *Limón.* Si el hipo es muy fuerte, se puede cortar chupando limón unos minutos e incluso, comiéndolo. Se parte un limón por la mitad y se chupa como si se tratase de una naranja.

› *Anís.* Unos pocos frutos de anís recién molidos en una cucharada de agua quitan el hipo.

› *Antes del tercer hipo,* levanta el brazo izquierdo y aproxímalo a la cabeza o pon la mano derecha sobre la cabeza y mantenla un minuto.

› *Si todo lo anterior no funciona,* prueba a beber agua de un vaso al revés, por el borde opuesto al habitual, de tal manera que te tendrás que inclinar hacia delante para que el agua llegue a tu boca.

Sabías que...

El consumo de alcohol en cantidades importantes también facilita el hipo, por esta razón muchas personas durante la borrachera tienen este síntoma.

[HIPOTENSIÓN ARTERIAL]

¿Qué es?

Al contrario que en el caso de la hipertensión, cuando hay hipotensión la presión a la que se encuentran sometidas las paredes de las arterias es inferior a la normal. Esto significa que la sangre fluye lentamente por el interior de las arterias y puede ser motivo de ausencia en algún órgano, sobre todo en los más alejados del corazón como la cabeza, con lo que surgen los mareos, dolores de cabeza, alteraciones visuales... La hipotensión, al contrario que la hipertensión, no suele ser una enfermedad crónica, si no más bien pasajera, que viene y va. Las causas más frecuentes son una disminución de la sangre (hemorragias, sudoración excesiva con pérdida masiva de agua), otras veces las paredes de las arterias se relajan mucho (nerviosismo, medicamentos hipotensores, «impresión» nerviosa), en ocasiones es porque cambiamos de postura rápidamente y no le da tiempo al sistema circulatorio a adaptarse (levantarse de la cama, estar sentado y levantarse de golpe) y en otras muchas ocasiones, la causa es desconocida.

Tratamiento

› *Infusión de romero.* Toma todos los días una infusión de romero elaborada con una cucharada sopera de esta planta y una taza de agua hirviendo. Se consiguen mejores resultados si se le añade una cucharadita de polen de abejas en lugar de azúcar.

> *Ducha fría.* Por la mañana y por la noche, durante un minuto como máximo, toma una ducha de agua templada-fría para tonificar tus arterias y fortalecerlas.

> *Infusión de convalaria.* Realiza una infusión con media cucharada sopera de esta planta y tómala dos veces al día. También puedes realizarla añadiendo 2 cucharadas a un litro de agua hirviendo. Practica este remedio hasta que notes que tu tensión se ha normalizado y no te produce molestias.

> *Zanahoria con miel.* Uno de los mejores estimulantes para las paredes de las arterias son las vitaminas incluidas en la zanahoria y la miel. Por eso todas las mañanas toma un vaso de zumo de zanahoria con una cucharada de miel.

> *Ginseng.* Es uno de los mejores remedios para subir un poco la tensión.

> *Polen.* El polen es un gran modulador de la tensión. Si se tiene alta, la baja, y si se tiene baja, ayuda a subirla.

> *Espino albar.* Es la planta por excelencia que regula la hipotensión. Una maravilla de la naturaleza. La infusión de esta planta es excelente para el corazón, la circulación, prevenir el infarto, la trombosis. Regula el ritmo cardíaco y es muy beneficiosa para los hipotensos.

PREVENCIÓN

Evita los cambios bruscos de postura, sobre todo cuando estás tumbado y pasas a incorporarte; protégete del sol; trata la sudoración excesiva bebiendo muchos líquidos; practica con regularidad un poco de actividad física (media hora al día como mínimo). Cuidado con la ducha, sobre todo si es caliente, ya que el calor ensancha las arterias y puede dificultar la llegada de sangre a la cabeza.

Sabías que...

Cuando hay hipotensión arterial uno de los órganos que más pueden sufrir es el cerebro ya que le llega menos oxígeno, glucosa para su funcionamiento, y otros elementos. Al estar el cerebro «mal alimentado», aparecen las lipotimias o pérdidas de conocimiento.

[HIRSUTISMO]

¿QUÉ ES?

El hirsutismo se manifiesta con la abundancia de vello en zonas donde habitualmente no debe encontrarse. Es un problema que afecta sobre todo al sexo femenino y su origen, en la mayor parte de los casos, se encuentra relacionado con factores genéticos y hormonales, hormonas que favorecen una mayor presencia de folículos pilosos en brazos, areola mamaria, piernas, región inguinal, labio superior e incluso patillas, barbilla y mejillas. En otras ocasiones el hirsutismo se relaciona con alteraciones del aparato genital (tumores del ovario), de las glándulas suprarrenales o de la hipófisis, que favorecen la producción de ciertas hormonas y la aparición excesiva del vello. Tampoco debemos olvidar que las píldoras anticonceptivas pueden favorecer el desarrollo del vello. La menopausia, junto con la adolescencia, son las épocas donde se manifiesta de forma más clara el hirsutismo, y particularmente en las mujeres morenas y de la zona mediterránea. En el fondo casi nunca representa una alteración grave, aunque sí ocasiona problemas emocionales y sociales. Podemos facilitarte algunos remedios para aliviar el problema...

TRATAMIENTO Y PREVENCIÓN

› *Infusiones de salvia, ginseng y zarzaparrilla.* Durante varias semanas practica este remedio basado en tomar los cuatro primeros días de la semana dos infusiones al día, elaboradas con media cucharada de salvia y media de zarzaparrilla.

Los tres últimos días de la semana toma diariamente dos infusiones de ginseng. Después de 3-4 semanas debes notar alguna mejoría.

> *Para decolorar el vello.* Moja una gasa de algodón con agua oxigenada y frota las zonas donde se encuentre el vello que desees decolorar. Luego deja que el sol bañe esas zonas y el vello se oculta.

Sabías que...

Los tratamientos del hirsutismo basados en depilatorios químicos, empleo de la cera, decoloración del vello, etc., son tratamientos temporales. Dentro de los permanentes, si son bien aplicados, destacan la fotodepilación con láser y la depilación eléctrica.

[HUESOS]

¿Qué son?

El cuerpo humano cuenta con 205 huesos de diferentes tamaños y formas, encargados de cumplir funciones tan importantes como soporte y sostén del resto de los órganos, formación de células que forman parte de la sangre desde la médula ósea, facilitar el movimiento con la actividad de los músculos o servir como reserva de minerales. Si observamos un fragmento de hueso con el microscopio comprobaremos que contiene unas células llamadas osteocitos, rodeadas de gran cantidad de minerales como bicarbonatos y fosfatos entre los que el calcio es el elemento predominante. Células y minerales forman pequeñas láminas que se enrollan unas con otras aportando dureza al hueso. Cuando nacemos los huesos son moldes de tejido cartilaginoso (como una «goma de borrar») que poco a poco se osifican. Este proceso se produce durante los primeros 25 años de vida. Los huesos, si no los cuidamos de forma correcta, pueden verse afectados por numerosas enfermedades como es el caso de la osteoporosis, enfermedad de Paget, fracturas, osteomalacia. En la prevención de la osteoporosis es fundamental realizar ejercicio físico, un paseo durante hora y media, por ejemplo; quizá sea ésta la medida más importante. Por eso te damos una serie de consejos para que los mantengas en forma óptima.

Tratamiento y prevención

› *Avena.* El consumo de avena integral o en forma de copos durante el desayuno es una forma muy eficaz de fortalecer y remineralizar los huesos. También puedes utilizar infusiones elaboradas con salvado de avena (2-3 infusiones al día).

› *Control del peso.* Para ello debemos evitar la obesidad y el consumo de grasa de origen animal.

› *Alimentos ricos en calcio* que debemos incluir en la alimentación diaria y en particular sustancias como productos lácteos (leche entera, queso, yogur), perejil, sésamo, cacao puro, verduras de hoja verde, frutos secos como la almendra, legumbres en general, productos integrales como el arroz o la avena...

› *Aceite de oliva virgen crudo* que debemos consumir diariamente en pequeñas cantidades añadidas a las ensaladas, pescado cocido, etc. Sus ingredientes ayudan a revitalizar el hueso.

› *Baños de sol* practicado con la ayuda del paseo o la actividad física. Con ello facilitamos la formación de vitamina D, sustancia que sirve de transporte al calcio para que llegue al hueso y se deposite en él.

› *No al tabaco, alcohol* y otros productos como el té, el café, azúcar refinado, sal y bollería industrial, ya que cada uno de estos elementos puede alterar la llegada del calcio al hueso, ya sea dificultando su absorción en el intestino o bien «sacándolo» del hueso.

› *Batido de remolacha y zanahoria.* Tomado durante el desayuno o en cualquier otro momento del día, no sólo supone un alimento muy agradable, sino también un gran aliado de los huesos.

› *Infusión de caléndula.* Algunos ingredientes de esta planta disminuyen la pérdida de calcio desde el hueso. Por eso el consumo con regularidad de esta infusión se encuentra especialmente indicado en las mujeres adultas.

› *Frutos secos y semillas de sésamo.* Debemos acostumbrarnos a añadir a las ensaladas y otros platos del día unos pocos frutos secos rallados y semillas de sésamo. Todos ellos son ingredientes muy ricos en calcio.

› *Batido o infusiones de alfalfa.* Ésta es una planta que facilita el metabolismo de las células de los huesos asegurando su integridad. Puede utilizarse la alfalfa en batido si licuamos varios puñados de hojas frescas o en infusiones de las hojas secas.

SABÍAS QUE...

La densidad y dureza de los huesos en la mujer depende más de la actividad física que del consumo de calcio. Para que el calcio que recibimos con los alimentos se deposite en el hueso es fundamental una actividad física regular (pasear, nadar, correr, gimnasia...). Esto es válido en cualquier época de la vida, pero sobre todo entre los 10 y 20 años.

[INCONTINENCIA URINARIA]

¿QUÉ ES?

La incontinencia urinaria se caracteriza por la pérdida involuntaria de orina, en una o varias ocasiones, que puede realizarse en cantidades variables durante el día o la noche. La orina se produce en los riñones y constantemente se almacena en la vejiga urinaria. Para ello las paredes de la vejiga están constituidas por músculo que lentamente se «estira», como un globo, para recibir la orina. Cuando se encuentra casi llena comienzan las primeras sensaciones de «ganas de orinar». La incontinencia cuenta muchas veces con un músculo insuficiente que no retiene toda la orina y cuando hay mucha en su interior, una parte sale por rebosamiento (como un vaso de agua cuando el contenido llega al borde). Otras veces al músculo falla por situaciones de angustia, estrés o por alteraciones de los nervios que controlan sus movimientos. En mujeres de edad la causa más frecuente son los esfuerzos de la cavidad abdominal de tal forma que reír, toser, estornudar o levantar un peso pueden «apretar» la vejiga y causar la pérdida de orina. El problema de la incontinencia es de tipo psicológico, estético e incluso infeccioso, ya que con frecuencia facilita la aparición de infecciones en esta región (cistitis, uretritis). En España hay casi medio millón de incontinentes y la posibilidad de que aparezca aumenta con la edad y es particularmente frecuente en el sexo femenino.

Tratamiento y prevención

> *Conocer la causa de la incontinencia* con la ayuda del especialista y poner remedio si es posible (como en los casos de estrés, angustia, nerviosismo o infecciones del tracto genital).

> *Incontinencia nocturna.* Se puede tomar antes de ir a la cama una infusión de hinojo con un poco de miel. De esta manera podemos retener más líquidos y evitar la pérdida desde la vejiga urinaria. Prepara una almohadita de lúpulo y ponla debajo de tu almohada. También puedes colocar un plato de cal viva debajo de la cama. Estos dos remedios dan resultado cuando la incontinencia no está causada por algún órgano lesionado o dañado (vejiga, riñón, uréteres, uretra).

> *Ejercicio en el bidé.* Llena el bidé con agua templada y siéntate. Luego contrae todos los músculos de la región genital y cuenta hasta cinco. Relájate contando hasta diez y vuelve a contraer. Repite el ejercicio dentro del agua hasta un total de 10 veces.

> *Orinar entrecortado,* esto es, cuando estés orinando, si es posible, realizarlo en fases: orinar, cortar, orinar, cortar... de esta forma se fortalece el músculo de la vejiga y sus esfínteres.

> *Ejercicio de contracción.* Tumbada en el suelo contrae la región genital contando hasta 3 y luego relájate contando hasta cinco, inspirar a la vez que se suben los brazos y hacer una pequeña pausa contando hasta cuatro y espirar a la vez que se bajan los brazos. Repite diez veces este ejercicio y luego hazlo de nuevo, diez veces, sentada en una silla y otras diez de pie.

> *Reducir el consumo de líquidos* para evitar que el llenado de la vejiga urinaria sea más fácil y frecuente. A partir de las cinco de la tarde los líquidos deben ser mínimos.

› *Utilizar salva-slips* y otras prendas protectoras para evitar la humedad y contaminación de la región genital.

SABÍAS QUE...

En la incontinencia urinaria observamos pérdida de fuerza y tensión en los músculos de la vejiga urinaria y de la uretra. Una forma de fortalecer ligeramente estos músculos es orinar «por etapas», es decir, iniciar el chorrito, cortar, seguir, cortar y así hasta 3-4 veces en cada micción.

Sabías que...

Una de las razones más importantes por las que cada vez son más frecuentes este tipo de infecciones es por el uso indiscriminado y masivo de los antibióticos. En caso de padecer una infección de este tipo, nunca utilices un antibiótico sin el control del especialista.

[INSOMNIO]

¿QUÉ ES?

Conocemos como insomnio la dificultad que se presenta para conciliar el sueño, ya sea al principio de la noche o después de despertarse a lo largo del sueño. En cualquier caso siempre se duerme menos tiempo de lo normal, lo que favorece la presencia durante el día de somnolencia, sopor, falta de atención, cansancio y fatiga. Cuando cuesta conciliar el sueño al acostarnos suele deberse al estrés, tensiones emocionales, ansiedad o depresión. Cuando nos despertamos durante la noche y no podemos volver a dormir puede deberse a un mal uso de tranquilizantes, sedantes, a sufrir depresión, ronquidos...

TRATAMIENTO

› *Infusión de milplantas.* Llamada así porque se mezclan varias plantas para conseguirla. Mezclamos en un tarro una cucharada de manzanilla, otra de caléndula, otra de tila y media cucharada de verbena y otra media de menta. Mezclamos todo bien en el interior del tarro y, cuando vayamos a preparar la infusión, tomamos una cucharada de la mezcla. Elaborar una infusión cada noche, antes de acostarnos, a la que añadimos una cucharadita de miel para relajar.

› *Cena dulce.* Tomar durante 15 días, en la cena, sólo frutas que tengan un sabor dulce (uvas, sandía, melocotón, naranja, ciruelas...). Estos alimentos favorecen el sueño. Pasados los 15 días se vuelve a la alimentación normal. Se puede practicar este remedio cada mes.

> *Manzana con miel.* Este remedio es similar al anterior por sus efectos y puedes utilizarlo como postre en la cena o, si tienes poca hambre, como plato único. Basta con pelar una manzana grande, rallarla y mezclarla con una cucharada de miel hasta que formen una pasta homogénea. Comer lentamente una hora antes de dormir.

> *Manzana e infusión de cáscara de naranja.* Media hora antes de ir a dormir, toma una manzana y pon a hervir durante 10 minutos la piel de una naranja en un vaso de agua. Después de dejarla reposar unos minutos, se cuela y se toma. Este remedio lo puede hacer todo el mundo: diabéticos, hipertensos, los que tienen colesterol alto, los que padecen gota y, además, da unos resultados maravillosos.

> *Baño con romero.* Un procedimiento muy simple de preparar este baño es añadir al agua una bolsa de tela con dos o tres cucharadas de romero. Debemos permanecer en el baño durante media hora.

> *Lechuga.* Todas las noches toma algo de lechuga acompañando a otro alimento de tu gusto (queso fresco, una ensalada, un pequeño filete, etc.). Sus ingredientes ayudan a conciliar el sueño. También puedes utilizar la lechuga para preparar un vaso de zumo empleando la licuadora.

> *Baño de manzanilla.* Se prepara añadiendo al agua del baño una bolsa de tela con 2-3 cucharadas de manzanilla o bien utilizando 3-4 bolsitas de las de realizar infusiones. Basta con permanecer en su interior 20 minutos.

> *Orientación de la cama.* Si el insomnio es severo y no da resultado ningún tratamiento, hay que comprobar que la orientación de la cama sea la correcta. El cabecero debe estar orientado al norte y los pies al sur, puesto que así es como

fluye la energía, o que la cabeza mire hacia el este y los pies estén en el oeste, ya que el este es el norte del Sol.

> *Campos electromagnéticos y lugares alterados.* También hay que comprobar que la cama no coincida con una corriente subterránea, un cruce de líneas Hartmann o un fuerte campo electromagnético. Si debajo de la habitación donde se duerme hay un garaje, taller o empresa que tenga máquinas eléctricas, o hay un transformador o una línea de alta tensión cerca de casa, puede que ahí esté la clave del sueño alterado.

PREVENCIÓN

Evitar las cenas copiosas (última comida dos horas antes de dormir); no utilizar o reducir al mínimo el consumo de café, té, tabaco, alcohol; reducir las preocupaciones y el estrés; no emplear somníferos y fármacos similares si no son prescritos por el especialista; practicar todos los días un poco de ejercicio (media hora como mínimo) durante la tarde o antes de la cena. Realiza un paseo todos los días después de cenar (de una hora o más).

SABÍAS QUE...

El insomnio es una situación que debemos tratar ya que de lo contrario son más probables los accidentes de tráfico, accidentes laborales e incluso domésticos.

[JAQUECA]

¿QUÉ ES?

La jaqueca se considera como un dolor de cabeza agudo y penetrante que «viene y va», pudiendo acompañarse de alteraciones visuales, digestivas (náuseas, vómitos) e incluso irritabilidad. El dolor de la jaqueca afecta a casi toda la cabeza (las migrañas sólo a la mitad) y puede durar horas, días o semanas. En la mayor parte de los casos el origen de la jaqueca se desconoce aunque puede relacionarse con alteraciones de la llegada de la sangre a la cabeza, irritaciones de músculos del cuello y cráneo, alteraciones de las meninges y otros elementos similares, sin olvidar que los antecedentes familiares tienen mucho que decir. Los ataques de jaqueca suelen ir precedidos de alteraciones del estado de ánimo como irritabilidad, estrés, depresión, ansiedad, etc.

Véase también *Dolor de cabeza*.

TRATAMIENTO

› *Paño de agua fría.* Moja un paño limpio en agua muy fría y, después de escurrirlo, colócalo alrededor de la cabeza. Déjalo que actúe durante una hora aproximadamente. Puedes practicar este remedio las veces que quieras. Con el frío se trata de equilibrar el riego sanguíneo de la cabeza, así como producir cierta analgesia en las terminales nerviosas.

› *Postura a la hora de dormir.* Para relajar el cuerpo lo más posible y en particular los músculos del cuello, debes dormir boca arriba, sobre la espalda. Cuando se hace de lado o boca abajo, los músculos del cuello se contraen y modifican la llegada de sangre a la cabeza. No es recomendable dormir la siesta.

> *Cuidado con el entorno.* Tanto para evitar la llegada de la jaqueca como para disminuir el dolor cuando aparece, es aconsejable evitar la luz intensa y no abusar del ordenador o la televisión, ya que los esfuerzos con los ojos pueden incrementar las molestias.

> *Aceite de menta.* Utiliza unas gotas de este aceite para masajear las sienes durante 5 minutos, procurando la relajación de los músculos de la cabeza y del cuello.

PREVENCIÓN

Hay que procurar un control lo mayor posible de nuestros hábitos evitando los excesos a la hora de comer (disminuir el consumo de chocolate), reducir los niveles de estrés y fatiga, procurar un buen descanso, controlar la tensión arterial, evitar la automedicación (sobre todo de somníferos y tranquilizantes). Hay que evitar el tabaco, el alcohol, así como los cambios bruscos de clima y temperatura.

SABÍAS QUE...

La jaqueca es más frecuente en las mujeres y en el 70 % de los casos tiene un componente hereditario importante.

[JUANETES]

¿Qué son?

Los juanetes constituyen una deformación de la articulación que se establece entre la base del dedo gordo del pie y el hueso más próximo (el primer metatarsiano). La articulación se «angula» en lugar de ser recta, apareciendo una tumoración en el borde interno del dedo. La deformación de la articulación suele verse favorecida por factores mecánicos como es el caso del empleo de tacones, uso de calzado estrecho, sobrepeso u obesidad. También hay que incluir cierto componente hereditario. La aparición de juanetes puede observarse a partir de la década de los treinta y casi siempre en ambos pies, siendo sus síntomas más característicos: tumoración y enrojecimiento de la zona, dolor a la presión, formación de durezas en la piel cercana, etc. El tratamiento final de los juanetes es quirúrgico, si bien podemos aliviar sus molestias o impedir su aparición con algunos remedios.

Tratamiento y prevención

› *Cuidar algunos hábitos.* Vigilar el peso, nunca emplear calzado de punta estrecha o tacones con una altura superior a los cinco centímetros. Procurar que el calzado sea flexible y que se doble en el tercio anterior de la suela, justo debajo de la base de los pies (que es la zona que más «doblamos» y donde se concentra el peso).

› *Masaje con lavanda.* Se calientan al baño María durante dos horas, a fuego lento, 100 gramos de flores de lavanda junto con tres cuartos de litro de aceite de girasol. Pasadas las dos horas, se filtra el aceite sobre una cazuela, se le añaden otros 100 gramos de flores de lavanda y se calienta de nuevo al baño María durante dos horas. Se filtra el aceite y se guarda en un tarro en un lugar fresco. Para prevenir o tratar el dolor de juanetes aplicar todos los días sobre la zona afectada un pequeño masaje con unas gotas de este aceite.

› *Calzado deportivo.* Siempre que puedas utiliza calzado deportivo ya que con él aseguras una mayor comodidad a tus pies por espacio y elasticidad de los materiales con los que se fabrican.

› *Calor local.* Con la ayuda de una manta eléctrica, un baño de agua caliente en el bidé o un paño mojado con agua caliente, calentar la zona afectada durante 15 minutos con el fin de reducir la inflamación siempre que la hubiese. Puedes conseguir los mismos efectos, e incluso mejorarlos, añadiendo al agua caliente del bidé un poco de sal.

› *Espaciadores o algodones.* Para reducir la presión que los otros dedos e incluso el calzado puedan ejercer sobre el juanete, utiliza unas pequeñas almohadillas denominadas espaciadores (de venta en farmacias) o fabrícalas con un puñado de algodón (colócalos entre el juanete y la pared del calzado y entre el dedo gordo y el siguiente).

SABÍAS QUE...

Tres de cada cuatro personas adultas sufren algún tipo de alteración en los pies, encontrando su origen en la mayoría de los casos en el uso de calzado inadecuado.

[LABIOS]

¿QUÉ SON?

Los labios no sólo representan uno de los elementos más relevantes de la cara, sino también uno de los más sensibles. Los labios están constituidos por un músculo de forma circular que rodea la boca sobre el que se deposita una pequeña capa de grasa y, finalmente, un epitelio o capa externa de características intermedias a la mucosa de la boca o la piel de la cara. Esta capa externa es muy rica en vasos sanguíneos (que le aportan color rojizo) y en terminales nerviosas (que le propician una gran sensibilidad). Los labios se encuentran expuestos a multitud de agentes agresivos como es el caso del calor, frío, cosméticos y otros productos químicos, los alimentos y sus características, el tabaco, alcohol, etc. Todo esto hace que sean muchas las lesiones que pueden sufrir: sequedad, grietas, herpes, virus...

TRATAMIENTO

› *Aceite de oliva.* Está especialmente indicado en el caso de que aparezcan grietas. Se aplican unas gotas, mejor antes de acostarse, sobre toda la superficie de los labios.

› *Aceite de jojoba.* Al igual que el aceite de oliva es muy útil para tratar las grietas en los labios o cuando se encuentran resecos. No obstante también es un buen método de conservación si se aplica todos los días por la noche.

> *Crema de cacao.* A pesar de su antigüedad sigue siendo uno de los mejores protectores que podemos utilizar en cualquier momento. Aplicado con suavidad aporta una fina capa de grasa a los labios que los protegen y «alimentan».

> *Manteca de cerdo.* Es un remedio muy utilizado para labios agrietados, resecos y sin vida.

> *Aloe vera.* Corta un trocito de esta planta y llévalo en una cajita en el bolso, para aplicártelo de vez en cuando en los labios. Proporciona una sensación muy agradable y suavidad.

> *Labios agrietados:* preparar un bálsamo labial con 20 gramos de cera, 60 gramos de manteca de cerdo y un racimo de uvas negras. Se derrite la cera y la manteca y se añaden los granos de uva. Se le da a la mezcla 12 hervores y se filtra a un tarro. Era un remedio muy utilizado por los peregrinos del Camino de Santiago, que con el aire se les resecaban mucho los labios y se les agrietaban. También sirve para las manos.

> *Carmín incoloro para proteger los labios.* Se prepara con 20 gramos de cera blanca, 20 gramos de manteca de coco, 100 g de aceite de almendras dulces, 50 gramos de agua de azahar, 50 centigramos de carmín incoloro y 10 gotas de esencia de rosas. Se derriten todos los ingredientes al baño María, sin dejar de remover hasta obtener una pomada homogénea. Después se retira del fuego y se deja que se enfríe un poco, para poder añadir la esencia de rosas sin que se evapore. Se remueve de nuevo y se envasa. Ayuda a curar los labios agrietados, pelados, comisuras, e incluso suaviza los callos y las durezas de los pies.

> *Lápiz de almendras.* Elaborado a partir del aceite de la almendra contiene todas las vitaminas fundamentales que aportan vitalidad a los labios además de protección. Su elaboración es muy sencilla: calienta 100 gramos de cera blan-

ca de abejas al baño María, hasta que se encuentre completamente fundida; añade seguidamente 100 gramos de aceite de almendras removiendo continuamente hasta formar un líquido homogéneo. Vierte luego el líquido en una huevera o cubitera para que, cuando se seque, puedas obtener trocitos de este protector que puedes utilizar a tu gusto.

› **Miel.** Éste es otro remedio muy eficaz contra los labios resecos e incluso agrietados. En estos casos aplica dos veces al día, mañana y noche, unas gotas de miel, deja que actúe durante 20 minutos o media hora y luego elimina la miel con abundante agua tibia.

› **Pasta de aguacate.** Ya sea para empleo habitual o para tratar grietas, el aguacate aporta a los labios vitaminas A y C, así como minerales y otros elementos nutritivos. Para elaborar esta pasta, se tritura un trozo de aguacate sin piel y se añaden unas gotas de aceite de oliva. Cuando tiene un aspecto de masa homogénea, se aplica sobre los labios y se deja actuar 15 minutos. Luego se aclara con agua tibia.

Prevención

Los mejores cuidados que puedes aportar a tus labios para dotarles de vitalidad son: no ponerlos en contacto con el alcohol o productos que lo incluyan; en invierno secarlos bien antes de salir a la calle y mientras nos encontremos en ella, en verano, si se exponen al sol, aplicar protectores solares con factor 15 o superior; no ponerlos en contacto con la sal (alimentos salados) y limpiarlos bien después del baño en el mar; aplicar todos los días, antes de ir a la cama, un poco de aceite de girasol o aceite de oliva virgen.

Sabías que...

El frío y el calor son los principales enemigos de los labios
ya que facilitan la aparición de grietas y labios acartonados.
Que se encuentren ligeramente humedecidos es su mejor
protección, también durante la noche, tiempo en el que se
resecan aún más.

[LACTANCIA]

¿QUÉ ES?

La lactancia es un período exclusivo y muy gratificante dentro de la vida de una mujer. Sin embargo, por su duración (6 meses o más), por la frecuencia de las tomas (10 o más veces en algunas ocasiones) y por que gracias a ella nuestro hijo puede alimentarse y crecer, debemos tener en cuenta una serie de consideraciones que aseguran la eficacia de la lactancia, así como evitan o tratan alteraciones de la piel de las mamas y de los pezones.

TRATAMIENTO Y PREVENCIÓN

› *Tu alimentación.* Para que la producción de leche sea más efectiva y rica consume sobre todo alimentos ricos en vitaminas B, C, D y hierro como es el caso de frutas en general (salvo los cítricos), cereales, hortalizas, verduras de color verde, leche y sus derivados, legumbres y frutos secos. Evita los platos con especias, las comidas abundantes, los embutidos, quesos muy curados, azúcar y alimentos flatulentos como la coliflor o las judías secas.

› *Grietas en los pezones.* Estas lesiones son frecuentes y para tratarlas nada mejor que colocar sobre ellas, dos o tres veces al día, la telilla que adorna por dentro la cáscara de los huevos.

› *Decocción de anís.* Para la activación de la lactancia, para tener mucha leche y poder amamantar más meses, toma tres tazas de decocción de anís cada día. Hervir durante 10 minutos una cucharadita de anís por taza de agua.

> *Reducción de la leche materna.* Para que se retire la leche o reducir cuando se tiene mucha, se mezclan 20 gramos de lúpulo, 10 gramos de nogal y otros 10 de menta. Se prepara una infusión con una cucharada de la mezcla de las plantas por taza de agua. Se hierve durante 3 minutos, se cuela y se toma tres veces al día. Al acostarse, aplicar compresas de esta misma infusión en el pecho, bien sujetas con una toalla seca.

> *Para aumentar la leche.* Se añaden a un litro de agua tres cucharadas de trigo, tres cucharadas de avena y tres de maíz. Se hierve todo hasta que quede el agua reducida a la mitad. Se toman 2 vasos al día. Se puede emplear tanto el cereal en grano entero o en copos.

> *Para incrementar la leche.* Tomar alfalfa en comprimidos y también aceite de ricino en dosis homeopáticas.

> *Para tener mucha leche* y poder amamantar más meses, toma durante el día, a sorbitos, el líquido resultante de cocer en un litro de agua una cucharadita de anís, otra de hinojo y otra de malta.

> *Para retirar la leche.* Las abuelas solían colgarse a la espalda una llave hembra. Con esto se retira la leche sin dolores y sin necesidad de tomar medicamentos. Hay que llevarla hasta que la leche desaparezca. También se pueden aplicar cataplasmas de perejil en las axilas durante la noche.

> *Nogal para el final de la lactancia.* Tomar 3 infusiones al día preparadas con una cucharada sopera de nogal por taza de agua.

Lactancia en casos especiales

› *Intolerancia a la lactosa.* No se debe confundir con la alergia a las proteínas vacunas. Se puede producir después de una diarrea, es benigna y autolimitada. Suelen tolerar bien la leche materna y no constituye una contraindicación para la lactancia.

› *Galactosemia.* Enfermedad congénita, muy grave, en la que la leche materna está totalmente contraindicada, lo mismo que la leche artificial. Estos niños necesitan una leche especial sin lactosa.

› *Diarrea.* El tratamiento actual de la diarrea es la rehidratación oral (si existe deshidratación) y continuar la alimentación normal. No es necesario ni conveniente el ayuno. Nunca se debe interrumpir la lactancia. Los lactantes que continúan tomando el pecho sin interrupción durante una diarrea hacen menos deposiciones y se curan antes que los que interrumpen la lactancia durante unas horas para tomar sólo rehidratación oral.

› *Diarrea en la madre.* Tampoco está contraindicada la lactancia, sea cual sea el germen causante, pues el germen no se transmite por la leche, y el destete, precisamente cuando existe riesgo de diarrea, sería muy perjudicial. Se recomienda una exhaustiva higiene de manos. La madre debe beber en abundancia, pues pierde casi un litro de líquido con la leche, además de la pérdida diarreica.

› *Gemelos.* Es perfectamente posible dar el pecho a dos gemelos. Siempre hay suficiente leche. Las madres africanas mal alimentadas dan el pecho a gemelos y el crecimiento de éstos es normal (se han publicado muchos casos de lactancia materna a trillizos). Resulta más fácil los dos a la vez, aunque no siempre es posible. La madre necesita ayuda con otras tareas domésticas. Puede alternarse entre los pechos, pero a veces cada niño tiene su propio pecho, aunque no es problema.

› **Síndrome de down.** Tienen especialmente dificultades para mamar. Macroglosia, que dificulta la introducción del pezón y la areola, fatiga por la cardiopatía; hipotonía que dificulta el trabajo de la mandíbula y el sostén de la cabeza. Al mismo tiempo les conviene mucho la lactancia, por la protección de infecciones respiratorias, para potenciar el vínculo afectivo para evitar rechazos, tal vez mejor desarrollo psicomotor. La madre debe prestar especial atención los primeros días para conseguir una buena posición, a pesar de las dificultades. Se debe advertir a la madre que los niños con síndrome de Down crecen y engordan lentamente, no siguen las curvas de los niños sanos. Por ello no debemos cometer el error de atribuir esto a «la falta de leche».

› **Labio leporino.** Dificulta poco la lactancia, porque el niño no mama por succión, sino apretando con la lengua. Pero si ejerce una cierta succión para mantener el pezón en su sitio, si el defecto rompe la «ventosa», es posible que el pezón se escape. Se le debe ayudar sujetándolo bien cerca del pecho. A veces el mismo pecho se adapta y tapona el defecto, si no, la madre puede sujetar el pecho con la mano, de modo que su pulgar tape el defecto del labio.

› **Hospitalización de la madre.** Se debe intentar que el niño pueda ingresar con la madre. Si es absolutamente imposible, la madre puede sacarse la leche, para dársela luego al niño. No debemos olvidar que la madre puede tener molestias si no se saca la leche regularmente. Si la madre es operada puede sacarse la leche tan pronto como se despierte de la anestesia, incluso si el niño llora se le podría colocar en el pecho mientras la madre está aún dormida. Si son muchas horas se puede sacar leche a la madre mientras está dormida, para evitarle molestias.

› **Diabetes.** La madre diabética puede dar el pecho. Ni la insulina ni la dieta de la madre causan problemas. Las diabéticas que lactan suelen necesitar menos insulina, en algún estudio se dice que un 30 % menos; por ello se debe avisar a la madre de que esto puede ocurrir para que ajuste la dosis según los controles habituales. Se debe tener especial cuidado a la hora de prevenir grietas, candidiasis y mastitis: conviene una lactancia frecuente, buena posición, no lavar con agua y jabón y menos con desinfectantes que irritan la flora saprófita, NO APLICAR ninguna pomada y menos si lleva antisépticos o corticoides, que facilitan la candidiasis.

› *Epilepsia.* Los fármacos antiepilépticos suelen ser compatibles con la lactancia. Con el fenobarbital, la cantidad que pasa a través de la leche puede evitar las convulsiones de retirada, frecuentes en el recién nacido, por lo que es muy importante seguir con el pecho y que el destete sea tardío y progresivo. Se han descrito convulsiones de retirada por el destete brusco.

› *Tiroides.* Ni el hipo ni el hipertiroidismo contraindican la lactancia. Los antitiroideos son compatibles con la lactancia; algunos autores recomiendan el propiltiouracilo, pero el metimazol y el carbimazol tampoco están contraindicados. En cuanto a la hormona tiroidea, todas las mujeres tienen y siempre pasa a la leche, los niveles de una mujer tratada son similares a los normales y es ridículo pensar que eso contraindica la lactancia.

› *Tuberculosis.* Los fármacos antituberculosos son compatibles con la lactancia. La isoniacida pasa a la leche en cantidades no desdeñables; el lactante ha de recibir su propia quimioprofilaxis cuando esté indicado (¡en la leche no hay suficiente!), pero con la dosis justa (redondear la dosis hacia abajo, no hacia arriba). Antes se separaba al niño de la madre mientras ésta era contagiosa, pero aunque se separasen, el niño tenía que recibir isoniacida, pues puede haber contagio transplacentario. Actualmente se considera que la tuberculosis, incluso cuando no está tratada, no es motivo para anular la lactancia ni para separar a madre e hijo.

> *Miopía.* El mito de que las mujeres miopes no pueden dar el pecho no tiene ningún fundamento. Los libros de oftalmología ni lo mencionan.

> *Paladar hendido.* Plantea serias dificultades de alimentación, por cualquier medio, ya que el alimento pasa al pulmón. Algunos niños consiguen mamar directamente (con paciencia y colocándolos completamente verticales). A otros hay que darles con sonda, con vaso, con biberón. Si el niño no logra mamar y vemos que el biberón resulta más eficaz, usémoslo sin temor, pero en cualquier caso es mucho mejor que la leche sea materna y no artificial pues, en caso de aspiración, la leche artificial produce una neumonía mucho más fácilmente (medio de cultivo, proteínas, ausencia de I y AS etc.). También con la leche artificial aumenta el riesgo de sufrir otitis. La madre puede sacarse la leche y dársela a su hijo por el medio que resulte más conveniente. Se tiende a operar cada vez más precozmente este problema. La lactancia materna puede reanudarse inmediatamente después de la intervención, es un error esperar para proteger los puntos, pues es mucho más fácil que se infecten y salten si el niño se pone a llorar por no darle el pecho.

> *Intervención quirúrgica.* El lactante puede mamar hasta dos horas antes de la anestesia, pues el vaciamiento gástrico es muy rápido. El ayuno de 12 horas que se recomienda en adultos es innecesario y peligroso. Puede volver a mamar en cuanto se despierte de la anestesia. La leche materna contiene hormonas digestivas que facilitan la recuperación de la motilidad intestinal.

> *Hepatitis B.* Incluso cuando no existía vacuna, algunos estudios demostraban que no se transmite por la lactancia materna. Ahora, además, se vacuna al hijo al nacer. Se puede dar el pecho con absoluta confianza.

> *Hepatitis C.* Al principio se temió que pudiera transmitirse por la leche, pero ahora hay estudios publicados en Tai-

wán, Japón, Estados Unidos y Cataluña que demuestran que no se transmite. El estudio de Taiwán es sobre un grupo de madres altamente contagiosas, con niveles elevados de viremia; no se contagió ninguno de los 11 niños.

› *El sida.* El SIDA tiene posibilidades de transmitirse a través de la leche materna. El riesgo de contagio cuando el niño toma pecho es de un 30-35 %. Cuando existan posibilidades de contagio se recomienda alimentar al niño con leche artificial.

Sabías que...

La lactancia materna es el alimento más completo que puede recibir un bebé y se adapta a sus necesidades. Por ejemplo, durante los primeros meses se libera más grasa en las tomas de la noche que durante el resto del día, por eso duermen mejor. En cada toma, las primeras succiones son de azúcares (plato ligero) y las siguientes y últimas, más ricas en proteínas (plato fuerte).

[*LIFTING*]

¿QUÉ ES?

El *lifting* trata de «estirar» o reafirmar la piel, ya sea en una zona concreta (cara, frente, papada, cuello, abdomen) o en todo el organismo en general. Para conseguirlo de forma eficaz hay que actuar sobre los músculos devolviéndoles su tono, reafirmándolos, de tal manera que «estiran» de la piel desapareciendo o retrasando la formación de pliegues y arrugas. Nosotros te proponemos algunos tipos de *lifting* totalmente naturales que te pueden ser de mucha utilidad.

Véase también *Arrugas*.

TRATAMIENTO

› *Gimnasia facial.* Todos los días, antes de acostarte, dedica unos minutos para realizar unos sencillos ejercicios faciales. Sólo tienes que, sucesivamente, arrugar la frente, respirar profundamente abriendo la nariz, sonreír, poner cara triste y hacer «pucheros». Cada gesto se debe mantener 3-4 segundos y repetirlo 3 veces. De esta manera los músculos de la cara presentarán un mejor tono muscular y «estiran» la piel.

SABÍAS QUE...

El sedentarismo y la falta de actividad física es el peor aliado de la piel, sobre todo por que debilita los músculos y permite la aparición de arrugas y pliegues con mayor facilidad. Si además hay una exposición prolongada al sol, los resultados serán mucho peores.

[MAL ALIENTO]

¿QUÉ ES?

Según un reciente estudio realizado por una conocida marca de dentífricos, el 45 % de los españoles reconoce tener mal aliento o halitosis. Según los estomatólogos, en un 85 % de los casos se debe a una higiene bucal deficiente. La cavidad bucal cuenta con la presencia de diferentes tipos de gérmenes que suelen alimentarse con los restos de alimentos que se depositan entre los dientes, en la superficie lingual y más aún en el interior de caries y otras alteraciones. Cuando estos gérmenes fermentan, los restos de alimentos dan lugar al mal aliento. Además de esta causa, que es la habitual, dentro de la cavidad bucal pueden existir otras razones de mal aliento como es el caso de las propias caries, dentadura postiza, faringitis crónica, amigdalitis, etc. También hay causas más «alejadas» como es el caso de rinitis, uremia, sinusitis, diabetes, cirrosis hepática, hepatitis y el consumo de algunos medicamentos. Otras veces el origen es externo y relacionado con sustancias o productos que penetran en la cavidad bucal como es el caso del alcohol, tabaco, consumo de ajos, cebolla y otros alimentos con olor penetrante.

TRATAMIENTO

› *Elixir de manzanilla.* Se vierten dos cucharadas soperas de manzanilla en medio litro de vino blanco y se dejan reposar durante una semana. Pasado este tiempo, se cuela el líquido y se guarda en un frasco. Todos los días, por la mañana, se realizan enjuagues bucales con este elixir, sin tragar el líquido, hasta que se termine la cantidad preparada.

› **Sal y bicarbonato.** Una o dos veces al día, practica este remedio que consiste en añadir a un vaso de agua una punta de cuchara de bicarbonato y media cucharadita de sal. Remueve bien y enjuágate la boca durante unos minutos sin tragar el líquido.

› **Ensaladas con jengibre.** Otro remedio muy sencillo consiste en añadir a la ensalada una pizquita de jengibre rallado. Resulta muy eficaz para combatir el mal aliento (no se debe utilizar en caso de embarazo, hipertensión arterial o úlcera gástrica).

› **Para las encías inflamadas** o gingivitis, causa frecuente de mal aliento, nada mejor que una infusión de salvia elaborada con una taza de agua caliente y una cucharada de esta planta seca. Se practican todos los días, tres veces, enjuagues bucales con la infusión, de dos minutos cada uno de ellos.

› **Enjuagues con sal.** Después de una comida con alimentos «fuertes» (ajo, cebolla, etc.) prueba a hacer unos enjuagues y gargarismos con medio vaso de agua al que se añade una pizquita de sal (no tragar el líquido).

› **Granos de café.** Es uno de los remedios más eficaces y sencillos, además de servir en casos de urgencia. Basta con chupar un par de granos de café hasta que se encuentren casi diluidos.

› **Hojas de menta.** Éste es otro de los remedios muy eficaces en casos de urgencia. Basta con masticar unas hojas secas o frescas de menta. Además, si se practica con cierta regularidad puedes eliminar de forma permanente el problema.

› **Infusión de menta con limón.** Después de la comida del mediodía se toma, en lugar de café, una infusión de menta a la que se añaden unas gotitas de limón. Al tomarla, se realizan unos sencillos gargarismos.

› **Cura de melocotones.** Alivia los problemas digestivos que puede ocasionar el mal aliento. Los melocotones son bien tolerados por el estómago y pueden facilitar la digestión.

› **La manzana asada** o en compota es una de las frutas más digestivas y provoca una abundante secreción de saliva. Excita las glándulas del intestino y es la fruta ideal contra el estreñimiento, tomada entre las comidas y como postre.

› **Jugo de granada.** En gárgaras y enjuague bucal se recomienda para la candidiasis y el mal olor debido a la irritación de garganta y los problemas intestinales.

› **Higos.** Son muy fáciles de digerir y muy nutritivos. Poseen una acción laxante suave y segura.

› **Régimen vegetariano estricto.** Constituye una verdadera cura de desintoxicación. Disminuye la tasa de ácido úrico en la sangre y favorece las contracciones intestinales. Se debe llevar una alimentación que disminuya el exceso de acidez. Es otra medida que se puede tomar para aliviar nuestros problemas digestivos, futuros causantes del mal aliento.

› **Régimen de zumos de frutas dulces y hortalizas** de todo tipo, salvo espinacas. En particular, zanahoria, remolacha, apio, berro, pepino, tomate y col. También es recomendable el zumo de patata, la papilla de harina de linaza y sustituir la leche animal, especialmente la de vaca por leches vegetales.

› **Zumos de frutas ácidas.** Naranjas, pomelos, fresas, etc. y de verduras, pueden ser envueltos en papilla, gelatina hecha con pectina, agar-agar, papilla de trigo integral o suavizados con nata o leche de almendras.

› **Zumos de frutas dulces.** Estos zumos (uvas, plátanos, manzanas ralladas, melón…) pueden ser soportados en estado puro.

PREVENCIÓN

La única actividad que resuelve el mal aliento es la prevención basada en una buena higiene dental (cepillado después de cada comida, incluida la lengua), reducir el consumo de tabaco o alcohol, evitar el consumo de alimentos «entre horas» y mantener una buena situación de las piezas dentales con revisiones periódicas para tratar las caries, gingivitis, sarro, etc. Tampoco hay que olvidar una buena conservación de la dentadura postiza.

SABÍAS QUE…

El fuerte aliento que generan los ajos o la cebolla no sólo se produce por restos de estos alimentos en la boca, sino también porque horas más tarde de su consumo ciertos productos que integran estos alimentos pasan de la sangre a los pulmones y se desprenden por el aliento.

[MAMAS]

¿QUÉ SON?

Las glándulas mamarias se encargan de producir la leche necesaria para asegurar la lactancia, por eso en su interior encontramos numerosos «acinis» glandulares que elaboran la secreción láctea. Estos «acinis» se unen al pezón por medio de pequeños conductos. Tanto los «acinis» como los conductos están rodeados de grasa o tejido adiposo y todo ello se encuentra cubierto por la piel. Dentro del tejido adiposo hay pequeñas fibras de colágeno o tejido conectivo que dan la forma a la mama evitando su desplazamiento inferior. Estas fibras se encuentran unidas a un músculo dispuesto encima de las costillas, el músculo pectoral mayor. Por esta razón la gimnasia pectoral ayuda considerablemente a mantener la forma de las mamas. Para evitar la caída y otras afecciones del pecho te proponemos algunos remedios (véase *Caída del pecho*).

Véase también el capítulo *Factores de riesgo de cáncer de mama en la población femenina*.

TRATAMIENTO Y PREVENCIÓN

› *Evitar* situaciones como la obesidad, sobrepeso, sedentarismo o falta de actividad física, empleo de sujetadores apretados o con aros, exceso de radiación solar o rayos UVA.

› *Grietas en el pezón y piel cercana.* Mejor que muchas de las cremas que encontramos en el mercado es la «carne» de fresa. Se limpian unas fresas o fresones, se les quita la piel, se extrae parte de su contenido, se machaca y se aplica con suavidad sobre la piel afectada. Se deja actuar durante quince minutos y luego se elimina con agua tibia. Se debe practicar este remedio dos veces al día, mañana y noche. En prevención es fundamental una buena técnica de amamantamiento, que el niño tome un buen bocado que incluya la areola mamaria. Evitar que la mama esté húmeda y aplicarse pezoneras de cera y si a pesar de estas medidas la grieta persiste utilizar una pomada de Castor Equi.

› *Para el dolor de mamas* nada mejor que una infusión suave de hamamelis, preparada con una cucharadita de la planta. Se filtra el líquido y, con la ayuda de un algodón, se aplica suavemente sobre las mamas. Se repite 2-3 veces al día hasta que desaparezca el dolor.

› *Rozaduras, grietas o heridas en la piel.* Coloca sobre la parte afectada la piel interna que cubre las cáscaras de los huevos, la telilla. Déjala actuar durante media hora o una hora y luego retírala. Practica este remedio, si puedes, dos veces al día.

› *Hojas de hiedra.* Se prepara una infusión de hojas de hiedra utilizando para ello un puñado de estas hojas a las que se añade medio litro de agua hirviendo. Se deja reposar 15 minutos y luego se cuela el líquido resultante. Con la ayuda de un algodón o gasa, se extiende el líquido sobre las mamas y se deja que actúe durante 30 minutos. Pasado ese tiempo, se aclara con agua tibia. Este procedimiento ayuda a mantener el pecho firme y se puede practicar dos veces por semana.

› *Ejercicios específicos.* Todos los días practica alguno de los siguientes ejercicios. De pie, y con los brazos semiestirados, procura tocar la parte posterior de un hombro con la mano del otro lado (repite 10 veces con cada mano). Otro ejercicio consiste en entrelazar las manos a dos palmos del pecho y realizar contracciones de los músculos pectorales (del pecho) hasta un total de veinte veces. Cada contracción hay que mantenerla 2-3 segundos.

› *Malvavisco para el dolor.* Con frecuencia las mamas se sienten doloridas por efecto del síndrome premenstrual, situaciones de tensión, mastitis, etc. Para tratar estas molestias podemos recurrir a una infusión de malvavisco (una cucharada de la planta por taza de agua caliente) y aplicarla directamente sobre las mamas con la ayuda de una gasa o algodón, dos veces al día.

› *Nódulos mamarios o duricias.* En ocasiones aparecen en las mamas unos bultitos que pueden ser debidos a un cúmulo de grasa, restos posteriores a la lactancia que se endurecen, a los que los médicos no dan mayor importancia. Entre las abuelas estos bultos eran conocidos como duricias y el tratamiento que empleaban era tomar todos los días en ayunas un ajo troceado, envuelto en una cucharada de miel, sin masticar, hasta que la duricia desaparecía. Este proceso puede llevar unos seis meses hasta su total desaparición.

PREVENCIÓN DEL CÁNCER DE MAMA

Todavía en nuestros días sigue siendo la lesión cancerosa más frecuente entre las mujeres. Para evitar sus temibles consecuencias hay dos factores a tener en cuenta: diagnóstico precoz realizando visitas anuales al ginecólogo después de los 30 años y evitar una serie de hábitos que impulsan su desarrollo (además de los antecedentes familiares) como es el caso del consumo de tabaco, alcohol, exceso de peso y obesidad, prudencia con las exposiciones solares (se debe proteger esta zona con factores altos) y favorecer una alimentación rica en frutas y verduras, al tiempo que se reduce el consumo de grasa animal.

Sabías que...

Parece ser que algunos productos de consumo habitual podrían facilitar la aparición de quistes en las mamas, sobre todo cuando se utilizan en exceso. Éste es el caso del café, el chocolate, el té y en general excitantes y estimulantes. Hay que reducir su consumo.

[MANCHAS EN LA PIEL]

¿QUÉ SON?

La piel puede presentar diferentes tipos de manchas o cambios de pigmentación. Así por ejemplo las lesiones de tipo alérgico producen manchas rojizas o rosadas, al igual que las quemaduras. Sin embargo, las manchas que permanecen durante años e incluso nos acompañan durante toda la vida son de color oscuro, marrón en sus diferentes tonalidades e incluso negro. Dentro de este tipo de manchas las más frecuentes son las pecas (en la cara, brazos y piernas), lunares (en cualquier parte del cuerpo y de diferentes tamaños) y las manchas por envejecimiento (zonas marrón claro que aparecen en zonas expuestas de la piel). Muchas de estas lesiones sólo tienen un inconveniente estético y su eliminación sólo se puede hacer mediante técnicas sencillas de cirugía. No obstante, podemos proporcionaros algunos consejos y remedios para que su aspecto sea menos aparente.

TRATAMIENTO

› **Crema de azahar, limón y huevo.** Prepara una crema con medio vaso de agua de azahar, una cucharada de aceite de girasol, la clara de un huevo y una cucharada de zumo de limón. Mezcla todo bien y guárdalo en un frasco de cierre hermético y de color oscuro. Todos los días aplica un poco de este líquido sobre las manchas o pecas y comprobarás que lentamente desaparecen o disminuyen su apariencia.

> *Dulcamara para manchas de embarazo.* Ésta es una planta trepadora que puede ayudarnos a eliminar las manchas aparecidas durante el embarazo si aplicamos su jugo fresco sobre las partes de la piel afectadas.

> *Sello de salomón.* Las manchas cutáneas y las pecas tienen en esta planta perenne a un gran enemigo. Podemos utilizar una decocción elaborada con 50 gramos de rizomas de esta planta y un litro de agua fría. Se hierve durante 5 minutos, se filtra y se aplica sobre las manchas dos veces al día con la ayuda de una gasa. En el caso de las pecas, se hierve 15 minutos y se sigue el mismo procedimiento.

> *Zumos frescos* de zanahorias, remolacha o col. Cada día toma uno de estos zumos para fortalecer la piel y equilibrar su pigmentación.

> *Decolorante de yogur y miel.* Éste es un remedio especialmente útil para eliminar o reducir las manchas que aparecen en edades avanzadas. Se mezclan en un plato hondo o cazuela pequeña una cucharada de yogur natural, una yema de huevo y media cucharada de miel. Se remueve todo bien hasta formar una pasta homogénea. Se extiende la crema sobre la piel de la cara, cuello y hombros con la ayuda de una tela limpia, realizando ligeros movimientos circulares. Se deja que la crema actúe durante 30 minutos y después se elimina la mascarilla con abundante agua tibia. Se puede utilizar este método en días alternos.

> *Cáscara de limón.* Para las pecas, lunares pequeños y manchas del embarazo podemos recurrir a la cáscara de limón. Con la parte externa de la cáscara fresca del limón frotamos las zonas de la piel afectada durante un par de minutos. Se repite todos los días. Lentamente se observarán los resultados.

> *Infusiones de milenrama.* Realizadas con una cucharada de la planta por cada taza de agua caliente, puede aplicarse

con la ayuda de una gasa sobre las pecas para reducir su apariencia.

› **Decolorante con papaya.** La papaya contiene sustancias, como la papaína, capaces de eliminar células muertas de la piel, queratina y otros residuos que forman parte de las manchas presentes en la piel. Su aplicación diaria contribuye a reducir la presencia de manchas en cara, cuello, brazos y piernas. Basta con utilizar una papaya madura de tamaño mediano, pelarla formando cortes amplios y usar estas partes de la piel para aplicarlas en las manchas. Se frota suavemente la cara y el cuello con la parte interna de los trozos de piel de papaya, desde la frente hasta la clavícula. Se deja actuar esta «crema» durante 10 minutos. Después, se limpia con agua fría. Puede practicarse 2-3 veces por semana y en particular antes de utilizar fórmulas limpiadoras, hidratantes o tonificantes (así desarrollan sus efectos con más facilidad).

› **Infusiones de gingko biloba.** Como en el caso de la milenrama, las infusiones de esta planta (basta con una cucharadita de la planta por taza de agua hirviendo) aplicadas diariamente con la ayuda de un algodón o gasa, ayudan a disminuir la apariencia de manchas, pecas y, en menor medida, lunares.

› **Decolorante con limón y hamamelis.** En un recipiente de cierre hermético se vierten 100 mililitros de hamamelis, 2 cucharaditas de zumo de limón y una gota de aceite de limón. Se cierra el frasco y se agita bien durante varios minutos hasta que la mezcla sea perfecta. Se aplica la mezcla suavemente sobre la piel con la ayuda de un algodón, sin incluir los párpados (puede irritar los ojos). Se deja que la mezcla actúe durante 10 minutos y después se limpia la cara con agua templada. Puede utilizarse todos los días hasta notar una clara mejoría.

› **Cebolla.** En el caso de las manchas que aparecen con la edad, es muy útil la aplicación diaria de un poco de cebolla roja. Basta con cortar una rodaja y frotar sobre la mancha durante unos minutos.

› **Crema de rábano.** Esta crema está especialmente indicada para las pecas. Se elabora mezclando 3 cucharadas de yogur, dos cucharaditas de zumo de limón y media cucharadita de raíz de rábano picante. Se mezcla todo en un plato con la ayuda de un tenedor. Se aplica con un bastoncillo de algodón sólo dónde se encuentren las pecas. Procura evitar el contacto con zonas sensibles como es el caso de labios y ojos.

› **Hamamelis líquido.** Este remedio está especialmente indicado en el caso de las manchas que aparecen en las zonas con hueso o duras de la cara como la frente, mentón o pómulos. Es suficiente con humedecer un poco de algodón en hamamelis líquido y aplicarlo con ligera presión sobre la zona afectada. Se emplea una vez al día hasta conseguir los efectos deseados.

› **Decolorante de acetona.** Las manchas de la piel que son poco relevantes pueden mejorar con acetona. Es suficiente con aplicar la acetona con la ayuda de unos bastoncillos de algodón. Eso sí, se debe aplicar sólo sobre la zona afectada por la mancha evitando el tratamiento sobre la piel sana y siempre en días alternos.

› **Agua de cebada.** Se cuecen 100 gramos de cebada a fuego lento en un litro de agua durante 15 o 20 minutos. Después se filtra el líquido a través de un paño de lino o algodón y, con los restos de cebada que quedan en el paño, se frota suavemente sobre las manchas. Hay que practicar este remedio dos veces al día (el mismo puñado de cebada sirve para varias aplicaciones).

› **Semillas de onagra machacadas.** Este tipo de semillas se encuentran especialmente indicadas para tratar las manchas que surgen por erupciones. Hay que machacar un puñado de semillas de onagra y seguidamente frotarlas sobre la zona afectada (con 2-3 veces las lesiones se reducen de forma importante). Este remedio no debe aplicarse a menores de 5 años.

› **Crema para manchas y pecas.** Para elaborar esta crema necesitamos 10 gramos de raíz de diente de león, 75 gramos de aceite de almendras amargas o de oliva virgen, 25 gramos de cera de abejas, 10 gramos de jugo de limón y 1 gramos de aceite de rosas (6 gotas). Primero se elabora una infusión hirviendo la raíz de diente de león durante 15 minutos y después, se deja enfriar. Luego, se elabora la crema calentando todos los ingredientes al baño María durante 15 minutos y sin dejar de dar vueltas. Se apaga el fuego, se deja enfriar y lo guardamos en un frasco con cierre de rosca. Por la mañana y por la noche, se lava la cara con la infusión de raíz de diente de león y, una vez que se ha secado la infusión, se aplica la crema y se deja actuar durante 20 minutos. Se elimina con agua templada. Se debe practicar este remedio para eliminar manchas o pecas por el sol, durante 20 días seguidos.

› **Hojas de llantén.** Se hierve un cuarto de litro de agua, se retira del fuego y se añade un puñado de hojas de llantén. Se deja reposar durante 15 minutos, se cuela el líquido y, con la ayuda de unas gasas, se aplica directamente sobre las manchas durante unos minutos. Hay que practicarlo todos los días hasta que se note la mejoría deseada.

› **Pétalos de rosa y flores de romero.** Se cuecen varios pétalos de rosa y flores de romero en vino blanco. Se filtra y se aplica sobre las manchas. Esta fórmula es conocida desde hace unos 350 años y tiene resultados espectaculares.

› **Crema de nieve de primavera.** Para prevenir las manchas producidas por el sol. Se coge un poco de nieve virgen caída en primavera y se deja que se derrita. Después se mezcla el agua de la nieve con una cantidad similar de aceite de oliva de primera presión en frío hasta que se forme una especie de crema. Se aplica en las zonas expuestas al sol para evitar que salgan manchas.

Prevención

Se debe reducir el uso de cosméticos y cremas, sobre todo en la cara. Hay algunas cremas que cuentan entre sus ingredientes betacarotenos (vitamina A), que si no se lleva la debida protección solar pueden provocar manchas oscuras en la piel. También hay que disminuir la exposición a las radiaciones solares o rayos UVA, utilizar cremas protectoras solares con factor de protección elevado y evitar los traumatismos y lesiones sobre las zonas pigmentadas. Conviene seguir una alimentación rica en frutas y verduras (tomate, mango, zanahoria, calabaza) para aumentar el aporte de vitamina C y A, ya que con ello se dota de mayor vitalidad a la piel. También hay que procurar disminuir las situaciones de estrés, nerviosismo y ansiedad.

Sabías que...

Nunca deben exponerse los lunares al sol si previamente no se protegen con factores de protección iguales o superiores a 15.

[MANOS]

¿QUÉ SON?

Las manos no sólo son importantes para nuestra actividad diaria, sino que también, en función de su estado, definen parte de nuestras características. Junto con los pies, nos atreveríamos a decir que son la parte del cuerpo que menos cuidamos a pesar de sus diarios esfuerzos. Salvo un periódico corte de las uñas, apenas las protegemos frente a la tortura de los detergentes, los jabones abrasivos, las radiaciones solares, los cambios de temperatura, la contaminación ambiental, la suciedad, influencia de las máquinas, la tierra y los centenares de veces que aprietan, golpean, empujan o aplastan. Las manos necesitan unos mínimos cuidados para impedir la aparición de la artrosis, artritis, callos, durezas, manchas, grietas en la piel, sequedad...

TRATAMIENTO

› *Gimnasia manual.* Para aliviar un buen número de molestias e incluso para mantenerlas «en forma», conviene practicar todos los días alguno de los siguientes ejercicios: cerrar el puño con fuerza, mantenerlo en esta posición unos segundos y después abrir de nuevo la mano con fuerza (practicar 10 veces con cada mano); coger una pelota pequeña, de tenis o similar, y tratar de apretarla y soltarla (10 veces con cada mano); sobre el borde de una mesa simular que se tocan las teclas de un piano (2-3 minutos con cada mano); con una mano intenta, ligeramente, doblar los dedos de la otra mano (1 minuto para cada mano).

› *Manchas solares en las manos.* Puedes eliminarlas con la ayuda de zumo de limón, infusión de manzanilla o un poco de agua oxigenada aplicada diariamente sobre la zona afectada (basta con una vez diaria).

› *Para proporcionar tersura.* Aplica todos los días a tus manos un poco de zumo o licuado de pepino, piña o infusiones de salvia.

› *Manos sudorosas.* Son muchas las personas que sufren este problema y para ello les proponemos tres remedios. El primero de ellos consiste en practicar todas las mañanas lavados alternos de manos, primero con agua fría (30 segundos) y luego caliente (30 segundos), repitiendo el proceso un total de 5 veces. También se pueden tomar infusiones de flor de naranjo y de salvia (se mezclan 5 cucharadas de salvia y una de flor de naranjo, se echa una cucharada de la mezcla en medio litro de agua hirviendo, se deja reposar 10 minutos, se cuela y se toman 2-3 tazas al día hasta que se note mejoría). Por último, utiliza de vez en cuando ácido bórico: por la noche, antes de acostarte, lávate las manos, sécalas ligeramente y aplica unos pocos polvos de ácido bórico sobre las palmas de las manos y duerme con guantes; a la mañana siguiente aclara las manos con agua tibia.

› *Apio para manos agrietadas.* Se sumerge un puñado de apio en agua hirviendo durante 3 minutos. Seguidamente, se saca el apio y cuando el agua se encuentre tibia, se bañan las manos durante 3-4 minutos. Seguidamente, se aplican una o dos gotas de aceite de oliva virgen para que sus vitaminas y minerales les doten de mayor vitalidad.

› *Crema suavizante de patata.* Es otro remedio de gran utilidad para dotar a las manos de suavidad y para tratar las grietas. Se cuece una patata mediana, se quita la piel, se aplasta y se mezcla con dos cucharadas de leche y otras dos de miel de milflores o similar. Esta crema se puede guardar en un tarro de cierre hermético con tapón de rosca. Se aplica sobre las manos una vez al día, se deja actuar media hora y luego se elimina con agua tibia.

> **Crema para conseguir manos suaves.** Todas las noches hay que lavarse las manos en un poco de agua a la que se añade un poco de jabón suave y una o dos cucharadas de azúcar. Después del lavado se secan las manos con suavidad y se aplican unas gotas de aceite de oliva virgen que se retiran a los diez minutos con agua tibia. De esta forma se consigue una especie de *peeling* natural, además de que se nutren las manos.

> **Crema suavizante y revitalizante.** Para elaborar la crema, se llena una taza con copos de avena y añade una cucharada de miel y otra de zumo de limón. Se mezcla todo bien hasta formar una pasta homogénea y se guarda en un tarro de cierre hermético. 3-4 veces por semana, se aplica una capa fina de esta pasta sobre la piel de las manos y se deja actuar durante 15 minutos. Más tarde, se elimina con agua tibia.

> **Copos de avena.** Se hace una pasta con copos de avena y agua mineral o de manantial. También se puede utilizar leche vegetal. Se aplica en toda la mano y se mantiene toda la noche con ayuda de unos guantes. A la mañana siguiente se aclara con agua tibia. Esta pasta es ideal para manos castigadas: es capaz de convertir las manos quemadas por el cemento de un albañil en manos suaves como la seda.

PREVENCIÓN

El lavado continuado es uno de los mayores enemigos de las manos, sobre todo cuando se acompañan de jabones y detergentes. Hay que lavarse las veces que sea necesario pero sólo con agua templada, sin emplear jabón (salvo que sea necesario). El lavado de las manos sucias debe acompañarse del cepillado de las uñas y la aplicación posterior de una crema suavizante con un poco de grasa para que proteja la piel (unas gotas de aceite de oliva o aceite de germen de trigo constituyen uno de los mejores protectores). Hay que proteger las manos siempre que entren en contacto con posibles agentes agresivos, desde los detergentes y lejías, hasta la azada o tijeras de jardinería, pasando por los platos sucios. No exponerlas en exceso al sol para evitar que se acartonen.

SABÍAS QUE…

El dorso de las manos es una de las zonas, dentro de la piel, que pierden células con mayor facilidad, hasta el punto de que muchas de estas células ni siquiera duran 24 horas.

[MAREO]

¿QUÉ ES?

El mareo se define como una sensación de inestabilidad o desequilibrio acompañada de la impresión de movimiento a nuestro alrededor de los objetos y personas cercanas. Con frecuencia se acompaña de hipotensión, sudor frío, náuseas y vómitos. Las causas más frecuentes son los desplazamientos (en coche, autobús, avión), los cambios bruscos de giro o presión (una montaña rusa, un tiovivo, dar vueltas). En estos casos los movimientos irritan una parte del oído interno, denominada laberinto o canales semicirculares, y desde este punto surge la sensación de giro y desplazamiento. Otras veces los mareos se deben al efecto de ciertos medicamentos, el estrés, cansancio, debilidad, enfermedades del oído, embarazo, migrañas o jaquecas.

TRATAMIENTO

› *Jengibre fresco.* Antes de salir de viaje corta una o dos rodajas de la raíz de jengibre fresco y chúpalas como si fuese un caramelo. No debes masticar ni tragar (este remedio no deben practicarlo embarazadas o personas con úlcera gastroduodenal).

› *Tintura de jengibre.* Este preparado podemos conservarlo durante mucho tiempo para prevenir el mareo, aunque no deben utilizarlo las embarazadas, las mujeres durante la lactancia, personas con hipertensión arterial o úlcera gastroduodenal. Se ralla una raíz de jengibre, se coloca en un tarro con cierre hermético o de rosca, se añade la cantidad suficiente de vodka hasta cubrir el jengibre y se cierra el tarro. Se deja reposar dos semanas, después se filtra y se guarda en un frasco con cuentagotas. Se debe conservar en lugar seco y oscuro. Antes de salir de viaje se añaden 5 gotas a un vaso de agua, se remueve y se toma lentamente.

> *Manzanilla.* Cuando aparecen los primeros síntomas de mareo tomar lentamente una infusión de manzanilla.

> *Frutos secos.* Si los tomamos media hora antes de iniciar el viaje se reduce de forma considerable la posibilidad de mareo.

> *Aspirina en el ombligo.* Para evitar los mareos en los viajes en coche, se coloca una aspirina en el ombligo sujeta con una tirita y se llevan los pies descalzos. También se pueden chupar dos huesos de cereza, oliva o ciruela.

> *Mareos al levantarse.* Si se sufren mareos al levantarse de la cama, conviene practicar el siguiente ejercicio. Colócate sentada en el borde de la cama y haz balanceos muy bruscos a derecha e izquierda, como si te empujaran. Cuando notes que vas a caerte hacia un lado, sujétate con la mano opuesta agarrándote en el borde de la cama. Practica este ejercicio durante 5 minutos todas las mañanas.

PREVENCIÓN

Nunca se debe comer con un tiempo inferior a dos horas antes del desplazamiento. Durante el viaje procura no leer, ni tomar alimentos sólidos. Fija la mirada en puntos lejanos (se desplazan menos), no fumes y respira aire fresco. Si los mareos se producen en casa, en la calle o en la oficina, consulta con tu médico para descartar situaciones de anemia, debilidad, embarazo, etc.

Sabías que...

Si viajas en barco y no quieres marearte debes colocarte en la zona media del barco, que suele ser la que menos movimiento tiene.

[MASAJE FACIAL]

¿QUÉ ES?

En la cara hay más de una treintena de músculos que activamos diariamente dando origen a los gestos, y que participan en la alimentación, articulación de la palabra, así como en la respiración. Debemos tratarlos como al resto de los músculos de nuestro cuerpo, de tal forma que si no les ayudamos a mantenerse «en forma» pueden aparecer arrugas y otras lesiones con mayor rapidez. Por esta razón los músculos de la cara tienen «derecho» también a su masaje, el cual, si se realiza de la forma adecuada, resulta de gran utilidad. Lo ideal es practicarlo, si es posible, todos los días, para asegurar de este modo su equilibrio y vitalidad.

TRATAMIENTO Y PREVENCIÓN

› *Masaje de amasamiento.* Es como amasar harina. Resulta útil para que los productos que situamos en la piel penetren en su interior y para relajar aquellas zonas que se encuentren más tensas o agarrotadas.

› *Masaje por deslizamiento.* Ayuda a facilitar el deslizamiento de las diferentes capas de la piel y tejidos subyacentes. También colabora a que los productos dispuestos sobre la piel penetren en su interior. Se practica sobre todo en zonas cercanas a los huesos como las sienes, la frente, el maxilar inferior o mandíbula y los pómulos.

> *Masaje por pinzamiento.* Es particularmente interesante en las zonas de la cara y cuello donde la piel se encuentra casi pegada al hueso (sienes, pómulos, ángulos de la mandíbula, laringe o «nuez»). Con este tipo de masaje se mejora la circulación de la sangre en esas zonas.

> *Dirección del masaje.* A la hora de estimular los músculos y piel de la cara hay que seguir la dirección más apropiada para cada músculo. En la frente y sienes se hace de abajo arriba; en los ojos se practicará en círculos; en la nariz, hacia abajo por las aletas de la nariz y luego hacia fuera transversalmente, hasta alcanzar los pómulos; en la boca el masaje debe ser circular alrededor de los labios y luego, desde las comisuras labiales seguir transversalmente hacia fuera, casi hasta la porción ascendente de la mandíbula; en el mentón seguiremos un trayecto descendente.

> *Normas generales del buen masaje facial:* nunca hay que apretar demasiado, sólo hay que ejercer una ligera presión que movilice la zona y permita una mejor circulación de la sangre; emplear sólo las yemas de los dedos (una o dos de acuerdo con la extensión de la zona); al ir por zonas, en algunos casos la yema de un dedo sujeta el inicio de la zona a tratar y la otra practica el masaje; es bueno ayudarse de alguna crema, aceite de oliva virgen, aceite de germen de trigo o similar, pero sólo unas gotas que además de ayudarnos a practicar el masaje también nutrirán las zonas masajeadas; en zonas con arrugas hay que insistir mucho en maniobras de estiramiento de la piel, sobre todo en el sentido en el que desaparece la arruga, generalmente tirando con las yemas de los dedos hacia arriba y abajo; al finalizar el masaje eliminar la crema sobrante con un algodón.

> *Evita el exceso de cosméticos* en la piel de la cara y cuello ya que con ello la respiración de esta zona se ve reducida y la piel se resiente. En este mismo sentido un buen masaje debe acompañarse de una buena limpieza de la cara.

Sabías que...

La práctica del masaje facial es la mejor forma de revitalizar la piel, tejido conectivo y músculos de la cara, dotándoles de una mayor vitalidad y equilibrio, al tiempo que colabora en la eliminación o, como mínimo, la atenuación de las arrugas.

[MASCARILLA FACIAL]

¿QUÉ ES?

Las mascarillas faciales suponen el mejor aliado de la piel de la cara y el cuello, ya que gracias a ellas podemos eliminar todos los residuos de cosméticos, contaminantes atmosféricos y pequeñas lesiones que se hayan depositado o formado en la cara, además de asegurarles una buena alimentación y equilibrio. Su aplicación debería ser casi diaria ya que la contaminación de esta zona también lo es. Puesto que requieren tiempo, lo mejor es utilizarlas durante la noche. Las más útiles son aquellas que están elaboradas con productos naturales y en particular sustancias apropiadas para cada tipo de piel y en función de los objetivos que perseguimos en cada momento. Te proponemos diferentes tipos para que elijas el que consideres más apropiado a tus características y necesidades.

TRATAMIENTO Y PREVENCIÓN

› **Mascarillas limpiadoras de arcilla.** Es una de las sustancias con mayor capacidad limpiadora. Puede emplearse la de color blanco, rojo o verde. Sus efectos son de dos tipos y duraderos: por una parte extrae sustancias residuales y restos orgánicos y por otro lado aporta minerales muy útiles para la piel, además de poseer un notable efecto antiséptico. Por sus efectos suele aplicarse en pieles grasas o aquellas que tienen problemas como el acné, seborrea y granos diversos. Su elaboración es muy sencilla: se mezclan varias cucharadas de arcilla con media de aceite de oliva virgen y zumo o infusión de un producto natural, según el tipo de piel, removiendo hasta formar una especie de puré. Para pieles secas, se utiliza el aguacate, melocotón, melón o pera. En caso de pieles grasas lo ideal es la levadura de cerveza, pepino, limón o yogur. Si la piel es normal utilizar zanahoria, miel, yogur o pepino. Una vez elaborada la pasta se aplica sobre la cara una capa muy fina y se permite que actúe durante 20 minutos. Luego se limpia con agua tibia.

> *Mascarillas reafirmantes.* Son muy útiles para dar firmeza y tersura a la piel colgante. Suelen utilizarse para ello la decocción de hojas de arándano, encina o avellano, o bien cataplasmas de tomate y naranja.

> *Mascarillas emolientes.* Ayudan a cicatrizar la piel y restaurar los tejidos lesionados por el sol, el frío, la contaminación... Para ello suele utilizarse una mezcla de miel con una infusión de malva o avena bien mezcladas. Como siempre se aplica una capa fina sobre la piel de la cara y cuello, se deja reposar durante media hora y se aclara con agua tibia.

> *Mascarillas estimulantes.* Utilizadas sobre todo en caso de piel pálida o débil. Se basan en el empleo de infusiones de romero, salvia o zumo de arándano.

> *Mascarilla de yogur.* Es muy útil para todo tipo de piel y es suficiente con mezclar, a partes iguales, un yogur natural con agua caliente.

> *Mascarilla de aguacate.* El aguacate es uno de los mejores aliados de la piel por contener muchos elementos nutritivos para sus células. Se corta un aguacate, se quita la pulpa, se aplasta hasta conseguir una pasta cremosa y se añaden unas gotas de aceite de oliva virgen. Se aplica sobre la cara y cuello directamente con los dedos o utilizando una pequeña espátula. Se deja actuar durante 30 minutos. Después, se elimina con agua tibia. Es suficiente con aplicar esta mascarilla 2 veces por semana.

› **Mascarilla de avena.** Esta mascarilla también es apta para todo tipo de piel y una de las más utilizadas por los beneficiosos efectos de la avena, sobre todo para rejuvenecer la piel. Para realizarla se emplea harina integral de avena o bien el caldo de cocción de copos de avena. En ambos casos, tras la cocción y filtrado del líquido resultante, se coloca sobre la cara y se espera media hora antes de eliminar con agua tibia.

› **Mascarilla de levadura de cerveza.** Este producto es muy rico en vitaminas, proteínas y minerales. Basta con mezclar levadura en polvo con un poco de agua caliente para elaborar una pasta ideal para pieles secas (añadiéndole un poco de aguacate aplastado) y pieles grasas (junto con un poco de huevo entero también aplastado).

› **Mascarilla de plátano y avena.** Esta mascarilla se encuentra especialmente indicada para cutis deshidratados, envejecidos e incluso con pequeñas manchas. Se pela un plátano pequeño muy maduro y se machaca hasta formar una pasta. Se vierte sobre la pasta una cucharadita de miel y medio puñado de harina de avena. Se mezcla con un tenedor hasta formar una pasta homogénea. Se aplica la pasta sobre la piel formando círculos, se deja actuar durante 15 minutos y se elimina con la ayuda de agua tibia.

› **Mascarilla de miel.** También muy nutritiva, aporta un notable vigor y fortaleza a la piel. Hay que prepararla al baño María añadiendo, antes de aplicarla sobre la cara, un poco de agua caliente. Al extenderla sobre la cara debemos utilizar el masaje facial para conseguir mejores efectos.

› **Mascarilla de limón y aguacate.** Ideal para las pieles mixtas, aquellas que son grasas en nariz, frente y barbilla, y secas en el resto de la cara. Para elaborarla basta con aplastar la pulpa de un aguacate, mezclarla con la clara de un huevo a punto de nieve y, una vez formada una pasta homogénea, añadir una cucharada de zumo de limón. Con ella se eliminarán la grasa y los brillos que inundan la piel.

› *Mascarilla de yogur y miel.* Los componentes de esta mascarilla forman una pequeña película sobre la piel evitando su deshidratación. Se mezcla en un plato hondo o cazuela pequeña un yogur natural, una yema de huevo y media cucharadita de miel. Cuando se forme una pasta homogénea, se extiende sobre la piel de la cara, cuello y hombros. Se deja que actúe durante 30 minutos y después se elimina la mascarilla con abundante agua tibia. Esta crema puede utilizarse en días alternos.

› *Mascarilla hidratante de huevo y miel.* Esta crema posee notables y rápidos efectos hidratantes. Se mezcla media cucharadita de miel y la yema de un huevo, con un tenedor, sin batir, hasta formar una crema. Se aplica la crema sobre la piel de la cara, cuello y hombros y se deja actuar durante 20 minutos. Se elimina la crema utilizando abundante agua tibia. Puede utilizarse en días alternos, aunque una vez a la semana ya proporciona algunos beneficios.

› *Mascarilla de plátano.* Esta fruta tiene numerosas aplicaciones para la salud, no en vano contiene elementos tan preciados como vitaminas, sobre todo C, betacarotenos, ácido fólico, potasio, magnesio y fósforo. Para la piel de la cara y el cuello resulta muy útil por sus efectos revitalizantes y relajantes: se pela un plátano, se aplasta la masa hasta que resulte más cremosa y se aplica con los dedos sobre la piel. Puede hacerse una vez por semana.

SABÍAS QUE...

La piel de la cara cambia en su totalidad cada dos semanas. Con este ritmo tan elevado de recambio debemos nutrir bien sus células con las mascarillas propuestas.

[MENARQUIA (primera regla)]

¿QUÉ ES?

La menarquia es la primera regla de la mujer que suele producirse entre los 11 y 14 años de edad, aunque hay una gran variación de unos países a otros y de unos climas a otros (en los calurosos antes y en los fríos después). La primera menstruación suele presentar notables molestias que afectan a la región abdominal y genital, además de un «impacto» psicológico. No suele ofrecer síntomas previos antes de aparecer, aunque puede sospecharse en caso de pesadez e hinchazón en la región genital durante los días anteriores. En ocasiones hay dolor abdominal durante varios días, hinchazón e incluso palidez. Esta circunstancia puede indicarnos que la menstruación se ha producido, pero la sangre no sale al exterior porque el himen cierra por completo la vagina. Hay que consultar con el ginecólogo.

TRATAMIENTO

› *Champiñones y otras setas.* Después de la primera menstruación sería aconsejable que las niñas tomaran con cierta frecuencia champiñones y otras setas en las comidas, ya que contienen dos sustancias, cinc y cobre, que ayudan de forma notable al equilibrio de las funciones menstruales y hormonales.

› *Hojas de laurel y miel.* Utilizaremos cuatro hojas de laurel y una cucharada de miel. Se pone a hervir medio litro de agua y se echan las hojas de laurel. Se deja cocer 5 minutos y reposar otros 2. Se le añade una cucharada de miel, se mezcla bien y, finalmente, se cuela. Se bebe como una infusión las veces que se quiera. Este remedio es muy útil para hacer frente a los dolores de la menstruación a cualquier edad.

> ***Para regular la regla.*** Durante los primeros meses la regla suele ser muy irregular. Podemos normalizarla si tomamos infusiones de milenrama en ayunas durante 8 días antes de la fecha de inicio de la menstruación y hasta que finalice el flujo menstrual. Hay que tomar una sola infusión al día. Otro sistema consiste en beber infusiones de albahaca (una cucharadita de la planta por cada taza de agua hirviendo), 3 tazas al día durante no más de dos días.

> ***Para reducir los dolores menstruales.*** Las primeras menstruaciones suelen ser muy dolorosas. Para aliviar los síntomas se puede tomar durante esos días 2-3 platos de maíz con cebolla: cortar en tiras una cebolla mediana, calentarla en 2 cucharadas de aceite de oliva (saltear), añadir 3 cucharadas de salsa de soja y una taza de agua, cocer durante 15 minutos, agregar 2 tazas de maíz y cocer 15 minutos más, hasta que el maíz se encuentre tierno.

> ***Molestias menstruales.*** La irritabilidad, el malestar general e incluso los dolores de cabeza, pueden aliviarse si tomamos 3 infusiones diarias de matricaria y primavera. Para elaborarlas sólo es necesario mezclar a partes iguales ambas plantas, guardarlas en un tarro y añadir una cucharada de la mezcla por cada infusión.

> ***Crema de anises y azúcar.*** Emplearemos dos cucharadas de anises, una cucharada de manteca o mantequilla y dos de azúcar. Para preparar la crema se cuecen los anises en una cazuela con medio litro de agua. En otra cazuela se requema el azúcar y, cuando esté a punto de caramelo, se le añade el agua de anises. Una vez todo disuelto se añade la mantequilla. Beber el líquido cuando se tenga dolor, si se quiere, varias veces al día.

Prevención

El calor local aplicado sobre la región genital con una botella de agua caliente o una bolsa de agua proporciona una gran relajación a la musculatura de esta zona y reduce el dolor de forma significativa.

Sabías que...

La edad de aparición de la menarquia varía mucho de unos países a otros y de unas razas con otras. En general en los países cálidos la menarquia es más temprana (11-12 años) que en los países fríos (13-14 años).

[MENOPAUSIA]

¿QUÉ ES?

La menopausia representa un período típico del ciclo vital de la mujer adulta que se presenta entre los 45-50 años, aunque puede tener su inicio en edades anteriores o posteriores, siempre con una estrecha relación con los antecedentes familiares. Con la llegada de la menopausia, las hormonas sexuales femeninas y en particular los estrógenos, desaparecen lentamente del organismo, razón por la cual aparecen cambios tan profundos como la desaparición del ciclo menstrual y la ovulación. Junto a ellos el hueso, los vasos sanguíneos o el corazón quedan desprotegidos por la falta de estrógenos y puede darse una mayor falta de calcio en el hueso (apareciendo la osteoporosis) o un mayor depósito de «grasa» en las arterias (aumenta la tensión arterial y el riesgo de infarto de miocardio y enfermedades cardiovasculares). En función de la rapidez con la que desaparecen los estrógenos los síntomas de la menopausia como sofocos, irritabilidad, cambios de humor, sequedad en la piel y vagina, alteraciones del apetito, dolores de cabeza, etc., pueden ser más o menos intensos.

Véase *Sexualidad y menopausia* y el capítulo *Conocer y superar la menopausia*.

TRATAMIENTO

› *Aceite de ciprés.* Una o dos veces por semana aprovecha el baño para aplicar este aceite por el cuerpo. Basta con mezclar en un vaso pequeño o huevera tres cucharadas de aceite de soja con cuatro gotas de aceite de ciprés. Se mezcla bien y, después del baño se aplica por todo el cuerpo, sobre todo en el tórax y abdomen.

› **Baños nocturnos de agua templada.** Para evitar las molestias que puedan aparecer, sobre todo por la noche y que impiden el sueño, tomar un baño de agua templada durante diez minutos.

› **Infusiones de zarzaparrilla.** Todos los días, a la hora de comer, toma una infusión de esta planta en lugar de agua. Sólo debes tomar una taza al día ya que con esta cantidad es más que suficiente para colaborar a reducir los sofocos.

› **Ensaladas con soja.** Tres o cuatro veces por semana añade a tus ensaladas o platos similares un poco de soja. Este alimento incluye en su composición los llamados fitoestrógenos, sustancias parecidas a los estrógenos que desaparecen en la menopausia. Con la soja los sustituimos parcialmente y la «caída» es más lenta, con lo que los síntomas se reducen. No conviene usar con frecuencia este remedio, del mismo modo que no es aconsejable en caso de embarazo o lactancia. Se puede tomar soja en todas sus variedades: leche de soja, tofu o queso de soja, tempeh, brotes de soja o miso. Las japonesas que toman mucha soja en todas sus presentaciones, alimentos que forman parte de la dieta tradicional de muchos países orientales, apenas conocen los sofocos ni demás trastornos de la menopausia. También hay cápsulas y comprimidos de soja disponibles en las herboristerías y algunas farmacias.

› **Limonada de apio y perejil.** Cortar un limón en 3-4 trozos y ponerlo a calentar a fuego lento en dos litros de agua, junto con dos ramitas de apio y un puñado de perejil. Cuando el líquido se reduzca a la mitad de su volumen, se apaga el fuego, se cuela y se toma a lo largo del día, fuera de las comidas. Hay que practicar este remedio durante nueve días.

› **Mucha vitamina E.** La vitamina E colabora a disminuir la pérdida de estrógenos y con ello atenúa los síntomas de la menopausia. Todos los días toma algunos alimentos con este tipo de vitamina como es el caso de los frutos secos en general (sobre todo cacahuetes, nueces, almendras), alimentos integrales (pan), cereales y mucho germen de trigo.

› **Infusiones de salvia.** Ayuda particularmente a evitar los sudores nocturnos y otros síntomas que no nos permiten conciliar el sueño. Toma todos los días antes de acostarte una infusión de esta planta.

› **Perlas de onagra y borraja.** Los aceites de onagra y borraja, presentados también en perlas en las herboristerías, son de gran ayuda por los efectos que ejercen sobre el sistema hormonal de la mujer. Muchos ginecólogos de Francia y Alemania los utilizan muy a menudo con sus pacientes como terapia hormonal sustitutoria, ya que son plantas que contienen fitoestrógenos.

› **Ácidos grasos omega-3.** Incluirlos en la dieta habitual, ya que supone protección vascular y neurológica.

› **Hipérico o hierba de san Juan.** Es muy beneficioso para los estados de tristeza, depresión y cambios de humor que pueden ocurrir durante esta etapa de la vida de la mujer. Antes de tomar hipérico se debe consultar con el médico si se está a tratamiento con antidepresivos, ansiolíticos, somníferos, o si recientemente se ha realizado un transplante y se están tomando inmunodepresores.

PREVENCIÓN

Siempre que se aproxime el período de la menopausia conviene consultar con el ginecólogo para adaptar en cada caso las medidas terapéuticas más convenientes que a la larga serán muy positivas, no sólo para evitar las molestias de este período, si no para conservar mejor los huesos y el corazón. Hay que fomentar una dieta muy rica en frutas, verduras, hortalizas, leche y derivados para conservar en buen estado el corazón y las arterias, ya que en edades anteriores a la menopausia los problemas de estos órganos resultan más frecuentes y graves en los hombres, pero después de ella lo son en las mujeres. Por supuesto la actividad física aeróbica (que el corazón trabaje en torno a 120 pulsaciones por minuto) es indispensable para mantener la integridad de los huesos y articulaciones. Durante este período de la vida procura no tomar alcohol, café, tabaco y controla el estrés.

Sabías que...

Después de la menopausia en el organismo de la mujer todavía existen unas pequeñas cantidades de hormonas masculinas que son las que favorecen la aparición de mayor cantidad de vello y la distribución de grasa a la manera masculina.

[MENSTRUACIÓN]

¿QUÉ ES?

La menstruación es el proceso fisiológico regular (cada 28 días) mediante el cual el útero expulsa al exterior el óvulo liberado por el ovario y no fecundado, junto con una parte del endometrio o capa interna del útero que ha proliferado como «un nido» por si se produjera la fecundación. La pérdida de parte del endometrio se debe a la estrangulación de pequeñas arterias que se rompen y por eso los restos de tejidos se acompañan de flujo sanguíneo. La pérdida de sangre puede dar lugar a pequeñas anemias que se traducen en cansancio, debilidad, palpitaciones e incluso dolores de cabeza. Además de estas molestias también se aprecia durante estos días dolor en la región genital y vientre, pérdida de apetito, cierta irritabilidad e hinchazón por retención de líquidos. Los síntomas o la cantidad de sangrado varían mucho de una mujer a otra, al igual que la duración del ciclo y su frecuencia.

Véanse también *Dolor menstrual*, *Síndrome premenstrual* y *Menarquia (primera regla)*.

TRATAMIENTO

› **Baños de asiento calientes y fríos.** Todos los días de la menstruación, por la mañana y por la noche, practica en el bidé este tipo de baños para lo cual sólo tienes que llenar el recipiente con agua ligeramente caliente, sentarte durante 2-3 minutos y luego abrir el agua fría para que baje la temperatura, permaneciendo de este modo otros 2 minutos. Este remedio tiene notables efectos analgésicos, contra el dolor.

> *Infusión de hojas de frambuesa.* Son también de gran utilidad para calmar el dolor. Puedes tomar 2-3 de estas infusiones al día, en función de la mayor o menor presencia de dolor.

> *Acupresión en vértebras lumbares.* Para aliviar el dolor, la sensación de pesadez o presión, también podemos recurrir a presionar, con la yema de los dedos pulgares, a ambos lados de las vértebras lumbares, de arriba abajo y en ambos lados a la vez. Con esta maniobra se pretende una cierta relajación de los músculos pélvicos y del periné (región genital).

> *Magnesio.* Es bueno aportar al organismo una mayor cantidad de este mineral para aliviar los síntomas orgánicos propios de la menstruación. Para ello consume muchas verduras, cereales integrales (desayuna con *muesli*) y pan integral.

> *Lácteos y derivados.* Evítalos especialmente, ya que las hormonas que pueden contener es posible que sean la causa de tu propia alteración hormonal, que puede ser el origen de tus desarreglos.

> *Practica ejercicios suaves* para relajar los músculos y liberar tensiones. Los más indicados son pasear, caminar, nadar, yoga, ejercicios respiratorios, etc.

> *Infusión de milenrama.* Es un gran aliado frente al dolor. Para prepararlo basta con una cucharadita de la planta por taza de agua caliente. Sus efectos son casi inmediatos.

> *Infusión de manzanilla.* remedio muy antiguo que da resultado a muchas mujeres. Sus efectos son más intensos si tomas una de estas infusiones después de cada una de las comidas importantes del día.

PREVENCIÓN

Durante los días previos a la menstruación es importante no abusar de los líquidos, no tomar ajo (es anticoagulante y puede incrementar el sangrado), distribuir la comida del día en un mayor número de tomas (5-6) y tomar alimentos ricos en hierro (verduras y hortalizas de hoja verde, carne de ternera, vísceras). En los días propios de la menstruación calmará los síntomas una alimentación rica en vitamina B como es el caso de los cereales, huevos y pescado. Hay que evitar el café, tabaco, alcohol y bebidas con cola durante estos días, así como el consumo de grasa de origen animal, sal y dulces, incluida la miel.

SABÍAS QUE...

La variabilidad es tal en la menstruación que hay mujeres que el ciclo menstrual les dura 40 días en lugar de 28; en otras la menstruación se prolonga por una semana y en algunos casos sólo se presentan 6-7 menstruaciones al año.

[MENSTRUACIÓN IRREGULAR]

¿QUÉ ES?

Entendemos por menstruación irregular aquellas situaciones en las que el ciclo menstrual no tiene una duración fija, de tal manera que unas veces la menstruación se produce a los 30 días, otros a los 40, 50 o 60 días. Esta irregularidad es muy frecuente durante los primeros meses tras la menarquia (primera menstruación), incluso durante algunos años. Casi siempre se regulariza con el primer embarazo. La mayor parte de los casos tienen su origen en pequeñas alteraciones hormonales que hacen que la cantidad de hormonas liberadas no sean, a veces, suficientes para provocar la menstruación a tiempo.

TRATAMIENTO Y PREVENCIÓN

› *Jarabe de raíz de remolacha.* Se cogen unas remolachas frescas de tamaño mediano y se hierven hasta que se encuentren muy tiernas. Seguidamente se sacan las remolachas de la cazuela u olla y se deja el líquido hirviendo hasta que adquiera el aspecto de jarabe. Se guarda el líquido en una botella y se toma a razón de cuatro tazas al día durante los días que en teoría se debería producir la menstruación hasta conseguir cierta normalidad.

› *Infusión de bola de nieve.* Esta planta tipo arbusto también nos puede ayudar, sobre todo si se toma con cierta regularidad. Para ello debemos tomar tres tazas al día de una infusión de 15 gramos de corteza por litro de agua hirviendo. Transcurrido este tiempo dejamos reposar el líquido 10 minutos, lo colamos y lo guardamos en una botella. Hay que tomarlo durante los días que corresponden, por calendario, a la menstruación, empezando 5-6 días antes.

> *Infusión de romero.* Elaborada con una cucharada de las hojas o flores de la planta por cada litro de agua. Tomar 2-3 tazas al día durante los días correspondientes a la menstruación, empezando 5-6 días antes. Este remedio no debe aplicarse en caso de padecer algún tipo de dermatitis.

> *Infusión de milenrama.* Este remedio es muy efectivo en los casos de menstruaciones irregulares durante los primeros meses tras la menarquia. Debemos tomar una infusión diaria durante los diez días anteriores a la fecha prevista y hasta el final de la menstruación.

> *Ensalada de zanahoria y sésamo.* Se cortan 3-4 zanahorias medianas en tiras y se ponen en agua hirviendo durante 5 minutos. Cuando están un poco tiernas, se sacan a un plato, se añaden dos cucharadas de sésamo, una cucharadita de perejil bien picado y otra de vinagre. Se toma esta ensalada una o dos veces por semana.

Sabías que...

La menstruación irregular es una de las primeras causas de infertilidad en la mujer.

[MIGRAÑAS]

¿QUÉ ES?

La migraña se caracteriza por un intenso dolor de cabeza que afecta casi siempre a una parte de la cabeza (mitad derecha o mitad izquierda) y que se acompaña de náuseas, vómitos e incluso alteraciones visuales. Su origen no es bien conocido aunque parece relacionarse con alteraciones de la llegada de la sangre a la cabeza o de los músculos de esta zona. Ambas situaciones pueden ser el resultado de factores como el cansancio, consumo de alcohol, estrés, menstruación, cambios bruscos del tiempo atmosférico, consumo de vino o chocolate... Cada persona tiene sus propios agentes que le facilitan la migraña. En España esta enfermedad afecta a casi cuatro millones de personas y su evolución es muy variable. A veces desaparece en meses y otras tarda años. El dolor puede abarcar unas horas e incluso varios días.

Véase también *Dolor de cabeza*.

TRATAMIENTO

› *Aislamiento y descanso.* Cuando sientas los primeros síntomas de dolor migrañoso o crees que se acerca una crisis, trasládate a una habitación silenciosa y a oscuras, cierra los ojos y practica amplias respiraciones, profundas, relajándote lo más posible.

› *Infusiones de caléndula.* Se hierve un puñado de hojas de esta planta en un cuarto de litro de agua durante 2-3 minutos. Se apaga el fuego, se cuela el líquido y se toma lentamente. Se recomiendan dos tazas al día para combatir los síntomas.

> **Aceite de espliego.** Para combatir el dolor de la migraña puede ser útil aplicar aceite de espliego en las sienes realizando un pequeño masaje a modo de círculos. Puedes practicarlo 2-3 veces al día hasta conseguir aliviar el dolor.

> **Infusión de jengibre.** Se encuentra especialmente indicada para eliminar los síntomas que acompañan a las migrañas como es el caso de las náuseas y vómitos. Hay que utilizar una infusión suave de jengibre (media cucharadita por cada taza de agua hirviendo) y usar 2-3 tazas al día según los síntomas. Este remedio no debe practicarse en caso de embarazo, hipertensión arterial o úlcera gástrica.

> **Compresa de huevo y azafrán.** El azafrán, además de un peculiar sabor, también tiene ciertos efectos analgésicos. Para realizar este remedio, se baten 2-3 claras de huevo a punto de nieve y luego se añaden 5-6 estigmas de azafrán. Se remueve abundantemente y luego se extiende la pasta sobre una compresa que se coloca en la frente mientras se descansa con los ojos cerrados. Se puede practicar este remedio las veces que se necesite.

> **Infusiones calmantes y relajantes.** Son de gran ayuda para eliminar el dolor y otras molestias que acompañan a las migrañas. Entre las más eficaces podemos encontrar las infusiones de romero, tila, manzanilla o verbena.

> **Hojas de menta.** Al igual que la compresa de clara de huevo con azafrán, la menta consigue relajarnos y a la vez producir ciertos efectos analgésicos. Para ello debemos mantener unos minutos un puñado de hojas de menta en agua para humedecerlas bien. Luego las colocamos en la frente y cerramos los ojos procurando cierto descanso.

› **Infusión de espliego.** Los ingredientes del espliego poseen notables efectos relajantes. Para realizar la infusión basta con una cucharadita de esta planta (flores, hojas o tallos) que se añade a una taza de agua hirviendo. Se deja reposar diez minutos, se cuela y se toma.

› **Cataplasma de cebolla.** Se ralla bien la mitad de una cebolla mediana sin piel y con la ayuda de una gasa o compresa se coloca sobre la zona aquejada por el dolor. Se deja la cataplasma treinta minutos y luego se sustituye por una compresa o gasa caliente.

› **Masaje perióstico.** Los huesos se encuentran recubiertos por una capa muy fina de tejido conjuntivo que llamamos periostio (algo así como «una bolsa de plástico»). Cuando se masajea esta zona del hueso se pueden relajar los músculos y producir efectos calmantes. Para la migraña este masaje se debe practicar en las sienes y frente, siempre con los nudillos de la primera y segunda falange de los dedos, durante 2-3 minutos. Al efectuarlo, produce algo de dolor, pero presenta notables efectos.

Prevención

Conviene utilizar alimentos ricos en magnesio como los frutos secos, cereales integrales y pan integral. Se debe evitar el consumo de frituras, queso, dulces, grasa de origen animal, chocolate, alcohol, tabaco, té o café y reducir los factores que puedan generar estrés, nerviosismo, estreñimiento, o los cambios en los horarios de sueño.

Sabías que...

Hay personas que sufren migraña y, tal y como sucede en la epilepsia mayor, tienen un «aura» con determinadas sensaciones que les indican que la migraña está próxima a aparecer.

[MIOMAS Y FIBROMAS]

¿QUÉ SON?

Los miomas y fibromas son formaciones tumorales, unas veces de origen muscular y otras de origen fibroso, generalmente benignas que suelen aparecer en el útero.

La complicación más frecuente suele ser el dolor que generalmente es provocado porque estas formaciones ocupan un lugar que no les corresponde. Otras complicaciones más frecuentes en los miomas suelen ser las hemorragias, también la compresión de órganos vecinos dependiendo del tamaño del mioma.

TRATAMIENTO

Para tratar los miomas o fibromas te proponemos el siguiente tratamiento completo:

› *Infusiones de zarzaparrilla.* Tomar dos infusiones de zarzaparrilla más condurango; una en ayunas y otra antes de cenar.

› *Preparar en la licuadora un zumo* a base de col, perejil, manzana y zanahoria.

› *Germen de trigo.* Tomar 2 comprimidos de aceite de germen de trigo o una cucharada según el caso antes de comer y de cenar, así como también 2 cápsulas de levadura de cerveza en la comida y en la cena o una cucharada sopera según el caso, y tomar dos perlas de ajo en el desayuno y en la comida.

› *No se deben consumir productos lácteos ni derivados.* Prescindiremos de dulces, azúcar, bollería, chocolatería, cacao soluble o cualquier producto dulce industrial.

› *Cada 10 días* harás una cura de peras, podrás tomar las que desees.

› *A las noches,* tomarás 2 mandarinas antes de cenar y tomarás lechuga en la cena, se tomará abundante fruta antes de las comidas, nunca después, y preferentemente naranjas o limones.

› *Dos horas antes de ir a la cama* ponte una cataplasma de arcilla de 2 centímetros de espesor directamente en el vientre, templada o fría, desde el ombligo hasta la línea del pelo púbico, 1 centímetro por debajo de éste (2 horas mínimo).

› *Calabacines y ron.* Compra 12 o 14 calabacines amarillos (los maduros), dales un corte en un extremo y vacía cuidadosamente la pulpa de su interior. Se llenan de un buen ron blanco, se tapan con el extremo cortado sujetándolo con un paño y se guardan durante 5 días en el frigorífico. A los 5 días se rellenan de nuevo y se vuelven a guardar en el frigorífico, de pie, durante 10 días más. Se toma un chupito antes de comer y un chupito antes de cenar.

› *Prohibido* tomar: alcohol, tabaco, té, café, salsas. Carnes de: cerdo, cabrito, cordero, buey, pato, caza, potro o cualquier derivado de estas carnes, la piel del pollo o pavo. Mariscos, moluscos, caviar o sucedáneos. Alimentos ahumados. Quesos curados. Pescado congelado. Caldos de animales o de sus huesos. Bebidas gasificadas excepto aguas minerales. Vinagre, pimienta, sal que no sea marina.

› *Mandarinas.* Está comprobado que el consumo habitual de mandarinas reduce el riesgo de la formación de quistes ováricos.

Sabías que...

La mayor parte de los miomas no tienen grandes problemas
para la salud, aunque, eso sí, dificultan el embarazo. Cuando se diagnostican lo mejor es vigilarlos en su crecimiento
y, si llega el caso, extirparlos.

[NÁUSEAS]

¿Qué son?

Las náuseas consisten en una sensación muy desagradable que supone malestar gástrico, suelen preceder al vómito y se acompañan de abundante producción de saliva, palidez y malestar general. Las causas más frecuentes de náuseas son las irritaciones del estómago, vesícula biliar o intestino delgado, así como las alteraciones del oído (otitis, irritación por desplazamiento o mareo) y los estados de agitación nerviosa (ansiedad, angustia, nerviosismo) o dolor de origen nervioso (jaquecas, migrañas). Lo fundamental en el caso de que las náuseas se repitan es conocer su causa para tratar la enfermedad que las produce. Mientras tanto podemos recurrir a ciertos remedios muy efectivos.

Tratamiento

› **Desayuno ligero pero energético.** Con frecuencia se sufren náuseas a lo largo del día y en particular durante las primeras horas después de levantarnos. Para evitarlas conviene tomar con tranquilidad un desayuno que eleve la glucosa en la sangre (muchas veces se encuentra baja y favorece las náuseas), como es el caso de unas galletas y un zumo o un yogur (de soja o similar) con un poco de miel o azúcar.

› **Ayuno.** En el caso de las náuseas que aparecen durante el día o que pueden ser consecuencia de un exceso alimenticio que las facilita, mantener un pequeño ayuno de varias horas o medio día. En particular no se debe tomar leche o derivados ya que «cuesta» digerirlos en el aparato digestivo.

› *Infusiones de manzanilla o estragón.* Son algunas de las muchas plantas que pueden eliminar las náuseas. Se prepara una infusión con media cucharadita de cualquiera de las citadas plantas y se toma lentamente.

› *Compota de manzana y yogur.* Si presentas náuseas con frecuencia realiza un pequeño ayuno durante dos días en los que las únicas comidas del día serán compota de manzanas y yogur natural con un poco de miel.

› *Compresas frías y calientes.* Éste es también un remedio eficaz frente a las náuseas de origen abdominal (problemas de tipo digestivo). Alternativamente y durante unos minutos coloca sobre el abdomen compresas calientes (1 minuto) y frías (medio minuto).

› *Aceitunas.* Si las náuseas se acompañan de abundante salivación toma 3-4 aceitunas. Contienen unas sustancias denominadas taninos que colaboran a reducir la salivación y con ello la sensación de náuseas.

› *Náuseas en el embarazo.* Este tipo de náuseas suele presentarse por las mañanas y particularmente durante los tres primeros meses de gestación, aunque en algunos casos se prolonga un poco más allá en el tiempo. Te aconsejamos realizar un desayuno ligero a base de un par de galletas y un zumo o yogur de soja con un poco de miel. A menudo las náuseas del embarazo se deben a una falta de zinc, ya que el feto absorbe mucho este oligoelemento. Para solucionar las náuseas debidas a una carencia de zinc, se recomienda tomar pepino con perejil en ensalada.

Prevención

Evitar las irritaciones del estómago, vesícula biliar o intestino delgado provocadas por el consumo de alcohol, tabaco, café, grandes cantidades de comida, abundancia de grasa, picantes o especias en la comida. Prevenir el mareo antes de un desplazamiento y tratar adecuadamente o prevenir los estados de tensión nerviosa que favorecen la aparición de estrés, ansiedad, migrañas, jaquecas, nerviosismo...

Sabías que...

En personas con edad avanzada, enfermedades del corazón, hipertensión arterial o diabetes descontrolada, entre otras, las náuseas pueden ser el único síntoma de una angina de pecho o un infarto de miocardio.

[NERVIOSISMO]

¿QUÉ ES?

Las situaciones de nerviosismo se caracterizan por inquietud e ideas fijas que se acompañan de elevación de tensión arterial, taquicardia, sofocos y movimientos de repetición. Sus causas más frecuentes son situaciones de trabajo agotador, la angustia, estrés, impacto emocional, noticias o vivencias negativas (aunque también las informaciones muy deseadas pueden provocarlo) y también situaciones como la menopausia o climaterio, la propia menstruación o tratamientos médicos y algunas plantas (ginseng).

TRATAMIENTO

› *Caldo de manzana salada.* Además de resultar un plato delicioso, es uno de los remedios más eficaces contra el nerviosismo. Los ingredientes de la manzana, entre ellos el fósforo, facilitan la relajación del sistema nervioso. Basta con limpiar y pelar dos manzanas medianas. Luego, se licúan o bien se rallan muy fino. Seguidamente se introduce el líquido en una cazuela y se calienta hasta alcanzar el punto de ebullición. Se añade una pizca de sal gorda, removemos y dejamos reposar unos minutos. Se toma ligeramente caliente. Puede repetirse, si se desea, dos o tres veces al día.

› *Baño con espliego.* Se añaden al agua caliente del baño dos puñados de flores de espliego. Se dejan actuar durante quince minutos y luego se retiran. Luego, se entra en el agua y se permanece en ella durante otros quince minutos. Puedes conseguir el mismo efecto realizando una infusión concentrada de espliego (dos puñados de flores por medio litro de agua) y añadirlo luego al baño. El espliego posee notables efectos relajantes y calma el estado de ánimo.

> *Infusión de melisa.* Cuando notes cierto nerviosismo, toma una infusión de melisa realizada con una cucharadita de esta planta por cada taza de agua caliente. Es un remedio casi infalible que puedes repetir varias veces al día.

> *Mandarina como fruta.* En épocas de nerviosismo toma todos los días varias mandarinas. Es sabido que contienen ciertos elementos como el bromo que ayudan a equilibrar la actividad del sistema nervioso en general y las situaciones de nerviosismo en particular.

> *Agua caliente con azahar.* En uno o varios lugares de tu hogar e incluso en la oficina coloca un recipiente con agua caliente y añade una cucharadita de flores de azahar. Desprenden un aroma con eficaces efectos relajantes.

> *Infusión de salvia.* En situaciones de nerviosismo intenso te aconsejamos beber dos tazas al día de esta infusión junto a cada una de las comidas importantes del día. Ayuda a equilibrar el sistema nervioso. Este remedio no debe ser practicado en caso de embarazo, lactancia, epilepsia, insuficiencia renal o tratamientos con estrógenos.

> *Apio crudo.* Incluye en las ensaladas u otras comidas del día un poco de apio crudo para que se equilibre tu sistema nervioso. Además de ser un buen alimento que fortalece tus encías, conseguirás tener «nervios de acero».

> *Infusión de lechuga.* Aunque parezca extraño la lechuga contiene sustancias que actúan como tranquilizantes, por eso además de calmar los nervios ayuda a conciliar el sueño. Para tratar el nerviosismo se calienta medio kilo de lechuga en un litro de agua y se mantiene en ebullición durante 5 mi-

nutos. Luego se apaga el fuego y se deja enfriar, se cuela y se toman dos tazas al día de este líquido. Antes de beberlo, se le añade un poco de azúcar.

PREVENCIÓN

Hábitos como el tabaco, el consumo de alcohol o excitantes como el café y los refrescos de cola pueden favorecer esta situación cuando se utilizan en exceso. Hay que procurar distribuir bien el trabajo a lo largo del día para que no resulte agotador (dedicar parte del día a nuestros *hobbies*). Se debe asegurar un sueño reparador todos los días, a la misma hora y con la misma duración.

SABÍAS QUE…

Una de las mejores normas a la hora de prevenir o tratar el nerviosismo es tomarse las cosas con más tranquilidad y valorarlas en su justo término, no hacer montañas de un grano, ya que, en el fondo, todo nerviosismo puede originar complicaciones para la salud, sociales, laborales, etc.

[NEURALGIAS]

¿QUÉ SON?

Las neuralgias representan la irritación o inflamación de uno o varios nervios, situación que favorece la aparición de dolor intenso que suele comenzar en un punto y luego se extiende a zonas cercanas (la mitad de la cara, un hombro completo, toda la región lumbar, etc.). La mayor parte de las veces el origen de las neuralgias es desconocido. Las molestias suelen evolucionar en forma de crisis o ataques y éstos pueden estar desencadenados por el estrés, nerviosismo, infecciones y, sobre todo, déficits de calcio o de vitamina B, así como exceso de alcohol, alteraciones de las vértebras que pinzan nervios o músculos tensos, contraídos. Los casos más frecuentes de neuralgias son los del trigémino, la neuralgia post-herpética (virus herpes zóster que afecta a nervios intercostales), lumbociática...

TRATAMIENTO Y PREVENCIÓN

› **Alimentación rica** en vitaminas, calcio y proteínas para mejorar la vitalidad y equilibrio de los nervios. Cada día procura incluir una buena dosis en tu comida de frutas, verduras, pescado, lácteos de origen vegetal y cereales integrales.

› **Hierba de san Juan.** Las infusiones de esta planta nos ayudan a aliviar el dolor de las neuralgias. Puedes tomarlas a razón de 2-3 tazas al día, destinando a cada taza media cucharadita de la planta.

› *Aceite de manzanilla.* Con unas gotas de este aceite impregnadas en los dedos, practica un masaje de varios minutos de duración en la zona dolorosa. Puedes practicarlo las veces que desees. Para conseguir este tipo de aceite en tu casa puedes dejar macerar 100 gramos de flores durante 3 horas en un litro de aceite de oliva calentado al baño María. Después en una cazuela se filtra una o dos veces la maceración y se guarda en una botella o frasco con cierre hermético o tapón de rosca. De esta manera podrás tenerla a tu alcance las veces que quieras.

› *Compresas calientes y frías.* De forma alterna coloca sobre la zona dolorosa una compresa o gasa con agua caliente (1 minuto) y seguidamente otra con agua fría (medio minuto). Repite la operación 5 o 6 veces, hasta que notes cierta mejoría.

› *Levadura de cerveza.* Este complemento dietético es un excelente remedio para las neuralgias y neuritis debido a su contenido en vitaminas del grupo B. Se debe tomar una dosis un poco más elevada que la habitual. Existen comprimidos concentrados de levadura de cerveza, pero hay que dejarse guiar por el médico o especialista en herbodietética. Los chorros con agua caliente dirigidos a la zona dolorida dan buen resultado.

SABÍAS QUE...

Hay neuralgias como las del nervio trigémino que son muy dolorosas y a veces requieren incluso pequeñas intervenciones quirúrgicas sobre el mismo nervio.

[OBESIDAD]

¿QUÉ ES?

La obesidad o sobrepeso es la consecuencia de una excesiva acumulación de grasa en los adipocitos o células grasas del organismo, localizadas sobre todo debajo de la piel, en el llamado panículo adiposo subcutáneo. Este panículo es más intenso, en el caso de las mujeres, en las paredes del abdomen (tripa), en los muslos, cintura, mamas, hombros y espalda (por efecto de las hormonas femeninas o estrógenos). Para calcular si tenemos o no exceso de grasa (salvo en el caso de cuerpos atléticos) aplica la fórmula peso (en kilos) dividido por la talla (en metros) al cuadrado. Si el resultado es inferior o igual a 25, hay normopeso; entre 26 y 29, sobrepeso; 30 o más significa obesidad. La causa fundamental del sobrepeso es comer más calorías de las necesarias, o lo que es lo mismo, gastar menos calorías de las que ingerimos con los alimentos. En algunos casos, menos del 1 %, la obesidad se debe a problemas orgánicos. Si quieres saber las calorías que necesitas tomar cada día aplica la siguiente fórmula (válida para una mujer con más de 30 años): 0,0342 × peso en kilos + 3,5377 (el resultado debemos multiplicarlo por 240 y obtenemos las kilocalorías necesarias por día). La obesidad debe ser tratada para evitar problemas de diabetes, hipertensión arterial, arteriosclerosis, problemas de páncreas, artrosis, etc. Para tratar y prevenir la obesidad lo mejor es una buena alimentación o practicar una dieta para perder grasa (ver capítulo de alimentación). Puede ayudarte alguno de los siguientes remedios.

Tratamiento y prevención

> *Actividad física regular.* Con un mínimo de 3 veces por semana practica una actividad física de tu elección y que pueda realizarse durante más de media hora (pasear, nadar, correr, gimnasia). Para que la actividad física sea eficaz debe tener una duración mínima de 30 minutos, 3 veces por semana y que el corazón trabaje con una frecuencia entre 120 mínimo y 150 pulsaciones máximo. Ésta es la intensidad que permitirá fortalecer tus pulmones, corazón, etc., al tiempo que gastan grasa acumulada.

> *¡Ojo con las dietas!* Perder unos kilos en unas semanas es fácil, lo fundamental es que la pérdida sea permanente y eso sólo se consigue modificando los hábitos en lo relativo a la cantidad y tipo de comida que se consume, además de la actividad física. Nunca practiques una dieta, sin el asesoramiento del especialista, que tenga menos de 1.000 calorías al día. Además recuerda que los kilos que se han perdido con facilidad, también se ganan con rapidez. Por otra parte las dietas drásticas con pérdidas veloces no son nada buenas para la piel y el cutis ya que con frecuencia favorecen la formación de arrugas.

> *Consumir mucha fibra.* Como la incluida en las frutas, verduras y hortalizas crudas, alimentos integrales, etc. Con la fibra reducimos la cantidad de grasa que se absorbe en el intestino, además de facilitar su actividad (la del intestino) y equilibrar la flora bacteriana de nuestro tubo digestivo.

> *Vinagre de sidra.* Por diferentes mecanismos no muy bien conocidos ayuda a quemar calorías. Podemos utilizar una cucharadita de este vinagre antes de cada comida mezclada con un vaso de agua (deben abstenerse las personas con problemas gástricos o hernia de hiato).

> *Infusión de malva.* También posee efectos adelgazantes. Para ello se recomienda el consumo de una taza por la ma-

ñana, antes de desayunar. Para elaborar la infusión se añade una cucharada de hojas frescas a medio litro de agua hirviendo. Se deja reposar durante diez minutos y luego se cuela.

› *A la hora de pesarte* hazlo siempre a la misma hora, en la misma báscula y con la misma ropa. Basta hacerlo con una frecuencia semanal o quincenal, nunca diariamente.

› *Algunas falsedades.* Ten en cuenta que el azúcar blanco engorda más que el integral (el moreno apenas engorda); el tabaco no adelgaza; el pan integral engorda menos que el blanco; beber mucha agua, sobre todo fuera de las comidas, ayuda a no engordar; eliminando el aceite de las comidas no se adelgaza (hay que tomar todos los días un poco, pero tampoco quitarlo); para que el ejercicio sea eficaz no hace falta jadear y sudar a chorros, sí fatigarse un poco pero no extenuarse.

› *Lo que se debe hacer.* Prescindir del coche, cocinar uno mismo los propios alimentos, beber sólo agua, cambiar la sal refinada por sal marina, masticar lentamente, no perder más de 3 kilos al mes, no pretendas adelgazar sólo por zonas. ¡Ah! Si se está embarazada no se debe realizar ninguna dieta.

› *Infusión de olivo y zarzaparrilla.* Se mezclan a partes iguales 4-5 cucharadas de hojas de olivo y otras 4-5 de zarzaparrilla. Se remueve bien la mezcla y se prepara una infusión con una cucharada de la mezcla por cada taza de agua caliente. Se toman cada día dos tazas, una con cada comida importante del día.

› *Alimentos diuréticos* que nos ayudan a eliminar líquidos y con ello facilitan la pérdida de peso. Dentro de este grupo de alimentos se encuentran el melón, los espárragos, la sandía, los puerros y las alcachofas, entre otros.

Sabías que...

La mujer, en condiciones normales, tiene un mayor porcentaje de grasa en su cuerpo que el hombre. En la mujer casi el 22 % del cuerpo es grasa, en el hombre alrededor del 15 %.

[OJERAS]

¿QUÉ SON?

Las ojeras se caracterizan por una pequeña hinchazón de los párpados que, en ocasiones, se acompaña de alteraciones del color, volviéndose de tono grisáceo, azulado o rojizo. Las ojeras se deben a una actividad prolongada o intensa de la musculatura que rodea a los ojos y en particular de los músculos orbiculares de los párpados. El exceso de actividad junto con la falta de sueño, irritaciones diversas (frotarse los ojos, cosméticos…) facilitan la aparición de un pequeño edema en esta zona que tiende a hinchar los párpados y aumentar su presencia. Otro tipo de ojeras son las permanentes, aquellas que por debilidad de los músculos de los párpados e incluso del tejido conjuntivo que hay en su interior hace que la piel se deslice en sentido descendente (con la gravedad) y forme pliegues o arrugas. Estas últimas son más propias de la edad.

TRATAMIENTO

› *Patata cruda.* Limpiar una patata mediana, quitarle la piel y cortar un par de rodajas muy finas del tamaño de los ojos. Colocar una en cada ojo con los párpados cerrados y mantenerla en esta posición diez minutos.

› *Pepino crudo.* El pepino posee propiedades calmantes y refrescantes, por lo que para hacer desaparecer las ojeras resulta muy útil colocar dos rodajas sobre los ojos cerrados durante un tiempo no inferior a los diez minutos.

› *Infusión de manzanilla.* Elaborar una infusión concentrada de manzanilla y colocar dos bolsitas en una taza de agua hirviendo. Pasados unos minutos sacar las bolsas, dejar enfriar y aplicarlas sobre los ojos cerrados durante unos minutos.

› *Aceite de pétalos de rosa.* Se deja un puñado de pétalos de rosas frescas en un recipiente y se cubren con aceite de almendras. Se cierra el frasco herméticamente y tras 24 horas se filtra el aceite a otro frasco. Cuando aparezcan las ojeras se moja un algodón en este aceite y se extiende por los párpados. Se deja actuar durante 30 minutos y luego se retira con otro algodón. Puede practicarse dos veces al día.

› *Manzana cocida.* Cocer una manzana mediana y, cuando esté blanda, se aplasta hasta formar una pasta. Después, cuando se temple, se aplica un poco en cada ojo cerrado durante unos minutos.

› *Compresas frías.* Durante cinco o diez minutos se aplican sobre los ojos cerrados unas compresas de agua fría. Este remedio es muy útil en caso de ojeras rojizas, ya que el frío contrae los vasos sanguíneos y, con la llegada de menor cantidad de sangre desaparece la coloración rojiza. También podemos aplicar compresas frías empapadas en té negro o manzanilla durante 5 minutos con los ojos cerrados. Conseguiremos aliviar los párpados hinchados.

› *Cucharillas frías.* Otro remedio infalible contra las ojeras y los ojos hinchados consiste en introducir en el congelador dos cucharillas, y cuando estén bien frías, se colocan sobre los párpados cerrados al tiempo que movemos los ojos, sin abrir los párpados, hacia arriba, abajo, derecha e izquierda. Con medio minuto es suficiente.

› *Perejil para ojeras permanentes.* Las ojeras que muestran alteraciones o pliegues en la piel de los párpados pueden aliviarse con cualquiera de los remedios anteriores. Ayuda también el comer todos los días, en ayunas, un poco de perejil fresco durante varias semanas (no debe hacerse en caso de problemas gastrointestinales).

PREVENCIÓN

No hay que frotarse los ojos; evitar durante tiempo prolongado los trabajos intensos para los ojos y en su caso lavarlos de vez en cuando con agua fría para estimular la musculatura y la circulación sanguínea de los párpados; utilizar gafas de sol en caso de luz intensa (así los músculos palpebrales trabajan menos). Evitar los excesos, sobre todo los nocturnos.

SABÍAS QUE...

Cada día los músculos orbiculares de los párpados, encargados de cerrar los ojos, se contraen, aproximadamente, 2.000 veces.

[OJOS]

¿Qué son?

El 80 % de la información que recibimos de nuestro entorno penetra en nuestro organismo por los ojos, de la misma manera que hay muchas situaciones en las que pueden verse afectados: un exceso de radiación solar, cosméticos, trabajo excesivo, prolongada vida nocturna, contaminación ambiental, trabajo con ordenador... Esto exige que los cuidemos como se merecen, y les dediquemos todos los días un poco de nuestro tiempo. Para aplicar cualquier tipo de crema, el masaje en el contorno de los ojos debe ser circular y hacia dentro, es decir, hacia la zona del lagrimal.

Tratamiento y prevención

› **Buena higiene diaria.** Todos los días hay que lavar los ojos dos veces, mañana y tarde, únicamente con agua templada o fría. Debemos protegerlos de las radiaciones solares con gafas de sol adecuadas. Conviene descansar diez minutos cada hora si se trabaja con pantallas de ordenador o en ambientes con mucha luz (estudios fotográficos y similares). Reducir al mínimo el uso de cosméticos en párpados y pestañas.

› **Nunca tocarse los ojos con los dedos** ya que los dedos siempre tienen gérmenes que pueden contaminar los ojos o, como poco, irritarlos con las uñas, desplazamientos de pestañas...

> *Enrojecimiento ocular.* Todos los días, hasta que desaparezcan las lesiones, tomaremos un preparado de arroz integral. Para elaborarlo se deja en remojo, el día anterior, una taza de arroz integral, después de 24 horas se escurre, se machaca el arroz y se le añade un poco de agua hasta conseguir una pasta homogénea. Otro remedio para esta situación consiste en elaborar, antes de acostarte, una infusión de manzanilla con la que lavaremos los ojos, una vez que esté bien fría.

> *Ejercicios oculares.* Para mantener «en forma» nuestros ojos y otros elementos cercanos realizaremos un par de veces por semana los siguientes ejercicios: se coloca el dedo índice a un palmo de la nariz y luego se mueve lentamente haciendo el signo de la cruz. Se repite el ejercicio tres veces con un descanso de un minuto entre cada ejercicio.

> *Infusión de eufrasia y tomillo.* Un par de veces por semana se lavan los ojos con una infusión de eufrasia y tomillo a partes iguales (media cucharadita por cada una de estas plantas). Después nos aclararemos abundantemente con agua tibia.

> *Zumo de limón o manzanilla para dar brillo.* Si queremos que nuestros ojos brillen un poquito más de lo normal, nos los lavaremos con un vaso de agua templada con unas gotas de limón. También es bueno echar unas gotitas de infusión de manzanilla fría en los ojos.

> *Párpados hinchados.* Pondremos calabaza fresca sobre los párpados durante un tiempo no inferior a media hora. También se puede mezclar una zanahoria con dos hojas interiores de una cebolla y una vez todo bien machacado se coloca media hora diaria sobre los párpados.

> *Arrugas.* Hay aceites como el de aguacate, jojoba, almendras dulces y sobre todo el de manzanilla, que, aplicados mediante ligeros toques alrededor de los ojos tensando un

poco la piel con una de las manos sobre la sien, previenen la aparición de arrugas en el contorno de los ojos.

Sabías que...

A partir de los 35-40 años es frecuente la aparición de manchas rojas en los ojos, generalmente de forma aislada, que además desaparecen a las pocas horas sin ninguna atención particular. En el caso de que pasen unos días y persistan, hay que acudir al especialista.

[OLOR CORPORAL]

¿QUÉ ES?

Nuestra piel no sólo es un elemento de protección, sino que además ejerce otras funciones como la respiración y sobre todo la eliminación de productos, por medio del sudor, que sobran en el organismo. En el sudor encontramos sustancias como el ácido úrico, la urea, el agua, el cloruro sódico y otros elementos que, al entrar en contacto con las bacterias que se encuentran en la piel, se degradan y fermentan, lo que causa los olores corporales. Aunque la sudoración sea mínima, la degradación sigue produciéndose y, como consecuencia, el mal olor corporal. La primera medida que debemos adoptar para evitarlo es eliminar las secreciones de la piel mediante un lavado, tan frecuente como lo sea la producción de sudor. Como mínimo un lavado completo de todo el cuerpo, mañana y noche.

TRATAMIENTO

› *Baño con bicarbonato.* Nos daremos un baño de agua caliente con una o dos cucharadas de bicarbonato sódico durante 30 minutos. De esta forma se reduce la formación de sudor y el mal olor en todo el cuerpo. Puede practicarse una vez por semana.

› *Aceite de ciprés.* Está especialmente indicado para el olor de pies. Después de lavarlos se da un suave masaje con un par de gotas de este aceite y nos protegerá durante varios días.

› **Para las axilas.** Uno de los remedios más sencillos y eficaces consiste en aplicar directamente, sobre la piel de las axilas, una pizquita de bicarbonato sódico y frotar. Con ello reducimos la formación de sudor y, en consecuencia, el mal olor.

› **Elabora tu desodorante.** En un frasquito con tapón de rosca o cuentagotas añade alcohol de 70 grados hasta la mitad, 10 gotas de aceite de menta y otras tantas de eucalipto. Se cierra el frasco, se agita bien para que se mezclen los ingredientes y se guarda en un lugar seco y oscuro. Se aplica en las axilas cada mañana para no tener problemas de mal olor.

› **Infusión de té.** Añadir al agua de la bañera o al agua para lavar los pies una infusión concentrada de té, elaborada con 2-3 bolsitas y medio litro de agua. El té contiene sustancias, como los taninos, que limpian la piel y reducen la formación de sudor. Se repite este remedio 1-2 veces por semana.

PREVENCIÓN

Hay que intentar evitar la sudoración, y para ello nada mejor que utilizar prendas de algodón (los tejidos sintéticos facilitan la producción de sudor y el mal olor); no consumir sal en exceso y no calzar zapatos que dificulten la transpiración.

SABÍAS QUE...

Los desodorantes y colonias no eliminan el mal olor; como mucho tratan de ocultarlo y otras veces evitan su formación. Es más, el mejor reclamo para los insectos en verano es el exceso de colonia y perfumes.

[ORZUELO]

¿Qué es?

El orzuelo es un proceso inflamatorio que afecta a unas pequeñas glándulas situadas en la base de las pestañas. Al tratarse de un proceso inflamatorio, se acompañan de una ligera hinchazón, enrojecimiento y dolor. Casi siempre los produce una bacteria denominada *estafilococo*, que se encuentra en la piel y pasa a estas glándulas con el rascado, al frotarnos los ojos... Unas veces la inflamación de la glándula se sitúa hacia fuera («lo vemos») y otras hacia el ojo, lo que hace que se irrite cuando parpadeamos. Conviene eliminarlo en cuanto se presenta, ya que de lo contrario puede convertirse en una infección recurrente.

Tratamiento

› *Acelga caliente.* Se limpia una hoja de acelga y luego se calienta durante cinco minutos. Se cuela el líquido y se deja enfriar la acelga. Cuando esté templada se aplica directamente sobre la zona afectada, con los párpados cerrados, durante media hora. Se repite la operación 2-3 veces al día hasta que desaparezcan los orzuelos. El poder antiséptico de la acelga ayuda a eliminar la infección.

› *Infusión de caléndula.* Preparar una infusión de esta planta con una cucharada de pétalos secos por cada medio litro de agua. Colar el líquido y luego mojar en él una gasa que colocaremos sobre el párpado afectado hasta que se enfríe. Repetir la operación 2-3 veces al día.

> **Llave antigua.** Se coge una llave de estas características, de ojo, y se tiene toda la noche al sereno. A la mañana siguiente la pasaremos suavemente sobre el orzuelo, mediante un ligero masaje.

> **Saliva.** Nos podemos aplicar saliva propia varias veces al día.

PREVENCIÓN

Las pestañas no deben rascarse, sí lavarse con frecuencia; tampoco conviene utilizar abundantes cosméticos en esta zona. En cambio, es bueno lavar de vez en cuando los ojos y párpados con una infusión de manzanilla.

SABÍAS QUE...

Nunca trates de eliminar los orzuelos con los dedos ya que, además de traumatizar los párpados, puedes facilitar una mayor contaminación de la zona y de los propios ojos.

[OSTEOPOROSIS]

¿QUÉ ES?

La osteoporosis es una enfermedad que se caracteriza por la pérdida de calcio y otros minerales en los huesos del cuerpo, lo que los vuelve más débiles y facilita su fractura. En condiciones normales nuestros huesos reciben y pierden minerales casi constantemente, pero en determinadas circunstancias la pérdida es superior y, lentamente, los huesos se debilitan. Las situaciones que facilitan esta pérdida son la inactividad (cuando una persona está en cama mucho tiempo), una alimentación pobre en calcio y otros minerales (poca fruta, verduras, hortalizas), la menopausia (con ella se pierden los estrógenos u hormonas femeninas que son como «taxis» para que el calcio llegue hasta el hueso…).

TRATAMIENTO Y PREVENCIÓN

› *Paseos al sol.* Con ellos conseguimos que nuestra piel forme grandes cantidades de precursores de la vitamina D que luego ayudan a los minerales (calcio sobre todo) para que lleguen hasta el hueso.

› *Actividad física.* Para incidir en los osteoclastos (células destructoras de hueso) y osteoblastos (células formadoras de hueso) es necesario que la actividad física sea de una hora a una hora y media. Es importante para conseguir una buena masa ósea hacer ejercicio no sólo en la edad de la menopausia sino siempre y una dieta rica en calcio en la adolescencia y juventud hasta los 30 años. 2-3 veces por semana debemos realizar, como mínimo, media hora de actividad física para fortalecer los huesos (pasear, nadar, correr, gimnasia, bailar…), incluso los días lluviosos. Nos podemos fabricar un escalón de madera, plástico u otro material resistente y subirlo y bajarlo, alternando las piernas. Cada vez que subimos un peldaño es como si camináramos 10 metros en línea recta y supone segundo y medio más de vida. Eso sí, para que la actividad física resulte eficaz debes conseguir una frecuencia cardíaca de 120 pulsaciones por minuto y nunca más de 150.

› *Dieta rica en calcio y minerales.* Para ello debemos recordar que las fuentes principales las encontramos en las verduras, cereales integrales, perejil, espinacas, pescado, frutos secos y verduras de color verde.

› *Cebolla cruda.* Todos los días conviene comer un poco de cebolla cruda, ya que es uno de los alimentos que más colabora a la hora de fijar los minerales en el hueso y evitar su pérdida. No hay que practicar este remedio en caso de gastritis o úlcera gástrica.

› *Infusión de hojas de laurel.* Elabora una infusión de esta planta con un puñado de hojas y un cuarto de litro de agua. Tómala una vez por semana.

› *Calcio y limón.* Limpia un huevo blanco, mételo en un vaso y cúbrelo con zumo de limón. Una vez que el zumo actúe sobre la cáscara durante un mínimo de doce horas, se aparta el líquido que rodea al huevo, se mezcla con un poco de agua y se toma. Repetir este remedio 2-3 veces por semana, excepto en caso de gastritis, úlcera gastroduodenal o hernia de hiato.

SABÍAS QUE…

En condiciones normales, y si no cuidamos nuestros huesos (alimentación, actividad física), la pérdida de minerales se produce a partir de los 30 años.

[OTITIS]

¿Qué es?

Inflamación del oído, en especial del oído medio, con síntomas como la disminución de la audición, pesadez u ocupación del oído, dolor constante, a veces pus y fiebre. Un signo muy característico es que, si apretamos el cartílago que se encuentra a la entrada del oído, el dolor aumenta. Su origen es casi siempre infeccioso: bacterias que se encuentran en la garganta o zonas próximas (faringitis, sinusitis) y llegan al oído por la trompa de Eustaquio, o bien contaminantes externos que penetran con el agua, tapones de cera... Las otitis pueden durar unos pocos días o bien persistir en el tiempo y convertirse en crónicas si no se tratan adecuadamente. Para evitar estas situaciones, cualquier dolor de oídos debe consultarse con el médico, aunque también nos puede ayudar alguno de los siguientes remedios.

Véase también *Dolor de oídos*.

Tratamiento

› *Aceite y ajo.* Se calienta al baño María medio vaso de aceite de oliva virgen de primera presión en frío. Transcurridos diez minutos y sólo cuando el agua esté bien caliente, se añade un diente de ajo machacado, se apaga el fuego y se deja reposar la mezcla unos minutos. Se filtra el líquido y se guarda en un recipiente con cuentagotas. En caso de dolor de oídos y con el líquido templado, nunca caliente, se echan 3 gotas del aceite en el oído y se pone un pequeño algodón.

› *Jugo de cebolla.* Otro remedio de gran ayuda consiste en asar una cebolla, licuarla para obtener el zumo y mezclarlo con un poco de aceite de oliva virgen o bien aceite de almendras. Se guarda en un frasco y se utiliza de la misma forma que el remedio anterior.

› *Aceite de orégano.* Cubrir el fondo de un plato con aceite de oliva virgen y añadir unas hojas o ramas de orégano. Dejar reposar la mezcla durante 24 horas, luego filtrar el aceite y guardarlo en un frasco con cuentagotas. Para tratar la otitis aplicar 2-3 gotas en el oído afectado y tapar con un poco de algodón.

› *Jugo de menta.* Basta con licuar uno o dos puñados de hojas frescas de menta para obtener su jugo que guardaremos en un pequeño frasco. Siempre que observemos molestias podemos administrar un par de gotas en el oído afectado.

› *Calentar arroz para dormir.* Antes de acostarse calentar en una sartén uno o dos puñados de arroz. Luego se envuelven en una gasa o paño y se coloca sobre la almohada. Se apoya el oído afectado sobre el arroz. El calor tiene efectos analgésicos, además de favorecer la llegada de la sangre y la eliminación de la infección.

› *Molestias durante el viaje.* En no pocos casos, en los viajes en avión o en coche (si se producen subidas y bajadas importantes) los oídos se cierran y producen pesadez. Para evitar o reducir esta sensación basta con masticar chicle o simular la masticación. También se puede forzar un bostezo profundo o tragar saliva con fuerza. Lo mismo ocurre si nos tapamos los orificios de la nariz e intentamos soplar por ellos hasta notar que se nos abran los oídos.

Prevención

Limpieza diaria de los oídos con bastoncillos, pero con cuidado de no hacernos daño y no profundizar, correcto secado después del baño o la ducha, tratar las infecciones de la garganta para que no pasen al oído, quitar la cera de vez en cuando con un chorro de agua tibia. Nunca tratar de hurgar en el oído con horquillas, capuchones de bolígrafos, llaves u otros objetos similares. Si se sufre con frecuencia afecciones en el oído conviene utilizar a menudo miel, ajo, cebolla o yogures bio, que son muy útiles para fortalecer el sistema inmunitario.

Sabías que...

Los auriculares pueden convertirse en un almacén de gérmenes, por eso no deben compartirse con otras personas y debemos higienizarlos de vez en cuando con unas gotas de alcohol.

[PADRASTROS]

¿QUÉ SON?

Pequeñas tiras de piel seca que suelen aparecer en los dedos, cerca de las uñas. Su origen suele deberse a la sequedad de la piel de esa zona, aunque a veces se acelera su aparición si raspamos los bordes de las uñas. Los padrastros pueden facilitar pequeñas infecciones que a veces resultan dolorosas: piel roja, ligeramente tumefacta e hinchada.

TRATAMIENTO

› **Eliminarlos con tijeras de manicura** que previamente habremos sumergido en alcohol. Basta con recortar sólo la parte libre de piel, sin tratar de ir más allá porque de lo contrario existe un gran riesgo de infección.

› **Aceite de oliva.** Aplicar sobre el padrastro unas gotas de aceite de oliva para que evolucione más rápidamente y sin problemas. Completar este remedio con el anterior pasadas unas horas.

› **Para ablandar los padrastros** antes de cortarlos, basta con introducir los dedos en un poco de agua salada templada (una cucharadita de sal por cada litro de agua).

› **Cortar las uñas** los días de la semana que no contengan la letra erre: lunes, jueves, sábado y domingo. Con este remedio tradicional evitaremos la aparición de padrastros.

Prevención

Mantener las uñas bien hidratadas para que la piel no se reseque ni se desprenda. No hay que comerse las uñas y nunca «tirar» de los padrastros, ya que además del dolor facilitamos una mayor infección local.

Sabías que...

Debemos cuidar las manos después del baño en el mar o de realizar tareas domésticas, ya que son las situaciones más propicias para la aparición de los padrastros (por la sequedad intensa de la piel de esta zona).

[PALPITACIONES]

¿Qué son?

Cuando el ritmo de contracciones del corazón se acelera de forma rápida y los latidos se hacen perceptibles en el pecho e incluso en el cuello, hablamos de palpitaciones. Las causas más frecuentes son de tipo psicológico como el estrés, la ansiedad (una operación, un examen), la angustia o un susto. Otras veces las palpitaciones son causa de la menopausia o posmenopausia. Con menor frecuencia hay que pensar en problemas de tipo cardíaco, procesos infecciosos como la fiebre reumática o alteraciones hormonales como el hipertiroidismo. En las personas mayores los excesos en el consumo de tabaco, alcohol, café, té u otros «estimulantes» provocan palpitaciones en muchos casos.

Tratamiento

› *Infusión de perejil.* Tomar una infusión elaborada con una cucharada de esta planta o un puñado de hojas frescas por cada cuarto de litro de agua. Basta con hacerlo una sola vez para notar cierta mejoría.

› *Cocimiento de cáscara de naranja.* Guardar las cáscaras de naranja si se es propenso a las palpitaciones, pues contienen elementos tranquilizantes. Para elaborar el cocimiento basta con utilizar media cáscara de una naranja grande y cocerla 5 minutos. Se toma a lo largo del día en caso de tener palpitaciones. Ayuda también a la hora de conciliar el sueño.

› **Baño de azahar.** Es uno de los mejores remedios contra las palpitaciones. Se prepara un baño de agua caliente con cinco gotas de aceite o esencia de esta planta.

› **Jugo de espárragos.** Se licúa un kilo de espárragos, se filtra el líquido resultante, se calienta durante quince minutos al baño María, se filtra de nuevo y se guarda en un tarro dentro del frigorífico. Se toma una cucharada del líquido junto con una infusión de manzanilla, dos veces al día, mañana y noche.

› **Aceite de albahaca.** Cuando empiecen las palpitaciones frotaremos el pecho con unas gotas de aceite puro de albahaca. Puede practicarse, si fuera necesario, 2-3 veces al día.

› **Espino albar.** Esta planta tomada en infusión hace que las palpitaciones se vuelvan pausadas y rítmicas. Es un gran regulador del ritmo cardíaco y de los problemas de la tensión arterial de origen nervioso.

PREVENCIÓN

Reducir el consumo de estimulantes como el tabaco, alcohol o café; evitar las situaciones de fatiga y cansancio; vigilar los procesos infecciosos, sobre todo los que se acompañen de fiebre; disminuir las situaciones de estrés, angustia o ansiedad.

SABÍAS QUE...

La mayor parte de las palpitaciones responden a situaciones psíquicas intensas, bajo la presión del estrés, la ansiedad o la angustia. Con ellas se refleja un trabajo del corazón más importante o intenso del normal.

[PARTO]

¿QUÉ ES?

Acto fisiológico de expulsión del feto al exterior, acompañado de contracciones dolorosas del útero y notable dilatación de la vagina. En el parto las contracciones del útero son fundamentales para dilatar la vagina y provocar el descenso del feto. Por eso, la frecuencia de estas contracciones, es fundamental a la hora de valorar la proximidad del parto. A medida que las contracciones se hacen más frecuentes, la presión rompe las bolsas que rodean al feto y el líquido amniótico sale al exterior (lo que se conoce como «romper aguas»). Con independencia de la anestesia epidural y el empleo de fármacos diversos, proponemos una serie de medidas que pueden disminuir los dolores del parto y facilitar su desarrollo. Algunos de estos remedios pueden aliviarnos en una situación de urgencia o espera.

TRATAMIENTO Y PREVENCIÓN

› *Aceite de almendras.* Cuando el parto ha comenzado o está a punto de producirse podemos aliviar los dolores si aplicamos en el bajo vientre un masaje circular con unas gotas de aceite de almendras.

› *Infusión de caléndula.* Elaborar una infusión de caléndula y, con la ayuda de una gasa, aplicar el líquido en el bajo vientre y pubis. Podemos sustituir la gasa o compresa cada vez que se enfríe.

› *Técnicas de respiración.* Acompasar la contracción de los músculos respiratorios con los músculos del útero ya que facilitan el parto y reducen los dolores. Ése es el objetivo de los cursos que enseñan este tipo de técnicas; resultan bastante eficaces.

› *Infusión de hojas de frambuesa.* Añadir 25 gramos de hojas de frambuesa por cada medio litro de agua. Tomar una infusión al día en las fechas próximas al parto.

› *Para dilatar.* Este remedio es famoso por su eficacia. Cuando se acerque el día de dar a luz hay que tener preparado laurel seco, molido hasta hacerlo polvo. Cuando empiecen las contracciones, cada 30 minutos aproximadamente, se coge una cucharada de la planta ya molida y se mezcla con aceite de oliva virgen de primera presión en frío hasta hacer una pasta que se aplica en el ombligo y se tapa con una tirita o esparadrapo. Hay que acudir enseguida a la maternidad, pues antes de 2 horas nacerá el niño.

Sabías que...

Según el catedrático doctor Hajima Muroka, del Hospital de Tokio, las mujeres embarazadas que practican la natación dan a luz sin ningún tipo de dolor y con extraordinaria facilidad. Este deporte favorece la circulación y tonifica los músculos. Además ayuda a relajar todo el cuerpo y alivia los dolores musculares que se producen en la espalda y en los riñones como consecuencia del peso de más que tienen que soportar, ya que en el agua «no se pesa».

[PECAS]

¿QUÉ SON?

Las pecas son lesiones de color amarillo pardusco, de tamaño muy variable (de la cabeza de un alfiler hasta las dimensiones de un botón pequeño), que aparecen en la piel y no tienen relieve ni duelen. Las pecas no tienen apenas ninguna consideración patológica y surgen generalmente en pieles blancas por concentración de melanocitos o células productoras de melanina. Su presencia está condicionada por factores genéticos o de herencia, si bien su aspecto puede acentuarse por efecto del sol.

Véase también *Manchas en la piel*.

TRATAMIENTO

› *Jugo de limón.* Sobre un algodón echa unas gotas de zumo de limón y frota suavemente sobre las pecas. Repite la operación dos veces al día hasta apreciar cierto cambio.

› *Jugo de diente de león.* Licúa un puñado de hojas de esta planta y, con una gasa, frota suavemente las pecas. Repite el proceso dos veces al día hasta que desaparezcan.

› *Decocción de sello de salomón.* Hierve durante 15 minutos 50 gramos de esta planta en un litro de agua. Filtra el líquido y utilízalo para lavar la zona pecosa dos veces al día.

> *Jugo de berros.* Licúa un puñado de berros y moja en el zumo un trozo de algodón o gasa. Frota con suavidad las pecas, dos veces al día, hasta que desaparezcan.

> *Crema de rábanos.* Esta crema nos ayudará a disimular las pecas. Para elaborarla basta con limpiar y rallar un rábano mediano. Coloca la ralladura sobre un paño y déjalo secar un día entero. Seguidamente mézclalo en un plato con un yogur natural y un poco de aceite de oliva. Revuelve bien y guarda la crema en un tarro. Aplícalo dos veces por semana sobre las pecas, mejor por la noche, dejando que actúe un mínimo de media hora. Otra fórmula que incluye también rábanos consiste en mezclar en un plato hondo tres cucharadas de yogur, dos cucharaditas de zumo de limón y media cucharadita de raíz de rábano picante. Se revuelve todo bien con la ayuda de un tenedor hasta conseguir una pasta homogénea y se aplica directamente sobre las pecas o manchas con un bastoncillo de algodón. Evita el contacto con zonas sensibles como los labios y los ojos.

> *Crema para manchas y pecas.* Prepara una infusión con 100 gramos de raíz de diente de león en medio litro de agua y déjala enfriar. Seguidamente calienta al baño María durante 15 minutos el resto de los ingredientes: 75 gramos de aceite de almendras amargas o de aceite de oliva virgen de primera presión en frío, 25 gramos de cera de abejas, 10 gotas de jugo de limón y 1 gramo de aceite de rosas (6 gotas) sin dejar de remover. Apaga el fuego, deja enfriar y guarda en un tarro con tapón de rosca. Por la mañana y por la noche lava ligeramente la zona afectada con la infusión de raíz de diente de león y, una vez que se ha secado podemos aplicar la crema y dejarla actuar durante 20 minutos. Se elimina con agua templada. Practica este remedio durante 20 días seguidos.

> *Jugo de cebolla.* Los nórdicos son muy propensos a tener pecas pues su piel es muy blanca. Desde tiempos inmemoriales utilizan zumo de cebolla para mitigarlas. Lo aplican

con un algodón y dejan que se seque al aire. Poco a poco las pecas van desapareciendo.

PREVENCIÓN

Evita la exposición prolongada a los rayos solares y protege las pecas con cremas de factor protector alto.

SABÍAS QUE...

Es importante, sobre todo en edades avanzadas, vigilar el tamaño y color de los lunares y pecas ya que algunas de ellas pueden degenerar a melanomas o cáncer de piel. Si crecen de tamaño o adquieren varios colores (marrón oscuro, negro, rojizo), debemos acudir al médico.

[*PEELING*]

¿QUÉ ES?

El término *peeling* significa exactamente «pelando», razón por la cual se utiliza para referirnos a todos aquellos procedimientos que tratan de eliminar la capa más superficial de la epidermis, la que contiene células muertas e impurezas. La finalidad del *peeling* es dejar la piel suave, nueva, reducir las arrugas, facilitar su respiración y mejorar la coloración. Ayuda a eliminar ciertas manchas y pequeñas cicatrices. Con el *peeling* los poros no se obstruyen, las células respiran mejor, no se forman puntitos negros y las cremas de belleza penetran mejor.

TRATAMIENTO Y PREVENCIÓN

› ***Peeling con papaya.*** Esta fruta contiene sustancias como la papaína y otras enzimas capaces de eliminar células muertas, queratina y otros residuos. Se utiliza una papaya madura de tamaño mediano, la pelamos con cortes amplios y luego, con la parte interna de la piel, frotamos la cara y el cuello. Dejamos que la sustancia actúe 10 minutos y luego se elimina con agua fría. Se repite 2 veces por semana, sobre todo antes de aplicar fórmulas limpiadoras, hidratantes o similares, para que se aprovechen mejor sus efectos.

› ***Peeling para los pies.*** La arena de playa es el mejor «limpiador» para los pies. Basta con caminar sobre la arena de la playa o bien simular pasos, en casa, sobre un recipiente con arena. Esto te ayudará a combatir las durezas y los callos.

› **Peeling con azúcar.** Lavarse la cara y cuello con agua tibia. Seguidamente extender por la misma zona un poco de azúcar muy fina mediante un suave masaje, sin presionar, durante 5 minutos. Finalmente eliminamos el azúcar con abundante agua fría.

› **Peeling de sal.** Se mezcla una cucharada de sal marina gorda bien colmada con agua destilada hasta conseguir una especie de pasta que se aplica en la cara con suaves masajes. Este remedio es ideal para las pieles con granos pues los desinfecta y además hace que se envejezca más tarde. No debemos olvidar que antiguamente todas las carnes y alimentos perecederos se conservaban en sal para que no se deterioraran.

SABÍAS QUE...

Las cremas cosméticas destinadas a los *peelings* deben aplicarse con mucho cuidado ya que, si bien proporcionan una piel suave y fina, en el fondo es mucho más delgada y frágil. Por eso hay que aplicar abundantes mascarillas revitalizantes.

[PÉRDIDA DEL IMPULSO SEXUAL]

¿QUÉ ES?

Disminución del apetito o deseo sexual que favorece un menor número de contactos sexuales. Podemos encontrar numerosas causas que conducen al fracaso o reducción del deseo sexual, como los trastornos psicológicos (estrés, ansiedad, depresión), alteraciones del riego sanguíneo en la región genital, trastornos de los nervios que se distribuyen en los órganos sexuales, disfunciones hormonales, excesos en el consumo de alcohol, tabaco, café... En el caso de la mujer, además de la falta de compenetración con la pareja, otros hechos como la actividad doméstica, el síndrome de la fatiga crónica o el síndrome premenstrual son situaciones frecuentes que pueden disminuir el deseo sexual. Otras veces es la rutina en las relaciones o la falta de compenetración con la pareja la causa de un deseo reducido. También hay medicamentos que pueden interferir en las relaciones sexuales y en particular el tratamiento con tranquilizantes o antidepresivos. En cualquier caso, siempre lo más importante es desear la relación dentro de un ambiente adecuado y con la mayor tranquilidad posible. Algunos remedios que pueden ayudar son los siguientes...

TRATAMIENTO

› *Cacao, polen y miel.* En una taza de leche añade una cucharada de cacao puro en polvo y remueve bien. Seguidamente echa otra de polen y una más de miel. Remueve hasta formar una crema homogénea que se toma todas las mañanas en ayunas, durante dos semanas o hasta notar cierta mejoría. Este remedio no deben seguirlo las mujeres con diabetes, exceso de peso, alteraciones del riego sanguíneo, piedras en el riñón o hipotensión.

› **Tisana de canela.** Añadir a una taza de agua hirviendo 3 gramos de canela en rama triturada y mezclar bien. Dejar reposar diez minutos y agregar una cucharada de miel de romero. Tomar dos tisanas al día, por la mañana en ayunas y por la noche, durante quince días o hasta notar cierta mejoría.

› **Cebolla con tomate.** Trocea media cebolla roja o blanca en tiras muy finas o rállala sobre un plato y añádele un tomate pequeño cortado en finas rodajas, así como una cucharadita de aceite de oliva virgen de primera presión en frío. Se come esta ensalada todas las noches durante quince días. No se debe utilizar este remedio en caso de gastritis o úlcera gastroduodenal.

› **Rabos de cerezas.** Es un procedimiento sencillo y eficaz que cuenta con varios miles de años de historia (como poco desde tiempos de los egipcios). Basta con limpiar unos rabos de cereza y masticarlos bien durante unos minutos. Los hombres egipcios hacían que sus mujeres tomaran estos rabos de cereza masticados o en forma de infusión para que fueran más fogosas y ardientes en el amor.

› **Ejercicios de los músculos** situados en la pelvis, en la región genital. Todos los días podemos practicar alguno de estos ejercicios: contraer los músculos de esta zona tirando hacia «arriba» de ellos, luego relajarlos unos segundos y repetir el proceso veinte veces. Este tipo de contracción se puede hacer tumbado en el suelo, sentado o de pie. Con ello mejoramos la musculatura de esta zona, así como la actividad de los nervios y la distribución de la sangre.

> *Miel con jalea real.* Añade a un frasco de miel de milflores 8 cucharadas de jalea real fresca. En el mismo frasco, mezcla bien hasta formar una pasta homogénea. Toma una cucharada cada mañana en ayunas durante cinco semanas. Utiliza con prudencia en el caso de diabetes.

> *Maca peruana.*

> *Infusión de melisa y vainilla.* Se pone en un frasco una cucharada de hojas secas de melisa y media cucharada de frutos secos triturados de vainilla. Se añade un litro de agua hirviendo, se tapa el frasco y se deja reposar durante quince minutos. Después, se filtra, se añaden 150 gramos de miel, se remueve bien y se embotella de nuevo. Se guarda en lugar seco y oscuro. Durante quince días se toman dos cucharadas por la mañana, dos al mediodía y otras dos por la noche.

> *Tisana de orquídea y menta piperita.* Pon en un frasco una cucharada de hojas secas de menta y añade un litro de agua hirviendo. Deja reposar media hora, filtra el líquido a otro frasco y agrega 10 gramos de tubérculos frescos de orquídea cortados en rodajas. Tapa el frasco y deja reposar 8 horas, cuela y añade 150 gramos de miel de milflores, remueve bien y guarda cerrado. Se toman dos vasos pequeños diarios fuera de las comidas, durante quince días.

> *Alcachofas.* Este tipo de alimento, asado o cocido, es uno de los mayores afrodisíacos conocidos. Puede utilizarse a discreción, todas las veces que se quiera.

> *Dátiles, miel y regaliz.* Con estos ingredientes y un poco de agua podemos elaborar un sabroso líquido con notables efectos afrodisíacos. Primero, troceamos ¼ de kilos de dátiles y 30 gramos de raíz de regaliz que, luego, añadiremos a 2 litros de agua hirviendo. Cuando el volumen del agua se reduzca a la mitad, añadimos 2 cucharadas soperas de miel y removemos bien. Dejamos reposar durante 15 minutos y

luego filtramos el líquido que guardaremos en una botella en lugar seco y oscuro. Se toma un par de cucharadas cuando apetezca.

> *Pipas de calabaza.* El consumo de este producto aumenta de manera instantánea la apetencia sexual de una persona (siempre que se encuentre en el ambiente propicio). Basta con un puñado de ellas para notar los primeros efectos. Además las pipas de calabaza son importantes para la conservación de las vías urinarias, vesícula biliar y arterias. Nada mejor que tomar cada semana 2-3 puñados de estas pipas.

> *Estimulante de canela, polen y miel.* Se prepara una mezcla homogénea con una cucharada de postre de polen en polvo, otra de canela en polvo y una cucharada sopera de miel. Se mezcla hasta hacer una masa y se toma una dosis en ayunas y otra por la tarde durante tres semanas. Se descansa durante 2-3 días y se repite tres semanas más. Está contraindicado en los casos de alergia al polen, obesidad y disfunciones renales.

> *Baño estimulante de sándalo, jazmín e ylang-ylang.* Se mezclan en un frasco 100 mililitros de aceite de almendras dulces, 7 gotas de esencia de *ylang-ylang*, 10 gotas de esencia de sándalo y 8 gotas de esencia de jazmín. Se prepara la bañera y se le añaden dos cucharadas soperas del preparado. Es un baño estimulante contra la disminución del deseo sexual, que además fortalece las pieles delicadas. Se recomienda tomar un baño cada 2-3 días, hasta que se note una clara mejoría.

> *Viagra natural.* Cuando se quiera tener una noche de amor con ternura y mucha pasión por parte de la pareja, prepárale la siguiente receta para la cena durante varios días. Se ponen varias rodajas de tomate en una tostada de pan y se aliñan con ajo picado y aceite de oliva. Como toque final, se espolvorea con una cucharadita de comino molido.

Prevención

Lo primero es hablar con la pareja para compenetrarse lo mejor posible. En segundo lugar, buscar siempre el momento más apropiado para los dos; contar con la mayor tranquilidad y relajación posible; disfrutar, como mínimo, de cortos períodos de tiempo sólo para vosotros (un fin de semana, algunas tardes); nunca se debe establecer una relación de manera «forzada», sin estar convencido. Hacer de cada relación un «mundo nuevo».

Además, hay que controlar los tratamientos con medicamentos de tipo antidepresivo o tranquilizante; vigilar las enfermedades de carácter hormonal como la diabetes y el hipertiroidismo; evitar las situaciones de estrés, cansancio y fatiga; preparar la ocasión y disponernos con el mejor estado de ánimo; reducir el consumo de sustancias que pueden afectar el riego sanguíneo y al estado psíquico y emocional como el alcohol, el tabaco o el café. Los anticonceptivos orales disminuyen la libido y hasta pueden llegar a anularla, en cuyo caso hay que suspender la toma de dichos contraceptivos.

Sabías que...

En nuestros días el estrés y la rutina (dentro y fuera de las relaciones sexuales) son las causas más frecuentes de pérdida del apetito sexual. El tabaco reduce también considerablemente el deseo sexual. Encuestas recientes certifican que si uno o los dos miembros de la pareja consumen tabaco habitualmente no sólo se ve reducida la capacidad de fecundación, sino también los contactos sexuales. Por término medio, estos contactos pueden reducirse a la mitad de la media de las parejas no fumadoras.

[PIEL]

¿QUÉ ES?

La piel representa el tejido más superficial del organismo que, además de protegerlo, sirve para realizar parte de la respiración, mantener la temperatura del cuerpo, colaborar en la eliminación de productos residuales por medio de sudor, además de otras muchas funciones. En la piel se distinguen 3 capas: la hipodermis o profunda donde hay vasos sanguíneos y grasa, la dermis o capa media que tiene también vasos sanguíneos, terminales nerviosas y glándulas sebáceas y sudoríparas además de la raíz del vello, y la epidermis o capa superficial constituida por, de dentro hacia fuera, 5 láminas de células superpuestas. Las células de la epidermis nacen en la capa profunda, junto a los melanocitos, y lentamente ascienden a la más superficial donde llegan muertas y posteriormente se desprenden. El ciclo medio de las células de la epidermis es de 48 horas de vida o menos si las agresiones son numerosas (rayos solares, cosméticos, rozaduras...).

TRATAMIENTO

› **Manzana.** El jugo de manzana fresco puede aplicarse directamente sobre la piel de las zonas más sensibles para dotarlas de cierta «fuerza y resistencia» durante 15 minutos. Luego se retira con agua tibia. Se realiza un par de veces a la semana.

› **Zumo de naranja.** Éste es un remedio muy eficaz en el caso de las pieles envejecidas o muy agredidas por el sol y otros factores. Poner en el agua del baño el zumo de 4-6 naranjas recién exprimidas y sumergirnos no más de 15 minutos.

> **Piel suave y reluciente.** Frotar el cuerpo con un poco de aceite de oliva mezclado con un puñado de avena molida. Después nos duchamos y notaremos la piel más suave. También se puede conseguir este efecto con un masaje de almendra molida mezclada con leche.

> **Para las durezas de la piel.** Codos, rodillas, espalda o talones suelen presentar este tipo de problemas. Para evitarlos y reducirlos podemos recurrir a una pasta formada por una taza de sal marina y la misma cantidad de aceite de oliva virgen. Frotar la zona afectada con la pasta, dejar actuar 5 minutos y luego eliminar con un aclarado. La piel se reblandece y pierde las zonas muertas. Después se frota la piel durante otros 5 minutos con zumo de limón y, una vez que se absorba, se aplica aceite de almendras dulces. Si se repite todos los días notaremos mejoría. Otra forma de eliminar estas durezas es aplicar almendra molida mezclada con un poco de leche hasta formar una pasta fina. Se aplica de la misma forma que la sal.

> **Durezas en los pies.** Aplicar directamente sobre la zona afectada una corteza de limón con la parte blanca en contacto con la dureza. Sujetar con una venda y dejarla durante toda la noche. Para acelerar el ablandamiento y desprendimiento del tejido se frota la dureza dos veces al día con un poco de zumo de limón. Si queremos que no vuelva a salir frotaremos los pies, de vez en cuando, con una mezcla de 3 cucharadas de aceite de girasol y dos de vinagre.

> **Crema nutritiva de aloe vera.** Corta en trocitos muy pequeños un puñado de hojas de aloe vera e introdúcelos en una botella. Añade medio litro de aceite de oliva virgen, cierra y deja macerar durante mes y medio. Pasado este tiempo colar el aceite para eliminar las hojas y guardarlo de nuevo en la botella para utilizarlo cuando se necesite. Para

embellecer la piel basta con extender unas gotas por la zona deseada un par de veces por semana (mejor después del baño). Si queremos tratar un problema de acné, psoriasis o eccemas, aplicaremos el gel sobre la parte afectada un par de veces al día (mañana y noche).

> *Levadura de cerveza para nutrir.* Recomendamos el uso de levadura de cerveza en forma de polvo seco (obtenido durante la fermentación de la cerveza tras deshidratar millones de levaduras similares a las que fermentan el pan). Se puede añadir o acompañar la levadura a una de las comidas del día (basta con un par de cucharadas), preferiblemente en el desayuno. Para conseguir buenos resultados en poco tiempo lo haremos día sí y otro no durante medio mes.

> *Reafirmante facial de hamamelis.* Se mezcla una cucharadita de vinagre de sidra y dos de hamamelis en un plato o vaso pequeño. Se aplica firmemente con los dedos sobre la cara y cuello. Mientras actúa este líquido sobre la piel, batir una clara de huevo durante 2 minutos y posteriormente extenderla, dejando que actúe durante 15 minutos y después aclarar con agua fría.

> *Tónico muscular de uva.* La piel de la cadera, muslos, piernas, cara y cuello se encuentra estrechamente relacionada con los músculos que, en número importante, se disponen por debajo de ella. Para elaborar este tónico introducir en un recipiente 100 mililitros de aceite de semilla de uva (7 cucharadas), 2 cucharaditas de esencia de romero y una cucharadita de esencia de lavanda. Una vez que tengamos una mezcla homogénea la guardamos en un recipiente pequeño con tapón de rosca y la conservamos a temperatura ambiente en lugar oscuro. Puede utilizarse 2-3 veces por semana sobre las zonas del cuerpo donde la piel está próxima a los músculos más activos (muslos, piernas, cara, brazos). Extender el tónico con las manos sobre la piel siempre en sentido «hacia el corazón». Dejarlo actuar durante 30 minutos y luego ducharse o bañarse para eliminar los restos de aceite.

> *Ungüento con bulbo de azucena* para una piel corporal bella y tersa: se cuecen en 10 gramos de agua 30 gramos de bulbo de azucena a fuego lento hasta que se reduzca a la mitad. Se cuela y se le añade al líquido 30 gramos de miel, otro tanto de cera virgen y la misma cantidad de zumo de cebolla. Se cuece todo al baño María hasta que se derrita la cera y se consiga una crema homogénea. Se puede aplicar en el cuerpo las veces que se desee.

PREVENCIÓN

Debemos revitalizar nuestra piel dejando que respire a través de prendas de algodón y poco ceñidas; no exponerla sin protección a los rayos solares; no abusar del empleo de cosméticos; facilitarle baños de aire de vez en cuando, con paseos prolongados; aplicar cremas nutritivas en zonas sensibles como cara, cuello, hombros y mamas; no abusar de los jabones y geles fuertes.

SABÍAS QUE...

Una persona adulta tiene casi dos metros cuadrados de piel en todo su cuerpo, y su grosor varía mucho según las zonas.

[PIEL DEL CUELLO]

¿QUÉ ES?

La piel que protege el cuello, junto con la que rodea los ojos, es una de las zonas más sensibles, razón por la que también es de las primeras en presentar arrugas, motivo más que suficiente para que los cuidados en esta región sean precisos y constantes. La piel del cuello refleja con mayor rapidez los síntomas del envejecimiento porque es más fina y pobre en glándulas sebáceas que el resto. Por eso es necesario hidratarla a diario y aplicar una crema antiarrugas o un tratamiento específico.

TRATAMIENTO Y PREVENCIÓN

› *Tónico para el cuello.* Aplasta o licúa unas hojas de lechuga o col hasta conseguir 3 cucharadas soperas de jugo. Después mézclalo con 3 cucharadas de miel y el zumo de medio limón. Aplica el tónico sobre el cuello y particularmente sobre las manchas y arrugas, y déjalo actuar durante 20 minutos. Después, aclara con agua tibia.

› *Infusión tónica.* Se ponen en un recipiente o frasco 25 gramos de hojas de perejil secas o 50 gramos si son frescas, 25 gramos de hojas de romero secas (o 50 gramos si son frescas) y, encima, medio litro de leche entera hirviendo. Se tapa y se deja reposar durante media hora, después se filtra y se envasa en un botellín y se guarda en nevera. Se aplica dos veces al día, una por la mañana y otra por la tarde con un algodón empapado en la infusión y, poco a poco, se van dando golpecitos suaves sobre las zonas con arrugas y pliegues.

› **Crema para las arrugas.** En un recipiente, pon al baño María 40 gramos de manteca de cacao hasta que se funda. Después retira del fuego, agrégale una cucharada y media de aceite de oliva virgen de primera presión en frío, y revuelve bien hasta que se enfríe la mezcla, se introduce en un frasquito y queda listo para utilizar (consérvalo en la nevera). Esta crema está indicada para las arrugas y pliegues, sobre todo del cuello. Cuando se administra la crema hay que hacerlo con suaves golpecitos desde el nacimiento del cuello hasta la barbilla. Practícalo dos veces al día, una por la noche y otra por la mañana. Debemos procurar no estirar la piel ni pellizcarla.

› **Tónico de rosas.** Prepara una infusión de manzanilla con una bolsita y un vaso de agua muy caliente. Deja reposar 15 minutos y cuela. Cuando el líquido esté frío introdúcelo en un recipiente hermético, añade 100 mililitros de agua de rosas y dos gotas de aceite o esencia de sándalo. Cierra el recipiente y agítalo hasta obtener una buena mezcla. Guarda en una nevera durante una semana. Para utilizarlo humedeceremos un algodón y lo extenderemos suavemente por la piel dibujando círculos (cuello, cara). Puede utilizarse todos los días ya que, frente a muchos tónicos comerciales, su contenido en alcohol es nulo.

› **Tónico cutáneo de cebada.** Se vierten en una cazuela 3 vasos de agua y un puñado de cebada. Se enciende el fuego al mínimo y se espera a que hierva el agua. Seguidamente se apaga el fuego y se deja que se enfríe la mezcla. Se cuela a un recipiente con cierre hermético o botella con tapón de rosca. Se añaden cinco gotas de aceite de limón, se cierra y se agita hasta conseguir una buena mezcla. Se guarda en el frigorífico.

› **Borraja.** Para prevenir el envejecimiento prematuro en la piel del cuello debemos aplicarnos a menudo aceite o infusiones de borraja en esta zona.

Prevención

Además de los cuidados ofrecidos por cremas hidratantes y nutritivas, podemos practicar todos los días (o casi todos) el siguiente ejercicio de estiramiento: acerca la cabeza al hombro derecho tratando de tocarlo con la oreja, luego al hombro izquierdo, hacia delante pegando la barbilla al pecho y hacia atrás, la nuca a la espalda. Realiza estos ejercicios 10 veces cada uno.

Sabías que...

La piel del cuello es muy sensible a las exposiciones solares ya que con ellas se favorece la oxidación de esta zona, y con ello la formación de pliegues y arrugas.

[PIEL GRASA Y SECA]

¿QUÉ ES?

La piel cuenta con numerosas glándulas sebáceas (productoras de grasa) y sudoríparas (productoras de sudor) que vierten sus productos a través de pequeños conductos situados en las proximidades del vello. Su número y producción depende mucho de los genes de cada uno (herencia) y en consecuencia también del tipo de piel (grasa, normal o seca), si bien es cierto que algunos factores pueden incrementar su «trabajo». Las ropas ceñidas, la temperatura elevada, el empleo de agua muy caliente en la ducha y el uso de geles o jabones muy agresivos, son algunos de los elementos que pueden influir en la aparición de pieles grasas o secas.

TRATAMIENTO Y PREVENCIÓN

› *Para la piel seca.* Beber muchos líquidos a lo largo del día, no emplear cremas grasas, no tomar el sol, lavarse con agua de avena o de germen de trigo, evitar el alcohol y el tabaco, comer muchos alimentos con vitaminas A y E (vísceras, zanahorias, productos lácteos).

› *Para la piel grasa.* No se debe comer vísceras o carne roja (sustituirlas por las de pollo o pavo), no tomar dulces ni chocolate, evitar el alcohol y sí abusar de las verduras y frutas (sobre todo de los zumos), realizar una actividad física de forma moderada, dormir bien, lavarse con jabón o gel una vez al día (las demás sólo con agua) y una vez diaria con agua de limón.

› **Baño de limón para pieles grasas.** Por su efecto astringente es de interés en este tipo de pieles. Se prepara un baño de agua caliente con seis limones cortados en rodajas. Se dejan reposar los limones quince minutos y luego se exprimen para obtener su zumo. Permaneceremos quince minutos en el interior del agua.

› **Frambuesa para pieles grasas.** Preparar una loción de frambuesa hirviendo un litro de agua con 20 gramos de hojas de frambuesa durante 15 minutos. Con esta loción podemos lavarnos la cara, cuello, e incluso añadirla directamente al baño para que sus efectos sean generalizados. Hazlo una vez por semana.

› **Trigo contra la piel grasa.** Se mezcla un puñado de salvado de trigo con una clara de huevo sin batir, se remueve todo bien y se aplica sobre la cara con un suave masaje. Dejamos actuar la mascarilla 10 minutos y luego la eliminamos con agua tibia. Se hace 1-2 veces por semana.

› **Crema nutritiva para pieles normales.** Calienta al baño María 60 gramos de aguacate, 60 gramos de rosas, 20 gramos de cera virgen y 2 cucharadas de aceite de germen de trigo. Remueve ligeramente y, cuando tengamos una pasta homogénea, se apaga el fuego y se guarda la crema en un frasco cerrado. El aceite de germen de trigo actúa a modo de conservante por lo menos durante 10 días en la nevera. Aplica una vez al día sobre las zonas más sensibles de la piel.

› **Hidratante para pieles secas.** Sólo necesitamos un puñado de almendras (8-10) y un vaso de leche entera. Se muelen muy bien las almendras, se vierten a una taza y se mezclan bien con la leche. Se deja reposar durante diez horas en el frigorífico removiendo de vez en cuando. Finalmente se filtra el líquido y se conserva en un tarro hermético en la nevera. Aplicarlo todos los días, mejor por la noche, sobre las zonas más afectadas y lentamente notaremos una gran mejoría.

› **Para cerrar los poros dilatados.** El pepino con un poco de huevo nos puede resolver el problema de los poros dilatados y la piel grasa. Para ello debemos pelar un pepino mediano, licuarlo y mezclar el líquido con una clara de huevo batida a punto de nieve. Se remueve bien la mezcla y se añade el zumo de un limón. Se guarda en un lugar fresco. Se aplica 2-3 veces por semana hasta eliminar el problema y luego, como mantenimiento, de vez en cuando.

› **Aceite corporal para pieles secas:** calienta al baño María un cuarto de litro de aceite de oliva virgen y, cuando alcance la ebullición, añade un puñado de pétalos de rosa. Deja 2 o 3 minutos en el fuego y luego retíralo. Dejamos reposar la mezcla durante 24 horas y filtramos el aceite aplastando los pétalos para obtener todo su «jugo». Con el aceite filtrado repetimos todo el proceso, al menos dos veces más, ya que, cuantas más veces se repita, más concentrado estará. Guardar en un frasco con cierre hermético y en lugar oscuro. Aplicar sobre la piel 2-3 veces por semana, siempre después del baño y con la ayuda de un ligero masaje.

› **Crema para rejuvenecer la piel.** Se cuece a fuego lento durante 45 minutos un litro de aceite de oliva virgen de primera presión en frío, 200 gramos de cera virgen, un vaso de vino tinto y 25 hojas frescas de «lengua de gato». Se remueve de vez en cuando con una cuchara de palo. Retirar del fuego, dejar enfriar el líquido y, cuando esté templado, guardarlo en tarros en un sitio fresco y seco (sirve el frigorífico).

› **Desmaquillante para pieles secas.** Mezcla en un recipiente 200 gramos de aceite de oliva virgen de primera presión en frío, 10 gramos de lecitina de soja y otro tanto de jugo de limón. Remueve hasta conseguir una crema homogénea que se guarda en un frasco con tapón de rosca. Antes de usarlo conviene agitar bien para que se mezclen los componentes. Aplicar cada noche, con la ayuda de un algodón humedecido en la crema, por la cara hasta que no quede ninguna impureza o suciedad.

Sabías que...

El contacto de la piel de las manos con jabones para lavar, detergentes y lavavajillas es la causa más frecuente de piel seca, frágil y quebradiza. Este tipo de pieles no sólo pican y están tirantes, sino que además son más propensas a las arrugas.

[PIERNAS]

¿QUÉ SON?

Las piernas se encuentran sometidas a un intenso trabajo diario, que afecta a músculos, nervios, articulaciones y vasos sanguíneos. Cargar pesos, estar mucho tiempo de pie, el uso de prendas que dificultan el retorno de la sangre y los paseos muy intensos, son las causas más frecuentes del cansancio y la hinchazón de piernas. Uno de los factores más determinantes es la dificultad en el retorno de la sangre venosa al corazón, pues con ello se posibilita su estancamiento en las piernas, la retención de líquidos, la hinchazón, los edemas, la presión sobre las terminales nerviosas y los consiguientes calambres, hormigueos y dolor.

TRATAMIENTO

› *Elevación de piernas.* Ya sea tumbados en el suelo, sentados, o cuando estamos en la cama, procurar que las piernas se sitúen casi a la misma altura que el corazón de tal forma que el retorno de la sangre no tenga que vencer la gravedad y se realice con menos esfuerzo y de forma más completa.

› *Infusión de menta.* Se elabora una infusión concentrada de menta (2 cucharadas por cada litro de agua) con el fin de lavar las piernas y todas aquellas zonas en las que tengamos molestias. Con esta infusión ayudamos al retorno venoso, se reduce la hinchazón y se ejerce un cierto efecto calmante.

› *Friegas con alcohol de romero.*

› *Ducha de agua fría.* Ya sea de cuerpo entero o sólo para las piernas, aplicar agua fría durante no más de tres minutos.

› *Medias de compresión.* Muy útiles para aquellas personas que tengan molestias frecuentes o trabajen mucho tiempo de pie. Estas medias colaboran en el ascenso de la sangre y evitan su estancamiento.

› *Zanahoria.* Este delicioso plato nos ayudará a combatir los problemas de cansancio en las piernas. Cortar en finas rodajas y freír en aceite de oliva virgen de primera presión en frío dos zanahorias de tamaño mediano; cuando la zanahoria esté un poco tierna añadir una pizca de sal marina y una cucharadita de salsa de soja. Remover un par de minutos y retirar del fuego. Tomar un par de veces por semana.

› *Calambres en las piernas.* Este tipo de molestias son muy frecuentes, así como los picores. Ambos están relacionados con la circulación de la sangre y en menor medida con irritaciones de los músculos. Para aliviarlos conviene descansar la pierna afectada, dentro y fuera de la cama, colocándola sobre una almohada de tal manera que separe la pierna de la cama o del sofá.

› *Calambres y espasmos en las piernas.* Para prevenirlos podemos cortar un trozo de jabón tradicional por la mitad, a lo largo, e introducir una parte en un calcetín. Se coloca dentro de la cama como si se tratase de una bolsa de agua caliente. Con la edad este problema de calambres en las piernas suele aparecer cuando nos metemos en la cama, como consecuencia de una deficiente circulación sanguínea, pero también puede deberse a una carencia de magnesio, por lo que tomaremos cacao puro, pues es el producto de la naturaleza que más cantidad de esta sustancia contiene.

> *Corcho.* También para prevenir los calambres y los espasmos, llevaremos medio corcho de botella (cortado por la mitad en su sentido longitudinal) en el bolsillo.

PREVENCIÓN

Caminar sin pausa y sin cargar pesos; no permanecer mucho tiempo de pie; cuando estemos sentados descansar las piernas en un taburete; no utilizar prendas que compriman la cadera, muslos ni piernas (*panties*, calcetines de goma, cinturones ajustados); vigilar el peso ya que la grasa que se acumula en el vientre dificulta el retorno de la sangre; reducir el consumo de sal para prevenir la retención de líquidos en el organismo; caminar todos los días media hora y pedalear en una bicicleta estática para fortalecer los músculos de las piernas; no aplicar calor en esta zona ni acercarse a fuentes de calor (radiadores, estufas); no tumbarse al sol con las piernas expuestas.

SABÍAS QUE...

La causa más frecuente de hormigueos, calambres e hinchazón de piernas es la existencia de varices en las venas superficiales o profundas de las piernas.

[PIES (dolorosos, sudorosos)]

¿QUÉ SON?

Al igual que las piernas, los pies son con frecuencia maltratados ya que en el fondo deben soportar todo el peso del organismo. Cada pie está constituido por un conjunto de huesos reforzados por pequeños músculos y tendones que le dan el aspecto de un puente, en el que una de sus «aceras» o bordes se encuentra en contacto con el suelo. Es una obra de ingeniería natural especialmente dispuesta para transmitir nuestro peso al suelo con el menor esfuerzo. Sin embargo, el uso de tacones, calzado estrecho, suelas planas no adaptadas a su forma, suelos irregulares, zapatillas no transpirables o exceso de peso corporal, son algunos de los muchos factores que lo debilitan y posibilitan la aparición de molestias como el dolor, la hinchazón, el exceso de sudor, callos y durezas, juanetes...

TRATAMIENTO

› *Para relajar los pies.* Aprovecharemos cualquier momento del día para hacer rodar una botella de cristal vacía con la planta del pie. Se practica con cada uno de ellos durante varios minutos. Si tenemos las plantas calientes, hinchadas o con picor, practicaremos el mismo ejercicio pero con la botella llena de agua fría.

› *Pies secos, resecos o ásperos.* Todas las noches, antes de acostarnos, aplicaremos sobre la piel de los pies un poco de aceite de almendras y luego los cubriremos con un calcetín que retiraremos por la mañana.

› **Dureza.** Aparte de otros remedios que se comentan en el apartado de durezas en la piel, una forma muy natural de eliminar las de los pies es caminar sobre la arena de la playa, en particular donde está seca, no húmeda.

› **Olor de pies y pies sudorosos.** El método más sencillo y eficaz consiste en utilizar ácido bórico en polvo. Antes de acostarnos lavaremos los pies, los masajearemos con abundante ácido bórico y los cubriremos con un calcetín toda la noche (practica este remedio una vez al mes). Otro método eficaz consiste en masajear los pies con aceite de romero una vez por semana, también antes de acostarse. Podemos complementar cualquiera de estas fórmulas añadiendo bicarbonato al calzado o bien una mezcla, a partes iguales, de talco, ácido bórico y óxido de zinc.

› **Pies dolorosos.** Baño de agua fría en ducha o bidé durante un máximo de 3 minutos. También es muy aconsejable mantener los pies elevados (sobre un taburete) mientras estemos sentados.

› **Callos.** Todas las noches, antes de acostarnos, colocaremos sobre la zona afectada una rodajita de limón sujeta con un esparadrapo durante toda la noche. Hay que hacerlo todos los días hasta que desaparezca el problema. Otro remedio consiste en aplicar diariamente un poco de aceite de ajo o, como el mismo procedimiento anterior, rodajas de ajo.

› **Pie de atleta.** Ésta es una alteración desarrollada por un hongo que produce pequeñas placas blancas entre los dedos, picor y ligero enrojecimiento. Es muy contagioso si se comparten toallas, zapatillas... Para tratarlo hay que recurrir a la miel, ya que facilita la curación de las heridas (empapar con miel una gasa o algodón y colocarla sobre la zona durante toda la noche; repetir hasta que desaparezca el problema). Los mismos efectos podemos conseguir con el vinagre de manzana utilizado de la misma forma.

> **Papiloma plantar.** Ésta es una pequeña lesión que aparece en la planta de los pies, cerca de los dedos, desarrollada por virus y parecida a una pequeña verruga que crece hacia dentro, hacia el hueso. Produce dolor al caminar o al estar de pie, no de forma constante, sino «a rachas». Un remedio eficaz para este tipo de problema consiste en colocar sobre la lesión un trozo de cáscara de plátano maduro, con la parte blanca en contacto con la piel, sujeta con un esparadrapo. Se cambia cada 12 horas hasta que desaparezca la lesión (suele desprenderse como un «tapón»).

> **Pies sudorosos.** Lavar los pies, una vez por semana, con una infusión de salvia concentrada (dos cucharaditas por cada medio litro de agua).

PREVENCIÓN

Vigilar el peso corporal para no aumentar la presión sobre los pies; no emplear tacones de más de 5 centímetros; utilizar calzado ancho y de fácil transpiración: las plantillas del calzado deben estar adaptadas a la forma del pie.

SABÍAS QUE...

El calzado debe ser flexible. Al doblar un zapato o zapatilla debe hacerlo en el tercio anterior, justo debajo de la base de los dedos, no en la mitad de la suela, ya que nosotros, al caminar, no doblamos el pie por la mitad, «por el puente».

[PRURITO]

¿QUÉ ES?

El prurito o picor viene representado por pinchazos o pequeños pellizcos que sentimos en la piel y que suelen calmarse con el rascado. Hay muchas causas posibles del prurito, si bien las más frecuentes son picaduras, dermatitis, quemaduras solares, urticaria, parasitosis por piojos (pediculosis) o sarna, e incluso también enfermedades de órganos internos como las que afectan a la vesícula biliar, reacciones alérgicas, infecciones vaginales, hemorroides, gusanos en el intestino (tenias, oxiuros), leucemias, el consumo de ciertos medicamentos (barbitúricos) o alimentos, estreñimiento crónico, acumulación de mucosidades y desórdenes psicológicos como la ansiedad o el estrés. Hay que evitar el rascado para no lesionar la piel y facilitar así las infecciones generadas por bacterias que residen en ella.

TRATAMIENTO

› *Vinagre de cocina o vinagre de manzana.* Éste es un elemento muy eficaz para el picor, además de un remedio de urgencia. Cuando se sienta el prurito hay que aplicar sobre la zona afectada un poco de este producto. Da igual que sea una zona reducida o muy extensa, ya que no existen efectos secundarios. También puede utilizarse en la ducha como sustituto de los jabones y geles mientras nos afecten los picores.

› *Zanahoria rallada.* Por su elevado contenido en vitamina A, la zanahoria es un buen aliado frente al picor. Basta con rallar muy fina una zanahoria pequeña, añadirle un poco de agua y formar una pasta que, con la ayuda de una gasa, colocaremos a modo de cataplasma sobre la parte afectada. Es muy eficaz para los picores por lesiones en la piel. Puede repetirse el proceso 2-3 veces al día hasta que desaparezca el mal.

> *Alimentación.* Mientras se tengan picores hay que evitar, al menos durante 40 días, el café, clara de huevo, chocolate, fresas, tomate, pescados, crustáceos, quesos fermentados, leguminosas, oleaginosos, azúcar refinada, harinas blancas o alimentos que las contengan, bollería y pastelería, leche de vaca, carnes grasas y derivados.

> *Aloe vera.* Se baten bien 300 gramos de jugo fresco de aloe vera con 3 cucharadas de whisky o coñac de buena calidad y 300 gramos de sirope de arroz o miel. Se toman tres cucharadas soperas al día.

> *Urticarias.* Si tomamos dos cucharadas diarias de aceite de almendras dulces conseguiremos aliviar y curar este problema. También para esto, para las afecciones crónicas de la piel y los picores por la ingesta de alimentos en mal estado, se puede comer ortiga preparada como cualquier otra verdura, o beber el agua de la decocción de 40 a 60 gramos de la planta por litro de agua (se cuece hasta que el agua se reduzca a un tercio). Se toma durante una temporada hasta que se solucione el problema.

> *Ortigas.* Para calmar la urticación producida por la ortiga pasaremos por la parte afectada corteza de ortiga pelada.

PREVENCIÓN

Evitar la piel seca o reseca (sobre todo las personas mayores), hidratarla a menudo; reducir las exposiciones solares; evitar las situaciones estresantes o ansiosas; no usar jabones y geles fuertes, con pH extremo; seguir una dieta rica en frutas y verduras con abundante vitamina A (las de color naranja).

SABÍAS QUE...

Uno de los tipos de prurito cada vez más frecuente es el relacionado con la tensión emocional, fruto sobre todo del estrés y que suele acompañarse de sequedad de piel e incluso manchas sonrosadas.

[PSORIASIS]

¿QUÉ ES?

La psoriasis es una enfermedad crónica, de larga evolución, que aparece a modo de «brotes» (viene y va). Se caracteriza por una producción excesiva de las células más superficiales de la piel (las muertas) y forma placas de color blanquecino que suelen acompañarse de pequeñas inflamaciones y picores. No se conocen las causas exactas de la psoriasis, aunque hay factores que la favorecen como herencia familiar (antecedentes en la familia), estrés, alteraciones hormonales o dietéticas (comer poca fruta, verduras, hortalizas), etc. Es imprescindible drenar el hígado con una dieta adecuada y plantas drenantes hepáticas.

Suprimir alcohol, café, tabaco y todo tipo de estimulantes, lácteos, azúcar blanca y harinas refinadas además de bebidas con gas.

En la piel, las zonas más afectadas son las de «roce» (codos, manos, rodillas, cabeza), y puede complicarse con el tiempo y dar lugar a lesiones articulares como las artritis. La psoriasis afecta al 2 % de la población mundial. Generalmente aparece entre los 15 y los 35 años, pero en algunos casos puede hacerlo en la infancia o a los 50 o 70 años.

TRATAMIENTO

> **Baño templado de sal.** Éste es un remedio de gran ayuda para controlar la inflamación y el picor de la psoriasis. Basta con añadir al agua del baño 3-4 cucharadas de sal marina y frotarse suavemente el cuerpo. Practicarlo una vez por semana.

› **Pescados grasos.** Ayudan de forma significativa a controlar los brotes o agudizaciones de la psoriasis, y en particular el salmón, la caballa, la sardina y el atún.

› **Baño con aceite de oliva y leche.** Añade a un vaso de leche templada dos cucharadas de aceite de oliva virgen de primera presión en frío, remueve y mézclalo con el agua caliente del baño. Báñate durante 20 minutos una vez por semana.

› **Infusión de raíz de bardana.** En un cuarto de litro de agua, se cuece a fuego lento durante media hora un puñado de raíz de bardana. Pasado este tiempo se retira del fuego, se cuela y, con el líquido resultante y una gasa, se aplica suavemente sobre las zonas afectadas 2-3 veces diarias, hasta notar cierta mejoría.

› **Psoriasis, dermatitis y caspa.** Se ponen al baño María 200 gramos de cera virgen y 250 g de aceite de oliva virgen de primera presión en frío. Cuando se derrita se le añaden 30 gotas de esencia de aprolis o de tomillo y un vaso de orina propia que previamente habremos dejado al sereno por la noche y en un sitio fresco durante el día 24 horas. Se remueve constantemente con una cuchara de palo y se aplica sobre las zonas afectadas.

› **Hiel de liebre.** En el año 1140 este ingrediente era el más empleado en la Europa Central para tratar la psoriasis. Se dice que la vesícula se encuentra más llena de bilis en luna creciente. La receta es la siguiente: se calientan de 100 a 200 gramos de manteca de cerdo y cuando esté líquida se mezcla con una cucharilla de hiel de liebre. Se remueve lentamente hasta que se mezclen, se retira del fuego y se deja enfriar. Se pasa a un frasco y se guarda en el frigorífico. Se aplica una vez al día sobre las zonas afectadas bien extendida. Se producirá una quemazón que desaparecerá en una hora aproximadamente. Aunque parezca que la cosa empeora, en pocos días de aplicación obtendremos mejoría.

> *Aceite de almendras.* Hay que mantener continuamente hidratada la piel con este aceite y lavarse con jabón de trozo. El último aclarado se hace con zumo de limón.

Todos los tratamientos anteriores, tendrían un 50 % más de probabilidades de éxito si todos los días tomáramos una infusión de ortigas en ayunas.

PREVENCIÓN

Debemos reducir al mínimo todos los factores que puedan favorecer la aparición de la psoriasis como el estrés, el consumo de alcohol, el exceso de café, no utilizar ropas ajustadas y comer con frecuencia fruta, verduras y hortalizas. Conviene tomar baños de sol paseando, ya que en dosis moderadas ayuda a mantener «a raya» los síntomas de esta enfermedad.

SABÍAS QUE...

El borde de los dedos, debajo de las uñas, es una zona de fácil desarrollo de la psoriasis. Allí observaremos pequeñas tiras de piel blanca con abundante descamación.

[QUEMADURAS]

¿Qué son?

Las quemaduras son lesiones que se producen sobre la piel e incluso en tejidos inferiores por efecto del calor, a partir de agentes físicos (radiadores, calentadores), sustancias químicas (lejías, ácidos) o fuego. El calor almacenado en la piel dilata los vasos sanguíneos que hacen enrojecer la zona; más tarde puede salir suero y formar ampollas (quemaduras de segundo grado) e incluso destruir los tejidos y formar zonas muertas como costras (quemaduras de tercer grado). Las quemaduras de segundo y tercer grado representan un terreno especialmente propicio para la infección, por eso hay que tratarlas con mucho cuidado y constancia. En el caso de quemaduras de tercer grado, nunca trataremos de quitar los tejidos muertos y acudiremos lo antes posible a un centro médico.

Tratamiento

› *Miel como tratamiento urgente.* Es uno de los elementos más eficaces durante los primeros minutos de la lesión. Aplicar una capa generosa para que no pierda agua y se encuentre bien «alimentada», además ejerce cierto efecto analgésico.

› *Hojas de berza o de lechuga.* Limpiar un par de hojas de lechuga o berza, cortarlas muy fino y añadirles unas gotas de aceite de oliva. Se aplican sobre la piel afectada sujetas con una venda o gasa. Se deja que actúen durante 1-2 horas. Se repite el proceso si es necesario.

› **Pomada de caléndula y llantén.** Utilizaremos un puñado de flores de caléndula, otro tanto de hojas de llantén, una cucharada de cera virgen y 3-4 de aceite de oliva virgen de primera presión en frío. Para preparar la pomada, se fríen en una sartén el aceite de oliva junto con las flores de caléndula y de llantén. Se cuela, y al líquido se le añade la cera virgen, se da vueltas y se guarda en un tarro con cierre hermético como si fuera una pomada. Se aplica 2-3 veces al día sobre la zona quemada.

› **Puerro cortado.** Cortar un puerro en rodajas y colocarlas sobre la zona herida con una venda o gasa. Cambiar cada hora hasta un total de 4 horas.

› **Lóbulo de la oreja.** Cuando se produzca una quemadura de primer grado (sólo enrojecimiento y dolor en la piel), especialmente en los dedos de las manos, hay que acercar el quemazo al lóbulo de la oreja del mismo lado y tenerlo así 5 minutos. Al principio escocerá mucho, pero evitaremos que salgan ampollas. Este remedio brasileño se puede practicar en caso de quemaduras por aceite o agua hirviendo, cigarrillos, siempre que sean leves y en esta zona.

› **Flores frescas de maravilla o caléndula.** Coger un puñado de flores frescas de esta planta, limpiarlas bien y colocarlas directamente sobre la zona afectada. Poseen notables propiedades analgésicas y previenen las infecciones.

› **Jugo de flores de melisa.** Se coge un puñado de hojas de esta planta, se machacan y se moja una gasa en el jugo para extenderlo en la zona afectada. Se repite 2-3 veces el mismo día.

› **Nieve y aceite de oliva.** Se coloca en un cuenco o cazuela pequeña un puñado de nieve y se añaden, lentamente, cuatro cucharadas de aceite de oliva hasta formar una especie de mayonesa. Se guarda en un tarro hermético y se conserva en lugar seco y oscuro. Cuando se produzca una quemadura se aplica un poco de la crema sobre la zona afectada cada 3-4 horas.

› **Crema de calozollo.** Para elaborar la crema utilizaremos una raíz de calozollo, una clara de huevo, una cucharada de manteca de cerdo y un chorrito de alcohol. Se hierve la raíz de calozollo y se deja enfriar. Se bate la clara de huevo, se le añade el chorrito de alcohol, la manteca de cerdo y otro chorrito del líquido de hervir la raíz. Se revuelve hasta que quede una especie de pasta y, finalmente, se guarda en un tarro hermético hasta que se tenga que utilizar. Si nos quemamos aplicaremos un poco de la crema sobre la zona afectada cada 3-4 horas hasta que desaparezcan las molestias.

› **Pasta de patata cruda.** Se limpia, pela y trocea media patata. Se aplasta con el tenedor hasta formar una pasta que se coloca sobre la zona lesionada con la ayuda de una gasa o venda. Se cambia 3 veces al día. En las quemaduras de primer grado basta con un día; en las de segundo o tercer grado, lo haremos 2 o 3 días.

› **Clara de huevo.** Aplica directamente la clara de un huevo sobre la zona lesionada y déjala actuar durante, como mínimo, una hora. Así impedimos que la piel se deshidrate y pierda sus características.

PREVENCIÓN

Todas las quemaduras hay que mantenerlas muy limpias para evitar que las bacterias que anidan en la piel de zonas próximas puedan contaminarlas y generar infecciones que producen grandes cicatrices. Cuando aparecen ampollas nunca se deben reventar, pues se puede facilitar la infección (para sacar el líquido se hierve una aguja, se enhebran 20-30 centímetros de hilo y se atraviesa la ampolla de un extremo al otro para que el hilo «absorba» el líquido). Se deja el hilo dentro de la ampolla para que no vuelva a formarse.

Sabías que...

Todas las quemaduras, por muy pequeñas que sean, debemos vigilarlas ya que suponen un caldo de cultivo muy rico para las bacterias y, además de infección, pueden facilitar cicatrices. Esto es sobre todo importante en las quemaduras por sustancias químicas en las que lo ideal es lavar la zona afectada con abundante agua corriente para eliminar los restos que puedan permanecer en la piel.

[QUEMADURAS SOLARES]

¿Qué son?

Las quemaduras solares representan las lesiones más frecuentes que el sol puede causar en nuestra piel, y sus características son muy similares a las producidas por calor. También se dividen en tres tipos: primer grado o eritema (mancha de color rojo o rosa), segundo grado (ampollas) y, rara vez, de tercer grado (muerte de tejidos subyacentes a la piel con heridas profundas (casi siempre en labios y otras zonas expuestas de gran sensibilidad). Este tipo de lesiones aparece sobre todo durante las primeras exposiciones al sol y en la mayor parte de los casos hay ligero dolor y picor. Casi siempre la parte de piel afectada termina por descamarse antes de recuperarse. Las quemaduras solares pueden complicarse con infecciones locales por bacterias de la piel cercana y, a medio y largo plazo, pueden impulsar otras lesiones como cicatrices, envejecimiento precoz de la piel, melanomas... Véase también *Bronceado*.

Tratamiento

› *Hojas de hiedra.* Se coge un puñado de hojas de esta planta, se lavan y colocan directamente sobre la zona afectada con la ayuda de una venda. Se repite el proceso 2-3 veces diarias (con un día suele ser suficiente).

› *Crema hidratante.* Si hay picor en las lesiones aplicaremos crema hidratante según las necesidades. También se puede aliviar frotando la piel afectada con un cubito de hielo.

› *Aceite de manzanilla.* Recomendamos preparar este aceite para guardarlo en un frasquito y tenerlo siempre a mano. Es muy eficaz contra todo tipo de quemaduras y en particular contra las solares, pues alivia los síntomas y facilita la rehabilitación de la piel. Para elaborar el aceite se mezclan 25 gramos de flores secas de manzanilla con un cuarto de litro de aceite de oliva virgen de primera presión en frío y se calienta al baño María, a fuego lento, durante 2 horas. Apagar el fuego y exprimir las flores de manzanilla, colar y guardar el aceite en un frasquito con cuentagotas o cierre hermético. Cuando hay una quemadura se aplica una capa del aceite sobre la zona afectada 2-3 veces al día.

› *Agua fría con infusión de salvia o manzanilla.* Lavar la zona afectada con abundante agua fría a la que le hemos añadido una infusión de salvia o de manzanilla. Estas plantas poseen notables efectos antiinfecciosos.

› *Vinagre de vino o de manzana.* Cualquiera de los dos es eficaz para reducir las molestias de las quemaduras solares. Se aplica sobre la piel cada hora, hasta un total de 4-5 veces.

› *Zanahoria rallada.* Limpia un trozo de zanahoria, córtala en trozos muy pequeños, aplástalos y aplícalos directamente sobre la piel. Cubre con una gasa y deja actuar durante 2-3 horas.

› *Caldo de coliflor.* Hierve una coliflor, separa el caldo, mézclalo con 3-4 cucharadas de aceite de oliva virgen de primera presión en frío y remueve hasta formar un caldo espeso. Se guarda en un frasco hermético. Cuando hay una quemadura solar, se aplica sobre la zona afectada con una gasa, 2-3 veces al día.

› *Leche templada.* Se moja una gasa en leche a temperatura ambiente y se aplica durante media hora. Se repite la operación cada 2-3 horas hasta un total de 3 veces el mismo día.

› **Yogur.** Cuando se aplica en forma de cataplasma sobre la zona lesionada, también alivia mucho las quemaduras solares.

› **Agua con bicarbonato sódico.** Se llena el lavabo de agua y se añade 2-3 cucharaditas de bicarbonato sódico. Se remueve y luego se lava la zona afectada con esta agua y una gasa. Este remedio alivia las molestias, rehidrata la zona y facilita la recuperación. Puede repetirse 2-3 veces al día.

› **Huevo y aceite de oliva.** Se bate una clara de huevo y se mezcla con dos cucharadas de aceite de oliva virgen de primera presión en frío. Se guarda en un frasquito y cuando tengamos quemaduras solares en la piel, aplicaremos un poco de esta crema cada dos horas. Notaremos enseguida una notable mejoría y evitaremos complicaciones.

› **Aloe vera y sangre de drago.**

PREVENCIÓN

Hay que exponerse lo menos posible a los rayos solares y nunca más de media hora; siempre debemos proteger la piel con cremas fotoprotectoras con factores de protección adecuados a nuestra piel (por lo general 10 o superior). Los rayos de sol son «acumulativos o sumatorios» en la piel, de tal forma que los de un año los sumamos al siguiente, y al otro y al otro... y podemos llegar a los 40 años con «demasiado sol». Hay que recordar también que los rayos solares son más intensos en las alturas (montaña) que a nivel del mar; proteger del sol las zonas más delicadas de la piel como los labios, nariz, pómulos, orejas, abdomen... Los más peligrosos son los que se reciben entre las 11 y 17 horas; estar dentro del agua no protege de los rayos solares; los días nublados también son peligrosos. Los días antes del período estival protegeremos la piel si consumimos productos con mucha vitamina A (aumentan la producción de melanina), como los alimentos de color naranja: zanahoria, calabaza, albaricoques y otros como el apio, tomate y remolacha. Debemos recordar que la zona quemada no puede exponerse al sol hasta 4-5 días después de la lesión.

Sabías que…

Si nos han quedado cicatrices de una quemadura y pican, para calmar el picor lo mejor es un cubito de hielo o una crema hidratante.

[RESACA]

¿QUÉ ES?

Desde que Noé celebrara el fin del diluvio universal con la primera borrachera bíblica, el hombre busca un remedio para aliviar su fatal consecuencia: la resaca. Ya los romanos utilizaban la infusión de poleo para mitigar las secuelas del alcohol. Y todavía hoy el zumo de naranja es uno de los remedios más populares, pues restituye parte de la vitamina C perdida y aporta energía fácilmente asimilable. Las terapias naturales también pueden ayudar a volver a la normalidad:

TRATAMIENTO Y PREVENCIÓN

› *Aceite de oliva.* Para que la bebida no nos afecte tomaremos, antes de beber, una cucharada de aceite de oliva virgen de primera presión en frío por cada 20 kilos de peso corporal. Bebiendo lo mismo que el resto de nuestros acompañantes, nos daremos cuenta de como nos encontramos en mejores condiciones que ellos. Pero de todas formas, ya sabemos que el consumo excesivo de alcohol no trae buenas consecuencias.

› *Prevenir la resaca.* Para prevenir la resaca después de una fiesta, se pone un manojo de perejil (50 gramos) en una olla con medio litro de agua y se hierve durante cinco minutos. El líquido se cuela y se bebe la mitad antes de la fiesta, y el resto al volver a casa, antes de acostarnos. Esta bebida de perejil no sólo previene la resaca sino que también depura la sangre, el tracto digestivo y las vías urinarias.

› **Zumo natural.** Después de una ingesta excesiva de alcohol, prepara en la licuadora un zumo con 2 tomates, 1 pepino, 2 cucharadas de cebolla picada y 1 cucharada sopera de aceite de oliva de primera presión en frío. Toma sólo esto al llegar a casa y al día siguiente seguirás teniendo ganas de todo. Es bueno también, al día siguiente, tomar zumo de pepino en ayunas o en la ensalada de la comida para ayudar a nuestra desintoxicación.

› **Infusión de hojas de col.** Se añaden 6 cucharadas o 1 puñado grande de col picada a 3 vasos de agua. Se hierve tapado 3 minutos y se deja reposar 20. Toma el contenido de la botella en un tiempo inferior a 2-3 horas.

› **Náuseas.** Para aliviar las náuseas, se puede tomar una infusión de jengibre. Para mitigar la sensación de mareo o náuseas se pone el dedo a unos cinco centímetros de la muñeca, entre los dos tendones y se presiona firmemente sobre este punto durante un minuto. Se repite la presión tantas veces como sea necesario.

› **Dolor de cabeza.** Para superar un intenso dolor de cabeza, mejor menta o manzanilla. Unas gotas de aceite de lavanda calman la fatiga, el dolor de cabeza y las náuseas. Para despejar la cabeza son eficaces unas gotas de aceite esencial de mejorana sobre las sienes.

› **Al día siguiente:** beber uno o dos vasos de agua mineral potencia, gracias a su acción diurética, la eliminación de toxinas. Un buen desayuno rico en hidratos de carbono (pan, cereales integrales) ayuda a subir gradualmente los niveles de glucosa. Una cucharada de miel ayuda a metabolizar el alcohol con mayor rapidez.

› **Al llegar a casa,** después de una ingesta de alcohol beber de una tirada un vaso y medio de agua con una infusión de hibiscus y la consabida Nux Vomica.

Sabías que...

La resaca puede causar cáncer: la misma sustancia que origina la resaca, el acetaldehído y otros derivados del alcohol etílico, pueden favorecer la aparición de cáncer. Según la revista *Biochemistry*, el acetaldehído, es decir, el etanol del alcohol que, procesado en nuestro organismo, produce la resaca, puede dañar el ADN y originar un cáncer de esófago o de hígado.

[RESFRIADO]

¿QUÉ ES?

Los resfriados son el resultado de la proliferación de ciertos virus en las paredes de las fosas nasales, faringe (detrás de la boca) y laringe (primer tramo de las vías respiratorias en el cuello). Esta infección produce tos, estornudos, picor y abundantes secreciones transparentes, sobre todo en las fosas nasales. Los virus pasan con facilidad de una persona a otra con la tos y por medio de objetos contaminados (pañuelos, cubiertos...).

El frío, una alimentación inadecuada, el estrés, estar bajo tratamiento médico intenso, el alcohol y el tabaco son grandes aliados de los virus que producen los resfriados.
Véase también *Catarro*.

TRATAMIENTO

› *Infusión de hisopo.* Tomar al día 2 infusiones de esta planta con cada una de las comidas principales del día. Rápidamente notaremos que los síntomas mejoran y desaparecen (incluida la congestión nasal). No practicar este remedio más de 3 días.

› *Vino de higos.* Para elaborarlo necesitamos 5 higos naturales, 2 cucharadas de miel, 1 cucharada de manteca de cerdo y un vasito de vino tinto. Lo preparamos calentando el vino con la miel, la manteca y los higos hasta que hierva el vino. Los higos se hinchan y engordan al mismo tiempo que se cuecen. Se toma el vino y se comen los higos que se han cocido.

› *Caldo de manzana.* Se corta una manzana mediana con piel en trozos muy finos y luego se ponen en una cazuela cubriéndolos con agua. Se cuece a fuego lento una hora, filtrar el líquido y tomar dos tazas al día.

› *Papel con aguarrás.* Necesitamos un poco de ceniza, un papel de estraza, una cucharada de manteca de cerdo y un chorrito de aguarrás. Basta con poner en el pecho del paciente un poquito de aguarrás (muy poco) y extender la manteca un poco caliente sobre el papel. Se calienta también la ceniza y se coloca sobre el papel con la manteca. Se coloca el papel sobre el pecho del enfermo durante toda la noche, sujeto con una camiseta.

› *Caldo de zanahorias.* Se licúan cinco zanahorias medianas bien limpias y se mezcla el líquido con un litro de agua. Se guarda en un recipiente y se toman 3 cucharadas al día.

› *Manteca y tabaco.* Utilizaremos una cucharada de manteca de cerdo, otra de aceite de oliva virgen de primera presión en frío, un poco de tabaco picado y un cuarto de litro de agua. Cuando esté hirviendo se toman los vapores del líquido con la cabeza cubierta con una toalla. Se practica un par de veces al día.

› *Cebolla para la congestión nasal.* Media hora antes de acostarse cortar unas rodajas de cebolla en trocitos muy finos y depositarlos en un plato encima de la mesilla de noche. De esta manera aliviamos las vías aéreas y respiramos mucho mejor. Este remedio también es muy útil para calmar la tos.

› *Agua fría para la nariz.* Si introducimos la nariz en agua fría o nieve, las mucosas de esta zona eliminan mejor las secreciones y los virus, y se acaba con la congestión.

› *Infusión de hierbaluisa.* Se emplean una cucharadita de hierbaluisa y otra de manzanilla. Para preparar la infusión se hierve un cuarto de litro de agua y se echan las hierbas. Se cuela el líquido y se toma lentamente. Puede repetirse dos veces al día. Cuando esté hirviendo se toman los vapores del líquido cubriéndonos la cabeza con una toalla. Se debe practicar un par de veces al día.

› **Beber muchos líquidos (6-8 vasos al día),** agua o mejor zumos de frutas diversas. Con ello ayudamos a que se desprendan las secreciones de las vías aéreas y los virus se eliminen de forma más fácil.

PREVENCIÓN

Hay que procurar seguir una alimentación rica en frutas y verduras por su elevado contenido en vitaminas A y C (protectoras de las mucosas y de nuestras defensas; consume mucha uva, fresas, kiwi, naranja y limón); respirar siempre por la nariz y no por la boca, para filtrar el aire que respiramos; evitar los ambientes contaminados, reducir el consumo de tabaco y alcohol; protegerse del frío (las bajas temperaturas disminuyen las defensas del organismo en general y de las vías aéreas en particular).

SABÍAS QUE...

Como son muchos y muy diferentes los virus que pueden producir resfriados, podemos pasar varios de ellos a lo largo del año ya que no se desarrolla, tal y como sucede con la gripe, inmunidad frente al virus.

[RETENCIÓN DE LÍQUIDOS]

¿QUÉ ES?

La retención de líquidos se caracteriza por la salida de agua y otras sustancias desde los vasos sanguíneos o linfáticos del organismo y su acumulación en zonas declive o bajas del mismo (tobillos, piernas, caderas, manos, muñecas). A veces la acumulación del líquido produce tirantez de la piel y dolor. La causa fundamental suele ser problemas de circulación de la sangre y en particular dificultad para el retorno de la misma desde las piernas al corazón, aunque también podemos encontrar situaciones como alteraciones endocrinas o de las hormonas, fallos del sistema linfático que recoge líquidos de entre las células (frecuente en casos de infección local, por lo que se hincha la zona afectada; también puede ser por parásitos en los vasos linfáticos). Otras veces el origen es estar mucho tiempo de pie, una mala alimentación (exceso de sal o productos salados)... Hay varias maniobras muy sencillas que nos indican si hay retención de líquidos o edemas: si pellizcamos la piel de una zona del cuerpo, queda como una arruga durante unos segundos, en lugar de recuperar su forma de modo inmediato; otra prueba consiste en presionar con un dedo sobre la piel y si se forma un hoyo que tarda en desaparecer, hay retención de líquidos; la prueba más sencilla es comprobar si hemos perdido el aspecto típico de los tobillos, piernas, muñecas...

Véase también *Celulitis*.

Tratamiento

› *Aumentar el consumo de ciertos alimentos* como melón, zanahorias, puerros, granadas, sandía, piña, espárragos y alcachofas. Todos, por contener abundante fibra, disminuyen la absorción de líquidos en el intestino y además ayudan a que el riñón elimine mayores cantidades de agua y otros líquidos.

› *Infusiones de diente de león.* Toma dos infusiones diarias de esta planta (una con cada comida principal) y ayudarás al trabajo de los riñones, sobre todo en el caso de la hinchazón que acompaña a la menstruación.

› *Infusión de cola de caballo y de hibiscus.*

› *Infusiones de barbas frescas de maíz.* Son un remedio ideal para la retención de líquidos.

› *Café.* Si no existen problemas de insomnio, gastritis, úlcera gástrica, tensión arterial o ansiedad, se puede tomar un par de tazas al día de café suave para que colabore con el riñón en la eliminación de los líquidos.

› *Piel de piña cocida.* Se hierve la piel de una piña mediana en un litro de agua cinco minutos. Se cuela el líquido y se toma una taza templada todos los días, en ayunas.

› *Aceite de onagra en cápsulas.* Tomar 2-3 al día (una con cada comida o de acuerdo con las indicaciones del fabricante, ya que las concentraciones pueden variar). Su actividad favorece la eliminación de líquidos.

› *Combatir el estreñimiento* evitando mezclas como legumbres con carne, o comer en la misma comida carne o pescado con fruta. Disminuir el consumo de ajo, evitar las bebidas con gas (refrescos). Después de las comidas principales tomar una infusión de manzanilla y antes de acostarse un zumo de fruta (melón, sandía, granadas, piña, zanahorias).

› **Normas de alimentación.** Toma la fruta fuera de las comidas (se aprovecha mejor y ayuda a eliminar líquidos), disminuye el consumo de cereales, bebe agua del grifo y sobre todo fuera de las comidas.

› **Cebolla cocida.** Es un alimento con notables efectos diuréticos y muy útil para eliminar líquidos. Basta con cocer una cebolla mediana cortada en varios trozos a fuego lento durante 15-20 minutos. Luego se cuela el líquido y se toman 2-3 tazas templadas al día. No debe seguirse este remedio si se tiene gastritis o úlcera gastroduodenal.

› **Problemas de orina.** Se coge parietaria o «hierba de la pared» y se maja bien en un mortero. Al mismo tiempo se pone a calentar en una sartén un poco de manteca y se fríe la planta majada. Después se aplica en el ombligo cuando está bien caliente, cambiándolo cada vez que se enfríe durante un máximo de dos horas cada día. Este remedio es muy eficaz para las personas que orinan poco. Hace orinar enseguida e incluso ayuda a expulsar piedras, en el caso de que las hubiera.

PREVENCIÓN

Evita el sedentarismo y sobre todo estar mucho tiempo de pie; no utilices prendas ceñidas; reduce el consumo de sal, alimentos enlatados y productos curados como el jamón o precocinados.

SABÍAS QUE...

En los días previos a la menstruación suele producirse una cierta retención de líquidos momentánea por efecto de las hormonas. Otra situación que suele acompañarse de retención de líquidos es el estreñimiento.

[REUMA O REUMATISMO]

¿Qué es?

Entendemos por reuma o reumatismo todas aquellas lesiones que afectan a las articulaciones, ya sean de tipo degenerativo (artrosis), inflamatorio (artritis, artritis reumatoide) o de otra índole, que ocasionan molestias en una o varias articulaciones. Estos procesos son muy frecuentes y afectan a más del 50 % de las personas mayores, y lo sufren más las mujeres (3 mujeres afectadas por cada hombre).

La mayor parte de los mismos son crónicos y exigen ciertos hábitos por nuestra parte: no cargar las articulaciones, actividad física regular, alimentación rica en frutas y verduras crudas, alimentos integrales (arroz integral), disminuir el consumo de carne, leche, huevos y bebidas alcohólicas.

Tratamiento

› *Arroz integral.* Es un alimento muy rico en magnesio que aliviará las molestias en caso de artritis y reuma. Debe tomarse en el desayuno: se añade a una cazuela una taza de arroz integral y unas gotas de aceite de oliva, se remueve y se tuesta el arroz hasta que se dore un poco. Se añaden 4 tazas de agua y se calienta hasta que hierva. Luego se deja a fuego lento durante dos horas. Toma cada mañana un plato de esta sopa de arroz integral. Pueden prepararse mayores cantidades para varios días.

› *Jugo de patata.* Utilizaremos varias patatas de tamaño mediano, granos de mostaza y bayas de enebro. Para preparar el remedio cada mañana beberemos, en ayunas, medio vaso de jugo de patata que preparamos con la licuadora. Una hora antes de comer tomaremos dos o tres bayas de enebro que no tragaremos hasta que estén masticadas y bien ensalivadas. Por último, comeremos de 4 a 6 granos de mostaza. Este remedio se emplea cuando tenemos dolor en las articulaciones.

› *Caldo de ortigas.* Se hierve un litro de agua y se añade, con el fuego apagado y el agua muy caliente, un manojo de ortigas frescas o dos cucharadas de ortigas secas. Se espera a que se enfríe el agua, se cuela el líquido y luego se lavan las partes afectadas con él, 2-3 veces al día, hasta eliminar las molestias. Está especialmente indicado para problemas en tobillos, rodillas, muñecas, codos y otras articulaciones.

› *Disolución de romero y alcanfor.* Es también muy eficaz contra el dolor de las articulaciones. Se trata de una disolución que elaboramos con 100 gramos de alcohol de romero y otros 5 gramos de alcanfor. Mezclamos bien y lo guardamos en un frasco con cierre hermético o de rosca. Aplicar dos veces al día cuando sobreviene el dolor, mediante un suave masaje sobre la articulación.

› *Caldo de apio.* Coger un manojo de apio de unos 100 gramos y machacarlo lentamente al tiempo que le añadimos, poco a poco, hasta medio litro de agua caliente. Seguidamente lo filtramos para obtener el caldo que tomaremos a razón de dos tazas al día, una con cada comida principal. Puede endulzarse con un poco de miel.

› *Calor seco.* Cuando se aplica sobre las zonas afectadas una bolsa de agua caliente, una botella, manta eléctrica o similar, se alivia las molestias. Puede repetirse varias veces al día. También se puede calentar un puñado de sal (en el horno, pero nunca en el microondas) e introducirlo en un saquito de tela que se coloca sobre la parte afectada durante un mínimo de media hora.

› **Hojas de pita.** Para su realización utilizaremos tres pitas silvestres y una cabeza de ajos: se pelan unas hojas de pita, se cortan, trocean y se colocan los trozos en un paño. Posteriormente se atan los extremos del paño y se golpea para obtener un líquido de su interior con el que se dan friegas muy suaves en la zona afectada. Colocaremos encima una venda para mantener el calor. También se pueden preparar las pitas hirviéndolas con la cabeza de ajos durante 25 minutos. Se cuela el líquido resultante y se aplica del mismo modo.

› **Vinagre de manzana y miel.** Para las personas que padecen artritis es muy útil tomar como postre, en la comida del mediodía y cena, una vaso de agua caliente con una cucharadita de vinagre de manzana y otra de miel.

› **Patata cruda.** Para evitar los procesos dolorosos que acompañan el reumatismo podemos ayudarnos si llevamos en el bolsillo una patata pequeña. Es un remedio tradicional que no genera ninguna molestia.

PREVENCIÓN

Seguir una dieta rica en alimentos con magnesio (verduras, cereales integrales, apio). Evitar los factores que pueden precipitar los dolores reumáticos como el frío, mojarse las zonas afectadas, ambientes húmedos y estados de fatiga. Evitar la carga de pesos y la presión sobre las articulaciones a la hora de realizar trabajos domésticos. Realizar un poco de actividad física, sobre todo estiramientos, movimientos en el agua (cuando no hay molestias), largos paseos, gimnasia de rehabilitación... Controlar el peso y reducir el consumo de grasa animal. Tomar el sol en las zonas afectadas. En caso de artritis reumatoide evitar productos lácteos, cítricos, carnes rojas, vinagre, especias y alcohol.

Sabías que...

Los dolores de tipo reumático son más frecuentes en las temporadas frías, razón por la cual no sólo son aconsejables los baños de sol, sino también tener preparados los remedios para cuando lleguen esas fechas.

[RIEGO CEREBRAL]

¿QUÉ ES?

Las células del cerebro, llamadas neuronas, se organizan formando millones de circuitos a modo de «gran mapa de carreteras». Estos circuitos desarrollan las funciones de memoria, emotividad (sentimientos), percepción (recibir la información externa)... Para cumplir sus funciones necesitan un aporte constante de sangre que les asegure el oxígeno y otros nutrientes imprescindibles para su actividad. Si la llegada de sangre no es buena, las funciones comienzan a fallar por falta de «alimentos». La llegada de sangre a la cabeza se produce por unas arterias que suben por la columna vertebral al cuello (arterias vertebrales) y otras dos grandes arterias que ascienden a ambos lados del cuello (carótidas internas).

Las personas que presentan alteraciones en las vértebras cervicales (artrosis) tienen problemas de riego cerebral y esta situación se manifiesta con dolor (cefaleas) e incluso alteraciones de la memoria y otras funciones del cerebro.

TRATAMIENTO

› *Ajo.* El ajo disminuye la cantidad de colesterol en sangre así como otras grasas, y evita el desarrollo de la arteriosclerosis y mejora la circulación de la sangre. Hay que tomar un diente de ajo, casi a diario, en las diferentes comidas del día. No se debe seguir este remedio si hay problemas de coagulación de la sangre, una intervención quirúrgica cercana o problemas de estómago.

› *Aceite de oliva.* Diversos estudios recientes demuestran que aquellas personas que han utilizado con frecuencia el aceite de oliva en sus comidas, tienen menor declive mental. Esto se debe a su elevado contenido en ácidos grasos monoinsaturados y a sus efectos beneficiosos para la circulación de la sangre. Todos los días incorporaremos en la comida una cucharada de aceite de oliva.

› *Pasas y sésamo.* Comer todos los días uvas pasas (dos cucharadas) y una de semillas de sésamo (tragadas, molidas o masticadas).

› *Nueces y frutos secos.* Los frutos secos, y en particular las nueces, son ricos en ácidos grasos esenciales (colaboradores de una buena circulación sanguínea), contienen abundante fósforo y magnesio (ayudan a trabajar al cerebro) y también vitamina B_6 (recomendable para los nervios). Por todas estas razones hay que consumir todos los días algunos frutos secos, sobre todo nueces (4-5 piezas diarias).

› *Rabos de pasas.* La tradición dice que cuando a uno le falla la memoria tiene que comer rabos de uvas pasas. En algunos colegios de Estados Unidos se les da a los niños uvas pasas con rabo para ayudar a su memoria.

› *Desayuno para la pérdida de memoria en la tercera edad.* Se toma en el desayuno una manzana troceada, 3 dátiles, 3 nueces y un vaso de leche de almendras. La debilidad mental en la tercera edad, aparte de ser genética y natural, viene agravada por unos deficientes desayunos. Este desayuno contiene los nutrientes necesarios para los momentos en que la memoria falla.

› *Castaño de indias.* Se hace una bolsita con unas cuantas castañas de Indias y se coloca bajo la almohada. Además ayuda a dormir a las personas que sufren de falta de riego y memoria.

› **Aceite de onagra y de borraja.** Tomado en forma de perlas, mejora el riego y la oxigenación de la sangre.

› **Salvado de avena.** Fluidifica la sangre y hace que ésta llegue mejor hasta los capilares del cerebro. Además es un gran reductor del colesterol.

› **Ginkgo biloba.** Esta planta de origen ruso se utiliza mucho en farmacología para estimular la microcirculación. Se puede adquirir en herbodietéticas.

› **Germen de trigo.** El octaconasol que contiene actúa como antienvejecedor cerebral.

› **Levadura de cerveza.** Ayuda al sistema nervioso central para que actúe sobre las arterias y sus válvulas y facilite su contracción y dilatación.

› **Miel de romero y polen.** Los estudiantes e intelectuales pueden encontrar en estas dos sustancias un excelente apoyo, pues ayudan a mantener durante más tiempo la intensidad del trabajo. Son reconstituyentes de alto valor energético. Ambos vienen bien para la memorización y la potenciación de las funciones mentales. Se puede poner la noche anterior una cucharilla de polen con 2 cucharadas de miel de romero en un pequeño recipiente. A la mañana siguiente le añadimos un par de cucharadas de nueces desmenuzadas y lo tomamos durante un mes en el desayuno.

› **Ejercicios de memoria.** Consisten en esconder un objeto y rescatarlo a los tres días. Volver a hacerlo todas las veces que sea necesario, hasta que la memoria se vuelva más selectiva.

› **Jarabe de ajos para recuperar el riego cerebral y la memoria.** Se pela medio kilo de ajos frescos, se trocean, se echan en un recipiente de boca ancha y se vierte vinagre de sidra y agua destilada a partes iguales hasta cubrir justo los ajos. Se cierra el frasco herméticamente y se agita bien. Se reserva en un lugar fresco durante 4 días y se agita 1 o 2 veces diarias. Al cabo de este tiempo se filtra el líquido a través de un paño de muselina o lino, se le añade 1 kilo de miel pura y se mezcla bien. Se guarda en botes que cierren muy bien y se almacena en un sitio fresco. Ver la receta siguiente.

> *Receta para devolver vida al cerebro.* Se toma cada mañana en ayunas, durante al menos 40 días, 2 cucharadas del jarabe de ajos anterior, otro tanto de aceite de oliva virgen de primera presión en frío y 1 cucharada de vinagre de sidra. Añadir una copita de moscatel con una galleta integral para mejorar el riego, éste es un remedio de abuelas bien fundamentado científicamente. También ayuda comer una granada a diario como primer plato.

> *Baños genitales.* Nos ayudan en el tratamiento de posibles congestiones, obstrucciones y pequeños coágulos que se moverán y dejarán libres tanto la llegada de líquidos al cerebro, como el drenaje de salida. Así, en caso de problemas de circulación cerebral, falta de memoria, amnesia, cefaleas, congestión ocular y cualquier otra anomalía que se produzca en la cabeza, podremos aliviarlo en pocos días con 2 o 3 baños genitales diarios.

PREVENCIÓN

Para mantener el cerebro en forma no basta con una alimentación equilibrada, también es necesario ejercitarlo con prácticas como leer algo todos los días e intentar recordar una parte de la lectura, hacer operaciones matemáticas, aprenderse direcciones y teléfonos de memoria, resolver crucigramas...

Sabías que...

En los últimos años se ha discutido mucho sobre el posible efecto nocivo de los teléfonos móviles en el desarrollo de tumores cerebrales (observados en ratas). En un estudio patrocinado por el Departamento Británico de Salud y realizado por la Bristol Royal Infirmary, se ha observado que las ondas emitidas por estos aparatos pueden afectar las zonas del cerebro que controlan el aprendizaje y la memoria a corto plazo. No se extrañe, pues, el usuario de los mismos, si después de utilizarlos tiene dificultades para concentrarse o recordar lo último que ha estado haciendo.

[RINITIS]

¿QUÉ ES?

Las rinitis se caracterizan por la inflamación de la capa interna o mucosa que tapiza por dentro las fosas nasales. Esta inflamación suele estar producida por la llegada y proliferación de virus, o bien por reacciones alérgicas a diferentes productos. Esta última es quizá la causa más frecuente. Son las llamadas rinitis alérgicas desencadenadas por el polen de las flores, los ácaros del polvo, la polución ambiental… La inflamación produce aumento de las secreciones con moco abundante (rinorrea) y estornudos. El 10 % de la población mundial padece algún tipo de alergia, gran parte se ve afectada de rinitis alérgica, enfermedad que está aumentando por el progresivo deterioro que muestra nuestro sistema inmunitario al entrar en contacto diariamente con infinidad de productos nuevos que le obligan a un trabajo masivo, sin que nosotros le estimulemos con una alimentación y cuidados más equilibrados.

Véase también *Alergias*.

TRATAMIENTO

› *Alfalfa.* Utilizaremos brotes o germinados de alfalfa. La alfalfa resulta especialmente rica en un tipo de vitamina C que resiste muy bien la cocción. También posee notables cantidades de vitamina A y oligoelementos como el cobre y el boro, por lo que resulta muy útil para las personas alérgicas. Podemos tomar la alfalfa en forma de brotes o germinados acompañando a las ensaladas o también en forma de jugo fresco: un vaso por las mañanas o en infusión (30 gramos de la planta por litro de agua que podemos mezclar con miel y limón).

> *Infusión de espliego y manzanilla.* Para elaborar este remedio se emplea una cucharadita de espliego y dos de manzanilla. Se prepara para tomar en ayunas una infusión con los citados ingredientes y se deja reposar 10 minutos el agua caliente con las plantas. Mejor si se toma incluso sin levantarse de la cama, lentamente.

> *Huevos de codorniz.* Basta con una docena de huevos de codorniz. El procedimiento es muy simple; se toma en ayunas huevos de codorniz de la siguiente manera: el primer día seis huevos, el segundo cinco, al otro cuatro y así sucesivamente hasta el último día con sólo un huevo. Repetir el proceso una vez al mes. Los huevos de codorniz son unos poderosos antialérgicos.

PREVENCIÓN

Es muy recomendable fortalecer las fosas nasales (sobre todo para disminuir las secreciones abundantes y estornudos) con lavados diarios con agua salada en el lavado de la mañana o en el de la noche. También para reducir la mucosidad nasal se puede aplicar, en cualquier momento del día, agua salada en el interior de las fosas nasales con la ayuda de una gasa.

SABÍAS QUE...

Si no se trata adecuadamente la rinitis alérgica puede ocasionar otro tipo de enfermedades como infecciones del oído medio, faringitis, conjuntivitis en los ojos, etc.

[RIÑONES]

¿QUÉ SON?

Los riñones son los órganos encargados de eliminar las sustancias sobrantes e incluso tóxicas que la sangre ha recogido de cualquier parte del organismo. Todos los días los riñones «estudian» miles de litros de sangre, sacan de ella 180 litros de filtrado para analizarlo al máximo y forman entre 1 y 2 litros de orina que acumula sustancias sobrantes del cuerpo (porque se encuentran en exceso como puede ser el caso del agua, azúcar o sal) y otras de carácter tóxico o inútiles para el organismo (urea). La cantidad de orina formada en el riñón depende mucho de las necesidades del cuerpo. Si se suda mucho, la orina es poca y concentrada; si se bebe mucho, es abundante y similar al agua. En cualquier caso siempre hay que orinar un mínimo de 1 litro al día.

TRATAMIENTO

› *Infusión de astillero y mazorca.* Basta con utilizar una cucharadita de hojas de astillero y unos pelos de mazorca. El remedio es muy sencillo: se realiza una infusión con los ingredientes citados y un cuarto de litro de agua. Se deja reposar 10 minutos, se cuela y se toma en ayunas todos los días. Con esta infusión ayudamos al riñón en su funcionamiento.

› *Infusión de parietaria y cola de caballo.* Utilizaremos unas hojas de parietaria o «rompepiedras», unos pelos de mazorca y una pizca de cola de caballo. Basta con realizar una infusión con los ingredientes citados y tomarla todos los días en ayunas.

> *Infusión de alcachofas.* Utilizar 3 o 4 alcachofas de cardo. El procedimiento es muy sencillo: se cuecen las alcachofas de cardo en un litro de agua hasta que estén muy blandas. Se cuela el caldo de la cocción y se guarda en un tarro con cierre hermético. Se toma todos los días un vaso de la infusión, en ayunas.

> *Infusión de hierba gayuba.* Una cucharadita (si es seca) o un puñado (si es fresca) de hierba gayuba. Para preparar la infusión hay que cocer la hierba durante 15 minutos y colarla. Si queremos tratar el dolor de riñones se toma como infusión con un poco de azúcar y se toma a lo largo del día en lugar del agua, para tratar la sed.

> *Infusión de rabos de cerezas.* Para limpiar los riñones y hacer que éstos funcionen mejor, herviremos agua en un cazo y añadiremos 3 pizcas de rabos de cerezas. Se tiene así un minuto, se retira del fuego y se deja reposar 10 minutos tapado. Se toma en ayunas durante 21 días.

Prevención

La mayor parte de las verduras y hortalizas (espárrago, alcachofas) contienen productos con efecto diurético, esto es, ayudan al riñón a formar la orina e incrementan la cantidad de orina eliminada, lo que evita, entre otras cosas, la formación de piedras o arenilla en el riñón.

Sabías que...

A la larga los refrescos de cola pueden perjudicar el riñón ya que tienen muchos oxalatos y éstos deben eliminarse por el riñón, lo que le obliga a un mayor trabajo. En personas que beben más de un litro de cola al día la posibilidad de piedras en el riñón es más elevada.

[RODILLAS]

¿QUÉ SON?

Las rodillas son unas de las articulaciones más complejas y potentes del organismo, junto con la del hombro o la de la cadera. Aunque sólo tiene movimientos adelante y atrás, cuenta con muchos elementos de refuerzo, de dentro hacia fuera, de los ligamentos cruzados que unen el fémur a la tibia, los meniscos que encajan el fémur a la tibia, la cápsula articular que rodea ambos huesos, ligamentos que como cuerdas refuerzan los laterales de la articulación, tendones de los músculos del muslo que van a la pierna y, finalmente, la piel. Al día realizamos centenares de movimientos con las rodillas, al tiempo que reciben toneladas de presión directamente relacionadas con el peso de nuestro cuerpo y el tipo de actividad. La piel que cubre la articulación suele endurecerse y presentar un aspecto áspero y, a veces, rugoso.

TRATAMIENTO

› *Estirar las rodillas.* Para evitar que la rodilla se desequilibre y «encoja», un par de veces por semana, hay que estirar esta zona tratando de tocar la punta de los pies con las manos, sin doblar las rodillas. Mantener la posición unos segundos notando cómo se estiran los tendones y ligamentos de las rodillas. Repetir 10 veces este ejercicio. Otra forma consiste en doblar una rodilla mirando al frente, y estirar la otra pierna por detrás del cuerpo. Mantenerla estirada 2-3 segundos, sintiendo la «tirantez». Repetir 5 veces con cada pierna.

› **Masaje con aceite de oliva** o bien con un poco de crema hidratante para revitalizar la zona. Practícalo dos veces por semana mojando los dedos de una mano con unas gotas de aceite de oliva que extenderemos por la piel de la rodilla dibujando círculos. Más tarde, una vez que el aceite casi se ha absorbido, pellizca la piel para mejorar la absorción del aceite y estimular el riego sanguíneo.

› **Piel áspera.** Ésta es una lesión muy frecuente por acumulación de queratina en las capas superficiales de la piel. Para evitarlo, todos o casi todos los días podemos frotar la zona afectada con un trozo de limón.

› **Evitar el exceso de peso.** La repercusión de los kilos de más sobre las rodillas es brutal. Por ejemplo, medio kilo de más ejerce una presión en esa zona equivalente a 6 veces ese peso, esto es, de medio kilo pasamos a 3 kilos más de presión. Hay que reducir el consumo de grasa (sobre todo animal), embutidos, frituras... y consumir más frutas, verduras y hortalizas.

PREVENCIÓN

Controlar el peso de nuestro cuerpo para que se encuentre lo más cerca posible del ideal; realizar una actividad física diaria, mejor si es dentro de la piscina o del agua, para las personas con problemas de movilidad en la rodilla; hidratar con frecuencia la piel de esta zona con cremas; facilitarle baños de sol no excesivamente prolongados; evitar las sobrecargas o levantar pesos doblando la columna vertebral, es mejor doblar las rodillas. Vigilar el estado del calzado y en particular de la suela, ya que cuando el desgaste es desequilibrado repercute mucho sobre las rodillas.

Sabías que...

En cada paso, cada una de las rodillas recibe una presión equivalente al peso de la persona; durante la carrera lenta esa presión se eleva, en cada rodilla, a dos veces el peso corporal. Eso sí, el sedentarismo debilita las protecciones de la articulación (cartílagos, meniscos...).

[RONQUIDOS]

¿QUÉ SON?

Los ronquidos se producen cuando el aire que respiramos pasa por un estrechamiento en el fondo de la cavidad bucal, concretamente en la zona de la «campanilla». Esta situación suele suceder mientras se duerme, ya que en ese momento los músculos de la campanilla se relajan, lo que permite la caída de esa estructura y que el cierre del fondo de la boca se estreche; y el aire mueve los músculos relajados produciendo el ronquido. También puede ser la consecuencia de una acumulación de grasa en esa zona (sobre todo en obesos y personas con sobrepeso) que oprime la zona de paso. Es muy importante mantenernos dentro del peso que nos corresponde para que no sobre grasa, se acumule en la zona de la campanilla y produzca el ronquido.

TRATAMIENTO

› *Llave antigua.* Sólo tenemos que utilizar una llave antigua de ojo y con el eje hueco y ponerla debajo de la almohada, justo debajo de la zona donde reposa la cabeza.

› *Almohada de trigo sarraceno.* Utilizaremos una almohada de trigo sarraceno. Este tipo de almohada se adapta perfectamente al cuello sin variar apenas su posición y forma. Se coloca debajo del cuello para que éste se mantenga recto y la entrada y salida del aire sea más fácil. El ancho de la almohada debe ser la distancia que tenemos entre los dedos índice y pulgar de la mano si los estiramos formando un ángulo recto.

> *Cebolla.* Se parte una cebolla por la mitad y se coloca en un plato sobre la mesilla de noche, lo más cerca posible de la cabecera de la cama. Si se espolvorea con un poco de sal, «sudará» antes y los vapores pasarán al ambiente con mayor celeridad.

> *Agua con sal.* Una pizca de sal y medio vaso de agua templada. Antes de acostarnos, echar la sal en el agua y mezclarlo bien. Con la ayuda de una gasa introducir unas gotas del agua salada en cada una de las fosas nasales y respirar profundamente. Con ello limpiamos y abrimos al máximo los orificios nasales.

PREVENCIÓN

Hay que procurar respirar por la nariz. La postura a la hora de dormir es muy importante ya que si lo hacemos boca arriba es más fácil que se estreche el fondo de la boca y se facilite el ronquido. Si se duerme de lado o boca abajo, la posibilidad de ronquido es menor, ya que el estrechamiento del fondo de la boca es menos pronunciado. Para dormir de lado puede ayudarnos colocar una almohada entre las rodillas. Si se duerme boca arriba, colocaremos una almohada dura justo debajo del cuello para que las vías aéreas se encuentren más abiertas.

Es muy importante para este problema evitar la obesidad y por supuesto suprimir el alcohol y las cenas copiosas.

SABÍAS QUE...

Los ronquidos pueden dificultar la llegada de oxígeno al cerebro y provocar despertares nocturnos, un mal descanso y somnolencia durante el día con los riesgos que ello conlleva.

[ROZADURAS]

¿QUÉ SON?

Las rozaduras son lesiones que se producen en la piel por la presión continuada de un objeto, incluido o no en el vestuario (utilizar un martillo mucho tiempo, trabajar con la azada en la huerta o unos zapatos que aprietan). También pueden ser el resultado de pequeños golpes o roces contra una pared, un objeto... Las rozaduras casi siempre se acompañan de la pérdida de pequeñas extensiones de piel, y dejan al descubierto tejidos subcutáneos. Otras veces, la piel no se pierde, pero se despega del tejido subyacente y aparecen ampollas. Todas las rozaduras, aunque no presenten muchas molestias, son peligrosas ya que pueden infectarse con bacterias próximas de la piel y generar notables complicaciones.

TRATAMIENTO

› *Tela de huevo.* Este remedio es mano de santo. Sirve incluso para cicatrizar las heridas de los diabéticos, más difíciles de curar. Se coge la telilla pegada al interior de la cáscara de un huevo y se aplica en la rozadura. Se puede repetir el proceso tantas veces como se necesite.

› *Hierba de matagallo.* Utilizaremos un puñado de hierbas de matagallo. Se cuece la hierba durante unos minutos, se deja reposar 10 y se cuela el líquido a una taza. Seguidamente se moja un algodón o un paño limpio en el agua de matagallo y se limpia la rozadura o herida. Se cicatrizará en dos o tres días.

Prevención

Para evitar las rozaduras es fundamental proteger las zonas que mayor actividad desarrollan con objetos pesados, mediante guantes, coderas, tiritas...

Sabías que...

Todas las rozaduras que no se tratan, es casi seguro que darán lugar a una infección.

[SABAÑONES]

¿QUÉ SON?

Los sabañones son lesiones que aparecen en diversas zonas de la piel (sobre todo en regiones distales o aisladas como el lóbulo de la oreja, dedos de las manos o de los pies) y que presentan enrojecimiento, ligera hinchazón e intenso picor. Su origen no es del todo conocido, pero parece ser que se deben a diversas alteraciones de tipo circulatorio, en concreto a la llegada de una cantidad excesiva de sangre que hincha la zona. La presencia de sabañones en unas personas y no en otras depende de la sensibilidad de cada uno a diferentes factores como los cambios bruscos de temperatura. De hecho, cuando una persona los tiene, es muy probable que sus antecesores y sus descendientes también los tengan.

TRATAMIENTO

› **Baño en infusión de caléndula.** Si se es propenso a los sabañones en las manos o en los pies, dos veces al día bañaremos las partes afectadas con agua a la que añadiremos una infusión de caléndula elaborada con un litro de agua y 2-3 cucharadas de la planta (50 gramos).

› **Masaje con nabos.** Una vez que han aparecido los sabañones, se reduce la inflamación y las molestias si frotamos las zonas afectadas con un nabo cortado por la mitad.

› **Uvas.** Simplemente hay que utilizar un par de uvas. Se coge un grano de uva y se aplica el hollejo en la zona donde duele el sabañón. En breves momentos se notará mejoría y, si se es constante en la aplicación, se observará cómo va desapareciendo el sabañón. El hollejo de la uva contiene flavonoides que mejoran la circulación de la sangre.

› *Hojas de corrunseli.* Las hojas de corrunseli pueden encontrarse en las paredes de las casas viejas. Se tuesta un puñado de estas hojas y, una vez tostadas, se aplican directamente sobre los sabañones.

› *Zumo de limón.* Exprimir un limón y guardar el zumo en un frasco pequeño, oscuro y con cuentagotas en lugar seco y a la sombra (puede llevarse en el bolso). Un par de veces al día, o cuando tengamos molestias, aplicaremos unas gotas sobre los sabañones con un ligero masaje. Con ello se reducirá la inflamación y las molestias.

› *Orina.* La orina es el mejor remedio para tratar los sabañones, se empapa una gasa en orina propia y se aplica sobre la zona afectada. Si se producen los sabañones en las manos podemos orinarnos en ellas, ponernos unos guantes y dormir así toda la noche.

Prevención

Lo peor para los sabañones son los cambios bruscos de temperatura, del hogar a la calle, de la calle al hogar pegándose a la estufa. Para evitarlo nada mejor que proteger las zonas expuestas al frío, además de no abusar del calor en casa o en el trabajo.

Sabías que...

Nuestros abuelos solían orinarse en las manos cuando estaban en el campo para que no se les agrietasen y no les salieran sabañones por los cambios bruscos de temperatura.

[SEXUALIDAD Y MENOPAUSIA]

¿QUÉ ES?

Con frecuencia, aunque no siempre, la sexualidad se ve afectada antes, durante y después de la menopausia. Estos cambios pueden incluir una disminución en la actividad sexual, descenso en la capacidad de respuesta al estímulo sexual e incluso menor interés sexual. Podemos encontrarnos con parejas que han cubierto una vida sexual satisfactoria y, en cambio, ahora encuentran dificultades sexuales, mientras que en otras, llegado este momento puede exagerarse una disfunción sexual preexistente. En su origen podemos encontrar factores hormonales (disminución de las hormonas femeninas o estrógenos, menor producción de hormonas ováricas) que facilitan cambios en los órganos genitales femeninos (sequedad vaginal), en la circulación de la sangre (también en los órganos genitales) e incluso en el sistema nervioso. A veces sí hay deseo sexual, pero la sequedad vaginal impide la penetración, en este caso se puede usar un lubricante y para la sequedad vaginal se recomienda usar 3 días por semana los óvulos de soja (hay varios preparados comerciales), pues contienen fitoestrógenos.

Existen también factores no hormonales que pueden afectar a la vida sexual, como reacciones psicológicas negativas a la menopausia, cambios sexuales en la pareja, conflictos interpersonales, e incluso cambios socioculturales en la percepción del sexo. En nuestro caso proponemos una serie de remedios que pueden aliviar los cambios genitales y psicológicos.

Véase también *Pérdida del impulso sexual* y *Menopausia*.

Tratamiento y prevención

› **Vino de hinojo.** Es un estimulante que podemos elaborar si añadimos 100 gramos de semillas de hinojo a un litro de vino de Oporto. Se guarda en un lugar seco y oscuro durante 3 semanas, removiéndolo de vez en cuando, todos los días. Posteriormente se cuela el vino y se guarda en otra botella. Se toma una copita 2 veces por semana.

› **Infusión de vainilla y jengibre.** Cuece 2 gramos de jengibre en una taza de agua durante 3 minutos. Apaga el fuego y vierte el contenido en una taza con 1 gramo de fruto seco triturado de vainilla. Remueve, tapa con un paño y deja reposar 10 minutos. Después, cuela y endulza con una cucharada de miel. Se toma una infusión en ayunas hasta notar cierta mejoría. No debe utilizarse este remedio en caso de embarazo, hipertensión arterial o úlcera gástrica.

› **Baño de salvia.** Los baños de salvia son estimulantes, tónicos y afrodisíacos. Pueden elaborarse si añadimos una rama de esta planta al baño (15 minutos antes de introducirse) o una infusión concentrada (2 cucharadas con medio litro de agua).

› **Vino medicinal de menta silvestre.** Pon en un frasco un litro de vino de moscatel y 80 gramos de hojas y flores secas de menta silvestre. Deja reposar 15 días, agitando el frasco de vez en cuando. Filtra el líquido, embotella y toma un vaso diario, lentamente (mejor después de la cena). No debe utilizarse en caso de úlcera o gastritis.

› **Comer apio.** El consumo frecuente de apio facilita la actividad de las glándulas dispuestas en la vagina y con ello se reduce la sequedad de este órgano, lo que facilita las relaciones sexuales.

› **Licor de melisa y vainilla.** Pon en un frasco 10 gramos de hojas secas de melisa, 5 gramos de frutos secos triturados de vainilla y un litro de agua hirviendo. Deja reposar 15 minutos, filtra, embotella y añade 150 gramos de miel de acacia. Se toman dos vasos diarios, mañana y noche, durante 3 semanas. Se descansa 3 días y se repite 3 semanas más.

> **Decocción de palmito salvaje.** Hierve un litro de agua con 10 gramos de frutos secos machacados de palmito salvaje. Mantenlo 5 minutos en ebullición. Después retirar del fuego, deja enfriar, cuela, añade 150 gramos de miel, remueve y embotella. Toma dos vasos diarios, mañana y noche, hasta conseguir mejoría en la actividad sexual.

SABÍAS QUE...

La terapia hormonal sustitutiva de la menopausia colabora, entre otras cosas, a mejorar la actividad sexual.

[SÍNDROME PREMENSTRUAL]

¿Qué es?

Más del 50 % de las mujeres en edad fértil sufre molestias durante los días previos a la menstruación o cuando ésta se presenta. Las molestias se deben a los cambios que inducen las hormonas femeninas, sobre todo lo que se refiere a la acumulación de líquidos y a las modificaciones del útero. Al «morir» parte de la mucosa del útero que luego se expulsa al exterior es frecuente el dolor en la región genital, hinchazón, sensación de pesadez genital... La soja es especialmente interesante para prevenir estas molestias ya que contiene fitoestrógenos, sustancias similares a los estrógenos, que equilibran los efectos de los estrógenos naturales y de este modo se regula el ciclo menstrual.

Véase también *Dolor menstrual* y *Menstruación*.

Tratamiento

› *Pipas de girasol.* Las pipas de girasol, como las de calabaza, el cacao y el germen de trigo, contienen magnesio que ayuda a relajar la musculatura del bajo vientre. Hay que empezar a tomar un puñado de estas semillas unos días antes de la menstruación para evitar el síndrome premenstrual.

› *Aceite de borraja.* Utilizar perlas de aceite de borraja. Tomar unas pocas perlas los días previos a la menstruación con una frecuencia de dos o tres veces al día, acompañando a las comidas principales diarias.

› **Perlas de aceite de onagra.** Ayudan a solucionar el síndrome premenstrual, la tensión mamaria, los dolores en el bajo vientre. Además, hay que evitar la leche y sus derivados, azúcares y harinas refinadas, así como los alimentos envasados que contengan entre sus ingredientes el conservante E-102 o tartracina.

› **Cebolla y maíz.** Dos o tres días antes de la menstruación comenzar a tomar este delicioso plato, preferentemente por las mañanas. Cortar una cebolla mediana en trozos alargados y saltearlos en la sartén con una cucharada de aceite de sésamo. Añadir agua hasta cubrir la cebolla. Veinte minutos más tarde añadimos dos tazas de maíz desgranado y calentamos otros 15 minutos más. Pasado este tiempo estará listo para tomar.

› **Dolor y tensión premenstrual.** Proponemos baños de asiento (en el bidé) con agua caliente (3 minutos) y agua fría (no más de un minuto). Practícalo todos los días poco antes y durante la menstruación. También podemos recurrir a la infusión de hojas de frambuesa: hierve medio litro de agua con 25 gramos de hojas de la planta. Cuando alcance la ebullición, apaga el fuego, deja reposar 10 minutos, cuela y toma dos veces diarias. El tratamiento debe iniciarse 3-4 días antes de la menstruación.

› **Castaña de indias.** Hierve 4 o 5 castañas de Indias en un cuarto de litro de agua durante 5 minutos y luego deja reposar durante un cuarto de hora. Se cuela y se toma. Este tipo de castaña tiene una sustancia denominada rutina que previene las molestias premenstruales.

Prevención

Durante estos días se debe seguir, fundamentalmente, una dieta rica en frutas y verduras, pues nos aportarán una gran cantidad de minerales que disminuyen las molestias. En particular conviene tomar con mayor frecuencia pescado, huevos, cítricos y zanahorias.

SABÍAS QUE...

Con frecuencia las molestias que acarrea la menstruación están relacionadas con una mala alimentación y estrés psicológico que agudiza los síntomas.

[SINUSITIS]

¿QUÉ ES?

La sinusitis es la inflamación de la capa que tapiza por dentro los senos o dilataciones de aire que se encuentran en los huesos del cráneo. Estos senos se encuentran en contacto con las fosas nasales para que el aire de su interior se renueve continuamente. También desde las fosas nasales pueden acceder gérmenes y contaminarlos, lo que facilita la aparición de la sinusitis. Los síntomas suelen ser dolor de cabeza, de ojos, sensación de pesadez y cargazón. Con frecuencia la sinusitis puede ser la venganza de un resfriado mal curado o de una alergia que no cede, e incluso desviaciones del tabique nasal y pólipos. Estas circunstancias facilitan el cierre de la entrada de los senos y se convierten en zonas especialmente preparadas para infectarse.

Véase también *Alergia* y *Rinitis*.

TRATAMIENTO

› *Cataplasma de verbena.* Este remedio ha conseguido que muchas personas dejaran el tratamiento que estaban siguiendo, por lo efectivo que resulta. Se coge un puñado de verbena fresca, y si no seca (se dejará una hora antes a remojo para revivirla y luego se escurre bien). Se ponen dos pizcas de la planta en una sartén con una cucharilla de aceite de oliva de primera presión en frío y se fríe un poco suavemente. Se añaden dos claras de huevo batidas a punto de nieve y se remueve hasta hacer una tortilla. El resultado se envuelve en un pañuelo de seda muy fino que se aplica caliente en la frente sujeto con una venda o gorro durante toda la noche, con cuidado de no quemarnos. Lo mejor es aplicarse la tortilla directamente en la frente, lo más caliente que podamos aguantar sin quemarnos. Se debe repetir este proceso durante 9 días seguidos.

› **Alfalfa.** Nos puede ayudar tomar alfalfa germinada en ensalada o en comprimidos.

› **Baños nasales con lota.** La lota es un aparato que ya utilizaban los romanos con agua de mar. Se rellena la lota o botijo pequeño con agua con sal marina y se aplica en una de las fosas nasales pegando la lengua al paladar e inclinándonos un poco hacia delante. El agua saldrá por la otra fosa nasal durante unos segundos, luego se repite con el otro caño nasal. Este remedio resulta muy efectivo sobre todo para aliviar los dolores de cabeza que produce la sinusitis.

› **Compresas calientes y frías** que alternativamente colocaremos sobre los senos afectados, dos veces al día. Con ello colaboramos a eliminar las secreciones acumuladas en el interior de las cavidades óseas.

› **Decocción de laurel.** En una cazuela se vierten un par de tazas de agua y 5-6 hojas de laurel. Se hierve durante 5 minutos, se filtra el líquido y, con la ayuda de una gasa o compresa, se aplica el líquido sobre la zona dolorida, dos veces al día. Con este remedio aliviamos los síntomas y aceleramos la curación.

› **Baños de pies.** Todos los días, por la noche, hacer baños de pies con agua caliente durante no menos de 5 minutos. De esta forma, y gracias a ciertos efectos reflejos, conseguimos disminuir los síntomas.

› **Inhalaciones con aceite de eucalipto.** Prepara un litro de agua caliente y añade unas gotas de aceite de eucalipto. Con la ayuda de una toalla tápate la cabeza y toma los vahos durante 10 minutos, dos veces al día.

› **Agua con sal.** Dos o tres veces al día se prepara un poco de agua con una pizquita de sal y, con una gasa, se aplican algunas gotas en la nariz para facilitar la salida de las secreciones desde los senos. La salida natural de los senos de la cara son las fosas nasales, y si están despejadas la limpieza del seno es más eficaz.

› **Irrigaciones con agua de tomillo** en las fosas nasales. Es otra forma eficaz de despejar los senos. Para elaborarla basta con añadir una cucharada de tomillo a una taza de agua hirviendo, dejar reposar 15 minutos, colar y luego administrar algunas gotas dentro de la nariz con una gasa. Practícalo 2-3 veces al día.

Prevención

Además del tratamiento habitual conviene no tomar alcohol, evitar los ambientes secos, no sonarse la nariz con fuerza, evitar el humo del tabaco o coger aviones. Es aconsejable tomar baños de mar o de agua salada y beber muchos líquidos. Mantener una dieta abundante en líquidos, alimentos crudos (fruta, hortalizas) y con cierto ayuno (menor cantidad de comida de lo normal).

Sabías que...

Una sinusitis mal curada puede generar otros muchos problemas como cefaleas, otitis, osteomielitis y, lo que es peor, sinusitis crónica.

[SOFOCOS]

¿QUÉ SON?

Los sofocos son «oleadas» de calor y enrojecimiento que aparecen sobre todo en la piel de la cara, y a veces incluso facilitan una sensación de asfixia. Suelen estar provocados por alteraciones neurovegetativas o del control nervioso sobre los vasos sanguíneos, de tal manera que a veces se dilatan intensamente y aumentan el caudal de sangre en una zona y con ello el color rojizo y el calor. Su aparición es muy variable a lo largo del día, y especialmente se producen durante la noche. Estas alteraciones son muy frecuentes en la menopausia y podemos recurrir a ciertos remedios para mitigarlos.

Véase también *Menopausia* y la receta de verduras dulces que se recoge en la sección de Medicina Biológica.

TRATAMIENTO

› *Infusiones de salvia.* Prepara un litro de esta infusión con un litro de agua hirviendo y 2-3 cucharadas de la planta seca. Deja reposar diez minutos, filtra y bebe a lo largo del día en varias tomas.

› *Aceite de girasol.* En la cocina sustituir el aceite de oliva por el aceite de girasol. No se conoce muy bien el razonamiento científico, pero está demostrado que este cambio reduce el número e intensidad de los sofocos.

› *Infusión de ortiga y salvia.* Elaborar una mezcla a partes iguales de ortiga seca y salvia. Cada vez que tengamos que preparar la infusión añadimos a una taza con agua hirviendo una cucharadita de la mezcla. Se deja reposar 15 minutos, se cuela y se toma el líquido. Se aconseja beber dos infusiones diarias durante varios días seguidos. Descansa 4-5 días y repite el ciclo. Mantén este ritmo mientras se aprecie mejoría.

> *Soja.* Es recomendable tomar alimentos ricos en isoflavonas como la soja en forma de lentejas o el tofu elaborado con soja o bien productos ricos en soja e isoflavonas (alimentos funcionales: yogur, bebida de soja, galletas con soja, etc.). Las isoflavonas disminuyen en la sangre la cantidad de FSH y LH, hormonas liberadas por el cerebro cuando hay pocos estrógenos, y con ello disminuye la sintomatología del climaterio y premenopausia.

PREVENCIÓN

Hay que mantenerse lo más cerca posible del peso ideal, ya que está demostrado que cuando eliminamos los kilos de más, los síntomas también disminuyen, sobre todo los sofocos. Vigilar la tensión arterial para que se mantenga dentro de los parámetros normales.

SABÍAS QUE...

Los sofocos no sólo aparecen en la menopausia, sino también en la pubertad, por lo que no es raro observarlos al tiempo que la menstruación se regulariza.

[TABACO (dejar de fumar)]

¿QUÉ ES?

El consumo de tabaco es un hábito nefasto para el organismo ya que, directa o indirectamente, afecta a todos y cada uno de nuestros tejidos, desde los pulmones al corazón, pasando por la piel, vejiga urinaria, vasos sanguíneos o apetito sexual. Además debemos proponernos dejarlo pues tan nocivo es el tabaco normal como el *light*. En el fondo, los que se pasan al tabaco bajo en nicotina fuman más cigarrillos que antes y la inhalación del aire es más profunda dentro de las vías aéreas. Merece la pena dejar de fumar ya que los beneficios se comienzan a notar una hora después de abandonar el hábito y se observan día a día. Se calcula que a los 10 años de haber abandonado el hábito, el cuerpo casi se ha rehabilitado por completo.

TRATAMIENTO Y PREVENCIÓN

› *Fumar árnica.* Podemos elaborar cigarrillos con hojas secas y sanas de árnica, ya que de esta manera se ejerce un efecto antabús o antagonista del tabaco, que nos ayudará a dejar de fumar.

› *Fumar hojas de salvia.* El mecanismo es muy similar al anterior, pero además ayuda a rehabilitar las vías aéreas.

› *Ajo.* Si no tienes problemas de coagulación de la sangre, problemas de estómago o una operación quirúrgica cercana, toma cada día un diente de ajo para rehabilitar las lesiones que el tabaco produce en diferentes zonas del organismo.

› **Masticar raíces de jengibre.** Se preparan unos trozos pequeños de raíz de jengibre y, cada vez que sintamos ganas de fumar, masticaremos lentamente uno de estos trozos hasta agotarlo. Al incluir jengibre, este remedio no debe ser practicado por personas con hipertensión arterial, úlcera gástrica o embarazadas.

› **Semillas de uva.** Las semillas de uva poseen una gran cantidad de antioxidantes, especialmente catequinas y polifenoles. El mismo sabor áspero que tienen las semillas de uva cuando las masticamos bien denota su contenido en taninos, entre los que destaca la catequina. Las semillas de uva parecen prevenir en cierta manera el daño provocado por el hábito tabáquico, aunque lo mejor siempre será dejar de fumar. Además, la sensación que queda en la boca después de masticarlas reduce el deseo de fumar.

› **Receta para limpiar los pulmones.** Hervimos durante 15 minutos en un litro de leche vegetal 8 dátiles, 8 higos pasos y una manzana verde cortadita. Tomaremos un vaso de la mezcla en el desayuno y otro en la cena. Los pulmones se limpiarán porque los higos y los dátiles diluirán las secreciones y mucosidades del aparato respiratorio. Se toma un mínimo de 7 días; además se puede repetir las veces que se quiera pues no hace mal a nadie. No debemos asustarnos si los primeros días esputamos mucosidades de color oscuro.

› **Para calmar el «mono».** Una vez iniciado el proceso de desintoxicación, y tomada la decisión de dejar el tabaco, podemos seguir este truco para apagar el deseo de fumar. Cada vez que nos llame la nicotina, masticaremos un trozo de zanahoria y, a continuación, chuparemos un trocito de canela en rama.

› **Desintoxicador de limón.** Esta cura se tiene que hacer durante 18 días. Se toma el zumo de medio limón durante 3 días, el cuarto día se añade el zumo de medio limón más durante otras 3 jornadas, el 7.º día se toma el zumo de limón y medio 3 días también. Cada 3 días aumentar la cantidad en medio limón más, hasta llegar al día 18, que habremos alcanzado la dosis de 3 limones. Importante: se debe tomar tanta cantidad de agua como de limón para evitar que se altere el esmalte de los dientes, o mejor todavía, beberlo con una pajita para que pase directamente a la garganta. El «mono» del tabaco irá cediendo y, conforme pase el tiempo, se irá reduciendo sin esfuerzo el número de cigarrillos. Además, la cantidad de vitamina C que contiene el limón ayuda a desintoxicar el organismo de los efectos nocivos del tabaco.

› *Limpiar pulmones.* Hervir 1 litro de vino blanco con 100 gramos de salvia seca durante 2 o 3 minutos, dejar reposar y cuando se enfríe tomar un vasito antes de las comidas durante 40 días. Además los fumadores tienen carencia de vitamina C, por lo que deben tomar suplementos de la misma.

SABÍAS QUE…

Una hora después de haber abandonado el tabaco se reduce el riesgo de infarto de miocardio; a las 24 horas la tensión arterial se ha normalizado y a la semana nuestras arterias comienzan, lentamente, a limpiarse. Aquellas mujeres fumadoras que además están tomando la píldora anticonceptiva, deben incrementar la ingesta de vitamina C.

[TENSIÓN ARTERIAL]

¿QUÉ ES?

Las paredes de las arterias se encuentran sometidas a la presión que sobre ellas ejerce el paso de la sangre, y más concretamente la fuerza del corazón en cada latido. Por eso hay una tensión baja que se corresponde con el corazón relajado y otra sistólica equivalente al corazón en contracción, cuando «empuja» la sangre. A la hora de valorar la tensión arterial también participa el estado de las paredes de las arterias; si se presentan en ellas placas de grasa y otras sustancias, la tensión aumenta, tal y como sucede con el exceso de colesterol en sangre. En la actualidad hay hipertensión arterial cuando la tensión baja es igual o superior a 8,5 y la alta a 13,5. En la mayor parte de los casos de hipertensión no llegamos a conocer su origen, es la llamada hipertensión arterial esencial.

Véase también *Hipertensión arterial* e *Hipotensión.*

TRATAMIENTO

› *Apio.* Las personas con hipertensión arterial deben tomar apio casi a diario, distribuido con alguna de las comidas del día. El apio limpia la sangre, reduce el colesterol (uno de los más importantes factores a la hora de crear hipertensión) y es muy eficaz al disminuir la hipertensión.

› *Ajo.* Incluiremos en la dieta diaria, o casi a diario, un diente de ajo distribuido en alguna de las comidas del día. El ajo posee efectos vasodilatadores y ayuda a disminuir los niveles de glucosa y colesterol en la sangre, lo que mejora las cifras de tensión arterial.

> *Infusión de hojas de olivo.* Utilizaremos 1 docena de hojas de olivo, 1 pizca de espino albar y un cuarto de litro de agua. Para prepararlo debemos hervir el agua con las plantas durante 15 minutos, se deja reposar otros 5 minutos y se cuela. Se toma la infusión dos veces al día, por la mañana en ayunas y antes de acostarse, durante dos semanas. Se descansa 7 días y, a la mañana siguiente, se vuelve a empezar. Se repite el ciclo cuantas veces sea necesario.

> *Jarabe de cebolla y ajo.* Sólo necesitamos media cebolla, cuatro dientes de ajo y el zumo de un limón. Su elaboración es muy sencilla: se parte la cebolla, se machacan los ajos y se exprime el limón. Se deja macerar todo durante la noche. Se filtra a la mañana siguiente, se añade un poco de agua templada y se toma en ayunas. Se hace todos los días durante una semana, se descansa otra y se repite el ciclo hasta que se reduzca la tensión arterial.

PREVENCIÓN

Debemos recordar que el grado de tensión nerviosa también influye en la tensión arterial, de tal forma que ésta se eleva en caso de nerviosismo, estrés o ansiedad.

SABÍAS QUE...

Para evitar problemas del riego cerebral como trombosis, embolias o infartos, nada mejor que mantener «a raya» la tensión arterial.

[TERAPIA HORMONAL SUSTITUTIVA (THS)]

¿Qué es?

Durante la menopausia las hormonas femeninas, y en particular los estrógenos, disminuyen bruscamente hasta casi desaparecer del cuerpo de la mujer. Esta bajada produce muchos de los síntomas de la menopausia como los sofocos, alteraciones de la tensión arterial, irritabilidad y cambios de ánimo, mayor riesgo de infarto... Para evitar la «brusca caída» de estrógenos los «sustituimos» por otros que se administran a modo de fármacos, de ahí la denominación de Terapia Hormonal Sustitutiva o Sustitutoria (THS). Los fármacos que se administran durante períodos prolongados de tiempo son combinaciones de estrógenos y progesterona o progestina. Este tratamiento posee numerosos beneficios pero también algunos riesgos que debemos conocer.

Véase también *Menopausia* y *Sofocos*.

Beneficios

› *Aumento del colesterol bueno*, o lo que es lo mismo, del HDL en la sangre, seguido de una importante disminución del LDL. Con ello se produce cierta limpieza de las arterias con lo que el paso de la sangre es más fácil y abundante.

› *Menor riesgo cardiovascular.* Como la THS mejora el estado de nuestras arterias, también se reduce la posibilidad de un infarto de miocardio, infarto cerebral, y otras lesiones vasculares por mala circulación de la sangre.

> *Mejor respuesta frente al esfuerzo* y ante el estrés por una mejor circulación de la sangre, con lo cual podemos seguir realizando las tareas diarias con igual eficacia.

> *Menores síntomas de la menopausia,* y en particular los relacionados con los cambios de humor, irritabilidad o sofocos.

> *Huesos protegidos,* ya que las pérdidas de calcio y de otros minerales desde el hueso son menos intensas y menos frecuentes con la THS que sin ella. En consecuencia, las posibilidades de osteoporosis y fracturas de los huesos se reducen.

Riesgos

> *En mujeres con enfermedad cardiovascular,* y sobre todo en aquellas que ya han padecido algún infarto de miocardio, la THS no disminuye el riesgo de sufrir más infartos u otros accidentes vasculares.

> *Pueden elevarse los niveles de triglicéridos* y de otras grasas en la sangre si se emplean sólo estrógenos en la THS, por eso es mejor utilizar la forma combinada: estrógenos y progesterona.

> *Puede aumentar el riesgo de cáncer de mama* si se utiliza la THS durante espacios de tiempo prolongados (diez años o más). También puede aumentar el cáncer de útero, en concreto de endometrio.

> *La terapia sólo con estrógenos* eleva el riesgo de padecer cáncer de endometrio (útero), situación que no se produce cuando la terapia incluye estrógenos y progesterona.

Sabías que...

Los beneficios de la THS pueden manifestarse incluso hasta diez años después de haber recibido este tipo de tratamiento.

[ÚLCERA DE ESTÓMAGO]

¿QUÉ ES?

Las úlceras de estómago las padecen sobre todo los hombres y en menor medida las mujeres. Básicamente consisten en «un nicho» que se forma lentamente en la pared interna del estómago o del duodeno. En las personas jóvenes es más frecuente en el duodeno, y en las mayores en el estómago. El desarrollo del «nicho» es el resultado de un desequilibrio entre los ácidos de la pared del estómago y/o intestino, y las defensas que las protegen frente a los ácidos. Por eso hace falta una cierta predisposición para desarrollar la úlcera, bien porque la predisposición hace que se formen muchos ácidos o porque elabora pocas defensas. Hoy también se sabe que muchas úlceras se deben a la actividad de una bacteria, el *Helicobacter pylori*. Las personas que tienen este germen pueden eliminar la úlcera con tres semanas de tratamiento. Para evitar la excesiva formación de ácidos o disminución de las defensas tenemos una serie de alimentos «prohibidos» como ahumados, picantes, exceso de carne o pescado, embutidos, grasas animales y frituras, café, té, tabaco, alcohol, bebidas gaseosas y comidas calientes o frías. Se recomiendan alimentos como la zanahoria, col, alfalfa, regaliz, tapioca y avena, entre otros.

TRATAMIENTO

› **Zumo de col.** Emplearemos dos o tres coles de tamaño medio. Basta con licuarlas para extraer su zumo y conservarlo en un tarro de cierre hermético o de rosca, y en un lugar oscuro. Se toma 4 o 5 veces al día un vaso de este zumo y el dolor y las molestias desaparecerán con cierta rapidez, al tiempo que las úlceras sanarán lentamente en varias semanas. Estos efectos se atribuyen a la vitamina U que tiene la col.

› *Receta para la úlcera de estómago, el ardor y la acidez.* Se coge una hoja verde de col, del tamaño de la palma de la mano, 5 bayas de enebro y un cacahuete sin tostar, crudo. Hay quien además le añade 5 piñones. Se machaca todo bien en el mortero, se cubre con medio vaso de agua, se tapa y se deja macerar toda la noche. A la mañana siguiente se cuela y se bebe en ayunas durante 9 días seguidos, se descansa 3 días, se repite otros 9, se vuelve a descansar 3, y se hace 9 días más. Un total de 3 novenarios. Una vez completado el ciclo se puede tomar 9 días todos los meses o, por lo menos, 9 jornadas en cada cambio de estación (cuatro veces al año).

› *Patata cruda.* Cuando tengas dolor de estómago y sobre todo acidez, toma un par de trocitos de patata cruda. La patata contiene muchas sustancias que neutralizan los ácidos productores del dolor, además de poseer un cierto efecto sedante (tiene benzodiacepinas) y suavizante. También puedes utilizar el jugo de patata cruda antes de las comidas para evitar una posterior acidez.

› *Jugo de caracoles.* Se purga una docena de caracoles durante una semana y luego se ponen en un vaso de agua durante toda una noche. A la mañana siguiente, en ayunas, se toma el jugo que han desprendido con la ayuda de un poco de agua. No se debe ingerir ningún alimento durante hora u hora y media.

› *Jarabe de caracoles.* Después de purgar los caracoles, se colocan en capas en un vaso, alternando capas de azúcar y capas de caracoles. La cantidad de azúcar debe ser algo mayor que el peso de los caracoles. Se deja un día en maceración y al día siguiente se pasa por un colador y se filtra poco a poco. El azúcar disuelve los caracoles y lo que queda es un jarabe listo para tomar. Se toma una cucharada sopera del jarabe en ayunas. Aunque este preparado puede parecer poco atractivo, no tiene mal sabor y, además, sus resultados son sorprendentes, incluso en casos graves y de mucha necesidad.

› *Jugo de col y patata.* Se utiliza 1 col y 3 patatas. Su elaboración es muy simple: se licúan los ingredientes, por separado y sin mezclarlos, y se guardan los jugos en tarros con cierre hermético en un lugar fresco y oscuro (frigorífico), aunque es preferible que no dure, cada jugo, más de un día. Tomar un par de cucharadas de cada uno antes de las comidas, con el estómago vacío. Las úlceras no tardan más de 3 semanas en cicatrizar.

› *Infusión de orégano, tomillo y menta.* Utilizaremos dos cucharadas de miel en rama, otras dos de orégano, dos más de tomillo, dos de menta y dos de anises. Sobre un paño o papel se revuelven y mezclan las hierbas. Después de comer y después de cenar se prepara una infusión con una cucharada sopera de la mezcla de hierbas que se añade a un vaso de agua hirviendo. La úlcera va cicatrizando lentamente en unas semanas.

› *Infusión de manzanilla* y mora. Se coge una cucharada sopera de manzanilla y unas gotas de anís de moras. El anís de moras se elabora por octubre, cuando se recogen las moras (basta con echar a una botella de anís 3-4 puñados de moras y dejarlas macerar un par de meses hasta que el anís adquiera un color tipo coñac). Después de la comida y/o de la cena, según el gusto de cada uno, se toma una infusión elaborada con una cucharada sopera de manzanilla y unas gotas del anís de moras.

Prevención

En la vida diaria hay que aprender a relajarse ya que el nerviosismo, el estrés y los ruidos facilitan la formación excesiva de ácidos. Las preocupaciones, enfados e incluso el aislamiento favorecen la formación de la úlcera.

Sabías que...

Siempre que podamos y nos apetezca, consumiremos regaliz en cualquiera de sus variedades para ayudar a cicatrizar la úlcera y sobre todo aliviar sus molestias.

[UÑAS]

¿Qué son?

Las uñas están formadas por queratina, sustancia dura y carente de sensibilidad, muy similar a la que se presenta en el pelo. Con las uñas protegemos parte de las puntas de los dedos y podemos realizar una mayor cantidad de funciones. Son pues un elemento de protección que debemos cuidar. Por esta razón, las uñas, que crecen aproximadamente un milímetro a la semana, no deben ser muy largas, lo aconsejable es dos milímetros por delante del dedo. Su extremo puede terminar en una discreta punta, aunque lo ideal es la forma plana.

Tratamiento y prevención

› **Las uñas no se pueden pintar todos los días** ya que están formadas por células que necesitan respirar, y si las pintamos todos los días corremos el riesgo de asfixiarlas y producir debilidad y otras lesiones. Hay que darles reposo de vez en cuando sin someterlas al pintado constante, que además de no permitir una buena respiración, las inunda de productos químicos, algunos de ellos tóxicos.

› **Para fortalecerlas** podemos sumergirlas, una vez por semana, en un poco de aceite de oliva o de ricino durante 10 minutos. Efectos muy similares se pueden conseguir si clavamos las uñas en una cebolla cortada durante un mínimo de 5 minutos. Si tomamos ensalada de pepino y perejil todos los días dejarán de quebrarse y abrirse en capas.

› **Cortar las uñas** de forma recta, tratando de dar la menor forma curva que sea posible. De esta manera evitamos, sobre todo, el riesgo de uña incarnata, uñeros y otras lesiones. Es mejor utilizar la lima que las tijeras para reducir el tamaño de las uñas.

› **Uñas fuertes.** Si queremos tener las uñas fuertes y bellas podemos aplicarnos cada noche un poco de infusión de rosas con limón. Para elaborarla basta con añadir a un litro de agua hirviendo 40 gramos de pétalos de rosas y el jugo de un limón. Dejar reposar 15-20 minutos y luego embotellar y guardar en lugar seco y oscuro. Otro sistema para conseguir uñas fuertes y duras es tomar a diario una cucharadita de semillas de sésamo con la comida.

› **Si se usa esmalte de uñas** hay que dejar de aplicarlo durante unos días, de vez en cuando, ya que el esmalte deshidrata las uñas y las vuelve quebradizas.

› **Para que el color no dañe las uñas** conviene dar primero una fina capa incolora o base de esmalte sobre ellas y, una vez seca, aplicar el color.

› **Cuidado con la manicura,** y sobre todo cuando se trabaja sobre las cutículas dispuestas encima de la matriz o raíz de la uña (la zona blanca situada al inicio de la uña). Si la manicura es agresiva puede lesionar la matriz y dar lugar a estrías en las uñas que ya nunca desaparecerán, aunque podemos disimularlas con una capa de esmalte específico antes de pintarnos las uñas. El esmalte trata de homogeneizar la superficie.

› **Si nos mordemos las uñas** podemos utilizar una sustancia que rápidamente nos quitará esta costumbre. Se llama acíbar y puede adquirirse en polvo. Basta con frotar los dedos con un algodón impregnado en el acíbar. Su sabor es tan amargo que no tardaremos en cambiar de hábitos.

Sabías que…

Si queremos que nuestras uñas crezcan fuertes y vigorosas, las cortaremos siempre que haya luna llena o creciente y no lo haremos cuando sea menguante o decreciente.

[UÑAS MANCHADAS
Y QUEBRADIZAS]

¿QUÉ SON?

La actividad diaria facilita que un buen número de agresiones afecten a las uñas como el uso de detergentes, lejías, fumar, abrir una botella o una cerradura, colorantes para las uñas, la propia manicura o una alimentación inadecuada. Son muchos los factores que facilitan la aparición de manchas en las uñas, o bien propician su deshidratación y en consecuencia las vuelven frágiles. Veamos algunos remedios para tratar con eficacia estas situaciones.

TRATAMIENTO Y PREVENCIÓN

› *Para eliminar las manchas amarillas de la nicotina* debemos introducirlas durante unos minutos en un vaso de agua con tres cucharadas de vinagre. Seguidamente se frotan con suavidad con un algodón. Se puede repetir este remedio una vez por semana.

› *Para eliminar cualquier mancha o suciedad* se moja una gasa o algodón en agua oxigenada y luego se pasa por la superficie de las uñas durante unos segundos.

› *Pepino para las uñas quebradizas.* Para las uñas rotas o quebradizas tenemos a nuestra disposición un remedio sencillo, barato y muy eficaz. Durante varias semanas tomaremos medio vaso diario de zumo de pepino con una cucharada de harina de avena. Otra fórmula consiste en tomar todos los días un vaso de zumo de pepino, zanahoria y lechuga. Con ello aportamos minerales imprescindibles para las uñas e incluso para la piel (que también mejorará con este remedio).

› *Azúcar y limón para uñas manchadas o rugosas.* Se elabora una pasta con una cucharada de azúcar blanca y unas gotas de zumo de limón. Luego se frotan las uñas con esa pasta durante 5 minutos y se limpia con agua caliente. Hay que repetir este remedio durante varios días seguidos, hasta notar mejoría en las uñas.

› *Uñas quebradizas.* Es imprescindible tenerlas un poco cortas para que no se rompan con tanta facilidad. Además todos los días hay que tomar alguno de estos alimentos: cacahuetes, lentejas o coliflor, pues contienen minerales imprescindibles para dar cuerpo y dureza a las uñas. Las uñas frágiles suelen delatar falta de calcio y magnesio, elementos imprescindibles para su integridad. Por eso hay que consumir también alimentos ricos en estos minerales como los citados anteriormente o bien espinacas, pescado y cereales integrales.

› *Aceite de oliva.* Un pequeño masaje con aceite de oliva ayuda a devolver el grado de hidratación ideal para las uñas y con ello se vuelven más resistentes ante los traumatismos. Para realizar el masaje sólo hay que poner una gota en un extremo de la uña y otra en el otro lado. Luego se frota de arriba abajo y de abajo arriba hasta que el aceite se absorba por completo.

› *Cola de caballo para conseguir dureza.* Una vez por semana se elabora una infusión con cola de caballo (una cucharada de la planta seca por cada taza de agua hirviendo) y, cuando no queme, se sumergen las uñas en la infusión durante 2-3 minutos.

› *Uñas abiertas o quebradizas.* Esta situación suele ser sinónimo de deshidratación de las uñas. Para resolver el problema no hay que pintárselas durante 3 semanas, se cortan con unas tijeras curvas y se dejan sin limar. Luego, todas las noches, se aplica un poco de aceite de oliva y se extiende de arriba abajo hasta que se absorba. Pasadas las 3 semanas observaremos una notable mejoría.

SABÍAS QUE...

El esmalte deshidrata las uñas con facilidad y las vuelve quebradizas. Por esta razón no podemos utilizarlo de forma continuada, sino descansar un par de días todas las semanas.

[UÑEROS]

¿Qué son?

Los uñeros, uñas incarnatas y panadizos, son inflamaciones de los tejidos que rodean a la uña o se encuentran cercanos a ella. Al tratarse de un proceso inflamatorio suele acompañarse de enrojecimiento de los tejidos afectados, ligera tumefacción, dolor y, en ocasiones, acumulación de pus. Los factores que con mayor frecuencia facilitan la aparición de uñeros son una manicura o corte de uñas agresivo, la existencia de pellejos cerca de la uña, el crecimiento de la uña hacia el interior del borde hasta incrustarse en los tejidos subyacentes (uña incarnata, proceso más frecuente en las uñas de los pies, sobre todo en el dedo gordo), uñas largas que «raspan» e hieren los tejidos cercanos, la falta de limpieza permitiendo el crecimiento de piel próxima deshidratada y descamada y, por supuesto, pequeños traumatismos y cortes de piel en las proximidades de las uñas. Cuando la inflamación se extiende a los tejidos cercanos a la uña y aparecen con un color rojizo, ligeramente elevados y dolorosos, hablamos de panadizo.

Tratamiento

› **Para evitar los uñeros** y las uñas incarnatas, una vez cada dos días aproximadamente limaremos la cara superior o externa de las uñas para que sean más finas y «maleables». De esta forma pueden crecer de una manera plana y guiarse más fácilmente por el canal de los bordes, y salir hacia delante en lugar de «clavarse». A la hora de limar hay que hacerlo de arriba abajo y no transversalmente. Un consejo: minutos antes de limar aplicaremos sobre la uña unas gotas de limón (con ello se ablandará y los resultados serán mejores).

> *Para eliminar los pellejos de piel* aplicaremos sobre ellos, cada noche, un poco de vaselina y luego un pequeño masaje de arriba abajo. En pocos días todos ellos habrán desaparecido.

> *Sello de salomón contra los uñeros.* Cuando tengamos un uñero colocaremos sobre la uña, dos veces al día, un rizoma cocido y hecho puré de sello de Salomón. En un par de días el problema estará casi resuelto.

> *Infusión de tomillo.* Es una forma sencilla de facilitar la curación del uñero y eliminar el pus que provoca la mayor parte de los síntomas. Se elabora una infusión de tomillo (una cucharada de la planta por taza de agua hirviendo) y se sumerge el dedo afectado en ella durante 5 minutos. Con la misma infusión se repite el proceso cada hora durante 4-5 horas.

> *Pasta de pan, leche y yema de huevo.* Éste es otro remedio muy útil para tratar las molestias propias de los uñeros, uña incarnata o panadizos. En un plato se mezcla un poco de leche caliente, migas de pan y la yema de un huevo. Se remueve hasta formar una pasta homogénea y luego se aplica un poco sobre la zona afectada. Hay que renovar la pasta cada media hora hasta un total de cuatro veces. Se puede repetir el remedio 2 veces al día si es necesario.

> *Cataplasma de zanahoria.* Además de ser útil para eliminar los uñeros, revitaliza la piel afectada. Se pela y se limpia una zanahoria mediana, se ralla y se machaca hasta formar una pasta que aplicaremos sobre la zona afectada 2-3 veces por la mañana (15 minutos cada vez) y otro tanto por la noche.

> *Una rodaja de limón* para eliminar las molestias de los uñeros. Antes de acostarnos cortaremos un trocito de limón que colocaremos sobre la zona afectada sujeto con una gasa o venda hasta la mañana siguiente. Repetir el proceso los días necesarios hasta que desaparezcan las molestias.

Prevención

Cortar las uñas siempre de forma recta o con una discreta curva; utilizar con más frecuencia la lima en lugar de las tijeras; eliminar con cuidado los pellejos de piel; en el caso de los pies utilizar calzado ancho, transpirable y con poco tacón (para que los dedos no se encuentren «a presión»). No olvidemos que los calcetines deben ser de algodón o similar.

Sabías que...

En una uña incarnata nunca hay que intentar cortar la parte de uña incrustada en la piel. Ayudaremos a que crezca hacia delante, ya que, una vez que salga del borde, no molestará.

[URTICARIA]

¿QUÉ ES?

La urticaria es una reacción brusca y exagerada de nuestras defensas (es una manifestación alérgica) que se presenta en forma de pequeñas placas ligeramente elevadas de color rosado y acompañadas de picor. Generalmente se debe al contacto con alguna sustancia a la que somos alérgicos, al consumo de alimentos e incluso como consecuencia del frío o del calor. La urticaria es la tercera manifestación alérgica más frecuente en España y afecta a casi el 5 % de la población, es más frecuente en mujeres que en hombres, sobre todo entre los 15 y 30 años. La mayoría de los casos de urticaria están relacionados con el consumo de marisco, ciertos metales y algunos compuestos cosméticos. Quizá por esta razón la urticaria es más frecuente en las mujeres (metales de las joyas y complementos de los vestidos; cosméticos diversos y numerosos).

Véase también *Prurito*.

TRATAMIENTO

› **Cubitos de hielo.** Se frota suavemente con unos cubitos, introducidos en una bolsita, la zona de piel afectada. Con el frío conseguiremos que los vasos sanguíneos disminuyan su grosor y de esta manera disminuye la actividad de la histamina, sustancia química responsable del picor, y de las células que lo producen.

› **Aceite de almendras y lavanda.** Utilizaremos 100 centímetros cúbicos de aceite de almendras dulces y 60 gotas de esencia de lavanda. La almendra dulce colabora con el sistema inmunitario, lo dota de equilibrio y evita la formación de habones. Para preparar el ungüento ponemos en un frasco pequeño la mitad del aceite de almendras, se agregan las gotas de lavanda y después el resto de aceite de almendras. Se cierra el frasco, se agita bien y se guarda. Se aplica sobre las zonas afectadas 2-3 veces al día. Este aceite no deben emplearlo las personas sensibles al aceite de lavanda o espliego, los que tengan problemas alérgicos respiratorios y los niños menores de 8 años.

› **Rodaja de cebolla.** Se corta una cebolla grande y se separa una rodaja de la parte central, la más ancha. Luego se coloca directamente sobre la piel afectada y se fija con una venda. Si la zona de piel afectada es amplia, en lugar de aplicar la loncha, frotaremos la piel con ella, sin apretar, durante varios minutos.

› **Agua con bicarbonato.** Éste es un remedio especialmente indicado para los casos en los que el picor está muy extendido, casi por todo el cuerpo. Se prepara un baño de agua caliente y se le añade una taza de bicarbonato sódico. Se remueve el agua y nos introducimos en ella durante no más de quince minutos.

› **Leche de magnesia.** Es un producto fácil de encontrar en los establecimientos de dietética y herboristerías. Tiene muchas aplicaciones y una de ellas es contra los picores. Basta con aplicarla directamente sobre las zonas afectadas y las molestias desaparecen en poco tiempo. Puede repetirse su empleo las veces que se considere necesario.

› **En urticarias generalizadas** también puede dar buenos resultados el consumo de infusiones sedantes o tranquilizantes como la tila, manzanilla o valeriana. Se toman estas infusiones con una frecuencia de 2-3 veces diarias acompañando a las comidas principales del día.

Prevención

Lo mejor es evitar las causas que desencadenan la urticaria como los alimentos que producen cierta alergia, las picaduras de insectos y las situaciones emocionales como el estrés, la angustia o la ansiedad. A la hora de prevenir la urticaria el calcio actúa como un gran aliado. Para ello aconsejamos tomar con frecuencia fuentes de calcio como la ortiga que puede utilizarse en forma de ensalada o sopas. La ensalada de ortigas y limón supone un gran aporte de vitamina C y de calcio. No debemos utilizar prendas de material sintético. Hay que evitar las bebidas excitantes como el café, el té y los refrescos de cola.

Sabías que...

En caso de urticaria y picor hay que reducir al mínimo el rascado ya que de lo contrario las lesiones y erosiones de la piel serán mayores y con muchas probabilidades de infección.

[VAGINA]

¿QUÉ ES?

La vagina es un conducto musculomembranoso que comunica el útero con el exterior. Por su proximidad con la piel de la superficie corporal, sobre todo las ingles y la región anal, la llegada de gérmenes hasta aquí es más que probable. Para defenderse cuenta con glándulas de secreción mucosa y una serie de bacilos que hacen difícil la proliferación de gérmenes en esta zona. Sin embargo, una sudoración excesiva en esta zona, los cambios propios de la edad (atrofia de las glándulas, desaparición de parte de los bacilos protectores), disminución de la efectividad del sistema inmunitario o tratamientos prolongados con antibióticos, hacen más fácil el crecimiento de los gérmenes y la aparición de vaginitis o inflamaciones de la vagina. Esta enfermedad se caracteriza por presencia de picor, abundantes secreciones líquidas y ligero enrojecimiento de la zona. La patología más frecuente es la denominada candidiasis vaginal o vaginitis por *Candida albicans*, inflamación generada por un hongo ampliamente distribuido por todo el cuerpo.

Véase también *Infecciones urinarias*, *Cistitis* y *Candidiasis*.

TRATAMIENTO

› *Infecciones vaginales.* En general, para la mayor parte de las infecciones vaginales, nos resultarán muy útiles los baños de salvia. Para practicarlos basta con añadir 3-4 gotas de esencia de salvia al bidé lleno de agua caliente, remover y lavar la región genital durante 5 minutos. Repetirlo dos veces al día.

> **Cambios en la dieta.** Durante la infección hay que mantener unos días, no más de tres, un ayuno de alimentos sólidos y tomar sólo fruta como uva, manzana, piña, naranja, zanahoria; zumos de frutas o de verduras, agua mineral, infusiones como las de manzanilla, romero, menta poleo y comer diariamente dos yogures naturales con bífidus. Durante unas semanas hay que excluir todos los alimentos que incluyan levaduras como pan, harina refinada, pizzas, pastas, productos lácteos (salvo el yogur que debe ser bio), alimentos dulces o vino. Tampoco se debe beber café o alcohol.

> **Ajo.** Tomar cada día 2-3 comprimidos de ajo para potenciar la actividad del sistema inmunitario (no en caso de problemas gastrointestinales). Esta misma recomendación puede realizarse con la cebolla o el perejil, ya que ambos son potentes antisépticos. Además tomar comprimidos vaginales de vitamina C.

> **Yogur en la región vaginal.** Dos veces al día, mañana y noche, aplicar un poco de yogur de leche pura de cabra (dos cucharaditas por aplicación) en la región vaginal. Para su perfecta aplicación puede colocarse un tampón previamente impregnado en el yogur. Si utilizamos yogur natural de leche de vaca no se consiguen tantos beneficios como con el de cabra pero sí, cuando menos, aliviar las molestias, ya que ayuda a recuperar la flora bacteriana o bacilos propios de esa zona que sirven como elementos defensivos.

> **Úlceras vaginales.** Para combatir este tipo de heridas, además de utilizar yogur de leche de cabra o de vaca, recomendamos realizar baños de asiento con una infusión de caléndula sin diluir en agua. Para prepararla, la proporción es de una cucharadita de la planta seca por cada taza de agua hirviendo. Echar directamente en el bidé. Practicar este remedio dos veces al día.

> **Baños con infusión de malvavisco.** Están especialmente indicados contra los hongos o candidiasis vaginal. Se realizan dos lavados genitales añadiendo una infusión concentrada (una cucharada de la planta en una taza de agua hirviendo) al agua templada del bidé. Mantener los baños durante un mínimo de dos semanas, en días alternos.

> **Papilomas.** Las verrugas en genitales o papilomas se tratan con saliva de primera hora de la mañana, sin habernos lavado los dientes. Nos enjuagamos la boca con agua y posteriormente hacemos saliva para aplicarla en las zonas afectadas.

PREVENCIÓN

No utilizar ropas ajustadas, las prendas que van a estar en contacto con la piel deben ser de algodón para facilitar la transpiración y reducir la producción de sudor y la humedad. Mantener una buena higiene diaria de la zona, sobre todo en edades avanzadas; consumir más de dos litros de agua o líquidos al día (zumos); incrementar el consumo de alimentos con fibra (los de tipo integral, frutas y verduras); reducir el consumo de café, té o alcohol, así como el de dulces, bollería industrial y azúcar refinada o blanca.

SABÍAS QUE...

Cerca del 40 % de las mujeres sufre una infección vaginal por hongos en algún momento de su vida y, el 70 % de estas mujeres, más de una vez.

[VARICES]

¿QUÉ SON?

Las varices son el resultado de la dilatación de las venas por la acumulación de sangre en su interior, sangre estancada que circula lentamente. Aunque se pueden producir en cualquier parte del cuerpo, las más frecuentes son las de las extremidades inferiores. Las sufren sobre todo las mujeres. Esto se debe a que la sangre tiene dificultades para ascender al corazón y, al estancarse en las piernas, dilata las venas (ya sean internas o externas) y aparecen las molestias en forma de hormigueos, calambres, dolor, pesadez... La dificultad al paso de la sangre es muy variada según los casos: embarazo, estreñimiento de larga duración, estar mucho tiempo «de pie»... La eliminación definitiva de las varices requiere tratamiento quirúrgico, generalmente sencillo, aunque podemos evitar su desarrollo y las molestias. Es fundamental evitar los factores que aceleran las varices como estar mucho tiempo de pie, el estreñimiento y, si no nos queda otro remedio, proteger las piernas con el uso de medias especiales (sobre todo para camarcros, dependientas, taxistas, embarazadas).

TRATAMIENTO

› **Dormir con una almohada,** cojín o similar debajo de las piernas para facilitar una cierta elevación de las mismas y el retorno de la sangre hacia el abdomen y corazón.

› **Compresas de agua fría.** Son muy útiles para eliminar las molestias después de un paseo prolongado o haber estado mucho tiempo de pie. El agua fría disminuye el tamaño de las varices y con ello la sensación de pesadez, calambres, hormigueos e incluso el dolor. Un buen hábito para reducir las varices es bañar las piernas en el bidé, con agua fría, tres veces por semana o en días alternos.

> *Infusión de hamamelis.* Al igual que el vinagre de manzana, tiene efecto constrictor y disminuye el tamaño de las varices, así como su apariencia. Extenderemos en las varices, por la mañana y por la noche, un poco de extracto destilado de esta planta que podemos comprar en herboristerías.

> *Vinagre de manzana.* Con una gasa mojada en este vinagre masajearemos las varices, en sentido ascendente, dos veces al día, mañana y noche. El vinagre ejerce un cierto efecto constrictor que reduce la apariencia de las varices.

> *Baño con infusión de diente de león.* Preparar la infusión con 40 gramos de la planta en un litro de agua hirviendo; dejar enfriar y colarlo. Con este líquido frotamos suavemente las zonas afectadas por las varices, 2-3 veces por semana o con mayor frecuencia si las molestias son intensas.

> *Jugo de castaña de indias.* Cogemos 125 gramos de castañas de Indias que debemos pelar y machacar. Seguidamente las introducimos en un frasco con medio litro de alcohol o aguardiente, lo cerramos y lo dejamos reposar, en un lugar seco y oscuro, durante quince días. Pasado este tiempo se filtra y se cuela. Diariamente tomaremos, tres veces al día, un poco de agua con 15 gotas de este líquido (mejor si coincide con las comidas principales del día).

> *Kiwi con salvado de trigo.* Todos los días, por la mañana y por la noche, tomaremos un zumo de kiwi (basta con medio vaso) al que añadimos una cucharada de salvado de trigo. Con ello evitamos factores de riesgo como el estreñimiento y facilitamos la circulación de la sangre.

› *Jugo de ajo con aceite.* Sólo necesitamos tener a mano 6 ajos cortados a lo largo, 1 litro de aceite de oliva de primera presión (unas 3 cucharadas soperas) por cada diente de ajo, en este caso 6, y el zumo de medio limón. Para preparar el jugo se mezclan todos los ingredientes en un frasco y se deja macerar durante 24 horas. Nos untamos los dedos índice y corazón en el aceite y nos lo aplicamos en el recorrido de la vena mediante masajes ascendentes. Este jugo nos ayudará a eliminar dolores y molestias en las varices. Debemos tener cuidado al aplicarlo, ya que si lo realizamos con fuerza podemos aumentar las molestias. También conviene vendar la zona. Este remedio se puede combinar con la maceración de castañas de Indias. También se puede llevar uno de estos frutos en el bolsillo o en el sujetador, en la canal; esto es lo que hacían nuestras abuelas y les iba de maravilla. Este remedio es muy efectivo incluso para tratar las flebitis más dolorosas.

› *Aceite de almendras y ciprés.* Se mezclan dos cucharadas de aceite de almendras, una de esencia de hojas de ciprés, otra de esencia de limón y una más de menta en un frasco pequeño, se cierra y se agita bien. El resultado es un tónico refrescante, por la menta, y nada irritativo por el limón. Para aplicarlo se extiende en la zona donde están las varices y se da un masaje suave para activar la circulación.

PREVENCIÓN

Evitar la ropa ceñida, los cinturones apretados y los *panties*; evitar el sedentarismo y practicar con regularidad algún tipo de actividad física (incluido bailar). Controlar el peso y reducir en lo posible los kilos de más; disminuir el consumo de comida muy refinada, con pocos alimentos crudos e integrales, así como la grasa de origen animal, la sal y las frituras; evitar el calor ya sea del sol, calefacción, baños calientes o la depilación a la cera. Reducir el tabaco, el uso de zapatos con tacón alto (no más de 5 centímetros) y las medias con ligas. Hay que tratar las enfermedades que predisponen como el estreñimiento, los problemas de riñón o de hígado.

Sabías que...

El exceso de actividad física también puede facilitar la aparición de varices si los músculos de las piernas, por su elevada potencia, estrangulan parte del recorrido de las venas.

[VERRUGAS]

¿Qué son?

Las verrugas son pequeños relieves que aparecen en la piel y que son el resultado, generalmente, de la proliferación de los elementos cutáneos más superficiales (células muertas). Su proliferación se ve impulsada por factores muy diversos entre los que destacan la herencia familiar (genes) y algunos virus. Aparecen de forma múltiple (varias al mismo tiempo) y se localizan sobre todo en las zonas expuestas de la piel: manos, cuello, cara o pies. Suelen ser redondas, aunque en la cara las más frecuentes son afiladas y en el cuello presentan como un pequeño tallo. En el pie son características las de aspecto plano, que desde la planta se dirigen hacia el interior y producen dolor. Otras verrugas muy especiales son los papilomas que aparecen en los dedos de las manos o en los pies, con un aspecto pequeño, hemisférico, en número de tres o cuatro y están formados por virus, por eso no deben rascarse, ya que hay riesgo de que los virus desarrollen nuevas verrugas en zonas cercanas.

Tratamiento y prevención

› *Jugo fresco de diente de león.* Ésta es una planta perenne, de flores amarillas y hojas recortadas con aspecto de dientes de león. Si cortamos su tallo brota inmediatamente un líquido blanco que podemos aplicar sobre las verrugas directamente. Repetirlo dos o tres veces al día. En pocas semanas casi han desaparecido. También se puede aplicar el jugo que desprende el tallo de Celidonia cuando lo cortamos, con cuidado de que no toque la piel, pues podría quemarla.

› **Jugo fresco de higuera.** Cuando separamos el fruto de la rama de la higuera se desprende un líquido lechoso que podemos utilizar para reducir las verrugas. Al igual que en el caso del jugo de diente de león, se aplica esta leche sobre la verruga todos los días, dos o tres veces, hasta conseguir que desaparezca.

› **Ajo cortado.** Existen numerosos remedios con ajo para eliminar las verrugas. Uno de ellos consiste en cortar un ajo por la mitad, de extremo a extremo y luego colocar una de las mitades encima de la verruga. Se sujeta con un esparadrapo y esperamos media hora. Luego se retira el esparadrapo y el ajo. Repetir todos los días hasta que se caiga la verruga o desaparezca. Otro método consiste en cortar un ajo por la mitad y frotarlo durante un par de minutos sobre la verruga. Practicarlo una vez al día y en pocos días desaparecerá. También se puede cortar la primera rodajita de la parte de la raíz, apretar y untar ese jugo en la verruga; no falla nunca. Se puede hacer lo mismo con semen, se tiene toda la noche y a la mañana siguiente se retira. Se repite una vez a la semana durante 3 semanas.

› **Aspirina y vaselina.** Este remedio es muy eficaz cuando las verrugas son escasas y de tamaño muy grande. Se coge una aspirina y se tritura con una cuchara, se mezcla con vaselina hasta hacer una pasta. Untamos la verruga bien con un cuarto de la mezcla, la tapamos con una tirita y lo renovamos cada día hasta que la verruga desaparezca.

› **Aceite de ricino.** Sobre una tirita se vierten un par de gotas de este aceite y se aplica sobre la verruga durante media hora. Pasado este tiempo se quita. Se repite la operación tres veces al día.

Tintura de tuya. Puede adquirirse en herboristerías. Con cuidado se pinta la verruga con esta tintura dos veces al día, mañana y noche. Lentamente la verruga desaparecerá.

› *Babosa.* Si tenemos muchas verrugas en las manos y en los pies, incluso en la planta, podemos coger una o dos babosas o limacos, según la cantidad de verrugas, y frotar la zona dejando baba en cada una de ellas. Después se atraviesa la babosa con un palo y se esconde bajo una piedra. Luego debemos cubrirnos con unos guantes o unos calcetines, según donde se encuentren las verrugas y lo mantenemos así 24 horas, sin lavarnos. En un espacio de 20 a 60 días irán desapareciendo las verrugas poco a poco.

› *Romero.* Se hierve medio plato de romero en medio litro de aceite de oliva virgen de primera presión en frío a fuego lento durante 5 minutos, se filtra y se le añaden 75 gramos de cera virgen. Una vez que esté frío se puede aplicar hasta que las verrugas desaparezcan.

› *Sangre de menstruación.* Si todos los remedios anteriores nos han fallado podemos hacer lo que hacían las abuelas con sus nietos. Cuando éstos estaban dormidos les aplicaban sangre de menstruación en la verruga y la tenían tapada toda la noche con una tirita o una pequeña venda. A la mañana siguiente, al levantarse, cogían al nieto, le quitaban el apósito y les lavaban la zona. Esto lo repetían durante varias noches. De un ciclo al siguiente solían desaparecer, y si no, lo repetían de nuevo.

Sabías que...

En general las mujeres son más propensas a padecer verrugas que los hombres. En bastantes casos, algunas de esas verrugas aparecen en los genitales externos.

[VESÍCULA BILIAR]

Qué es?

La vesícula biliar es una pequeña bolsa de color amarillo-verdoso que se encuentra debajo del hígado y se encarga de almacenar los jugos biliares que se producen también en el hígado. Cuando la grasa de los alimentos llega al intestino se liberan estos jugos para facilitar su absorción. Para almacenar la mayor cantidad de jugos biliares, la vesícula biliar les quita el agua, de tal forma que están concentrados. Esta concentración puede facilitar la formación de arenilla y piedras. De hecho, los cálculos o piedras de la vesícula es su enfermedad más frecuente y suelen producirse en personas obesas, mujeres, aquellas que han tenido varias gestaciones, mayores de edad, diabéticos y los que abusan de las comidas grasas. La actividad física regular es uno de los mejores preventivos de los cálculos biliares. Las personas que hacen media hora al día de ejercicio moderado tienen pocas probabilidades de presentar estos cálculos.

Tratamiento

› *Infusión de diente de león.* Utilizaremos una cucharada sopera de diente de león. Cuando tengamos molestias producidas por la vesícula biliar tomaremos dos o tres veces al día infusiones de diente de león. Ejerce cierto efecto diurético y además estimula levemente la actividad de la vesícula y evita el estancamiento de la bilis y la formación de cálculos.

› **Purga con aceite.** Basta con tener a mano medio vaso de aceite de oliva virgen de primera presión en frío, medio vaso de zumo de limón y una infusión de casia (un vaso de agua por cada 30 gramos de esta planta). Para preparar la purga se añade a la infusión de casia el aceite de oliva y el zumo de limón. Se toma la mezcla antes de ir a la cama. Esa misma noche hay que cenar pronto y ligero. Con este remedio purgamos la vesícula y evitamos la acumulación de jugos y la formación de arenilla. A veces el resultado es un poco molesto pero evita ulteriores problemas. Si se prefiere se puede practicar con la ayuda de un terapeuta.

› **Enema de café.** Se hace una infusión de café con una taza de agua y una cucharada de café. Se deja enfriar un poco para no quemarnos y luego lo introducimos en una pera de goma. Nos ayudaremos de un poco de aceite de oliva o de vaselina a la hora de aplicárnosla en el ano. Esto lo haremos recostados sobre el lado izquierdo del cuerpo, en posición horizontal. Hay que retenerlo al menos 15 minutos y luego ya se puede expulsar. Se puede hacer dos veces semanales durante seis semanas y repetirse cada vez que uno lo crea conveniente. Conseguiremos expulsar todos los residuos que se almacenan en el hígado y en la vesícula biliar.

› **Receta para los operados de vesícula biliar.** Macerar durante 10 días 1 litro de aceite de oliva virgen de primera presión en frío, 25 gramos de boldo, otros 25 de alcachofa y lo mismo de tomillo. A los 10 días se filtra y se toma en ayunas 1 cucharada sopera con el zumo de 1 limón. Este remedio se debe repetir toda la vida.

› **Insuficiencia biliar.** Se cogen dos pizcas de las siguientes plantas: fumaria, genciana, centáurea y boldo y se dejan en infusión 7 minutos con una taza de agua. Se toma una taza hasta mejorar.

› **Vesícula biliar (cálculos).** Se hace una infusión con una pizca de fumaria, otra de anís y otra de boldo. Se deja reposar 7 minutos y se toma una taza diaria hasta mejorar.

Prevención

Para evitar los problemas biliares hay que comer menos grasa, evitar las comidas copiosas, reducir el consumo de alcohol, distribuir las comidas en 4 o 5 al día y controlar el peso.

Sabías que...

Los jugos biliares se producen en el hígado a partir del colesterol y se almacenan en la vesícula biliar quitándoles agua, así ocupan menos volumen y están más concentrados. Gracias a estos jugos podemos, no sólo absorber las grasas en el intestino, sino además eliminar colesterol de la sangre o del hígado. Por eso tenemos que cuidar la vesícula biliar lo mejor posible.

[VIENTRE]

¿QUÉ ES?

La pared anterior del abdomen, el vientre, desde el esternón hasta la sínfisis del pubis, está constituida por tres músculos que se superponen uno a otro como si fuesen las hojas de una lechuga o de una cebolla. Estos músculos van desde casi la columna vertebral, por detrás, hasta las proximidades del ombligo por delante. De su tono o contracción mínima, en reposo, dependerá mucho la mayor o menor prominencia de esta región. En las personas con escasa actividad física y tono muscular bajo, la apariencia del vientre es mayor. Además, si se acumula grasa entre la piel y el músculo, la actividad de esta «faja muscular» es más débil y la prominencia será mayor. De forma temporal, otras veces, la prominencia del vientre se debe a la acumulación de gases, estreñimiento, retención de líquidos previos a la menstruación...

TRATAMIENTO

› *Practicar una actividad física* con cierta regularidad y en particular natación y gimnasia, para fortalecer los músculos abdominales y aumentar su tono muscular.

› *Ejercicios abdominales.* Con ellos tratamos de fortalecer los músculos del vientre. Uno de los más eficaces consiste en tumbarse en el suelo boca arriba con las rodillas encogidas. Se colocan los pies debajo del sofá u otro mueble que les impida moverse (también puede sujetarlos otra persona) y las manos unidas detrás de la cabeza. Desde esta posición trataremos de levantar el tronco para tocar con la cara las rodillas, se aguanta un instante en esta posición y se vuelve al suelo. Repetir el ejercicio, tranquilamente, 10 veces. Si se practica dos veces todos los días, enseguida notaremos los resultados.

> *Bolsa de plástico para eliminar grasa.* Mientras estemos en casa o cuando practiquemos una actividad física, podemos colocar una bolsa de plástico alrededor del abdomen, pegada a la piel, como si fuera una gran faja. Se puede coger una bolsa de basura, cortar los picos de los extremos y ponerla como si fuera un pantalón corto hasta por encima del ombligo. Encima de la bolsa siempre el chándal. Con este sistema conseguiremos aumentar el calor en esa zona y quemar mayores cantidades de grasa subcutánea.

> *Reducir la formación de gases.* Para ello resulta fundamental comer con tranquilidad, masticar bien los alimentos, no hablar mientras se mastica y reducir o evitar el consumo de bebidas con gas. No tomar alimentos que facilitan la producción de gases como la col, alcachofas o ajos asados. Acompañaremos las comidas con infusiones de manzanilla o tila, alternativamente.

> *Manzana y sandía.* Ambas frutas colaboran a reducir la retención de líquidos y también la formación de gases. Todos los días tomaremos, un par de veces, raciones, en distintas horas, de cualquiera de estas frutas.

PREVENCIÓN

Mantener el peso lo más cerca posible del ideal; tratar el estreñimiento si lo padecemos en algún momento; reducir el síndrome premenstrual en caso de sufrirlo (ver capítulo correspondiente); no abusar del consumo de alimentos con fibra (alimentos integrales, fruta); reducir la ingesta de alcohol y tomar con cierta frecuencia yogur con bífidus. Procurar mantener la espalda derecha, sin encoger los hombros (esta situación favorece la lordosis, aumento de la curvatura vertebral lumbar y una mayor prominencia del vientre). También es importante sentirse más relajado, reducir el estrés, la angustia y la ansiedad.

SABÍAS QUE...

En el caso de la mujer una de las zonas donde, por razones hormonales, se acumula grasa y líquidos con más facilidad es en el vientre.

[VÓMITOS]

¿QUÉ SON?

El vómito es un síntoma que se incorpora a muchas enfermedades distintas que provocan el vaciamiento brusco del estómago por la vía bucal. Considerando la frecuencia de las enfermedades que pueden facilitar los vómitos, de mayor a menor, podemos citar las alteraciones del aparato digestivo (sobre todo estómago e intestino), lesiones del oído interno (mareo), problemas cardíacos (angina de pecho e infarto), menstruación, enfermedades que se acompañan de fiebre alta, lesiones del sistema nervioso (como la meningitis, que suele producir vómitos «en escopetazo», sin náuseas) y embarazo. El vómito suele acompañarse de una serie de síntomas como pérdida de fuerza, palidez, sudoración, hipotensión arterial y aumento en la producción de saliva.

Véase también *Náuseas en el embarazo.*

TRATAMIENTO Y PREVENCIÓN

› *Infusiones de melisa, manzanilla y menta.* Si se producen vómitos con frecuencia debemos tener siempre a mano este remedio. En un recipiente añadir a partes iguales melisa, menta y manzanilla. Cada vez que notemos algún síntoma referido al vómito tomaremos una infusión preparada con una cucharada de la mezcla y una taza de agua hirviendo. También se puede tomar todos los días una infusión de la mezcla.

› *Chupar hielo.* Cuando se noten los primeros síntomas de que puede llegar el vómito, chuparemos un cubito de hielo lentamente. Esto, como mínimo, retrasa la aparición del vómito.

› **Si los vómitos son frecuentes,** además de consultar con el especialista, hay que guardar ayuno de alimentos sólidos y tomar con frecuencia compota de manzana y yogur bio, así como caldos e infusiones.

› **Bicarbonato sódico.** Las causas más frecuentes en el origen de los vómitos son los trastornos del aparato digestivo y en particular el exceso de ácidos. Por eso recomendamos tomar, con los primeros síntomas del vómito, una pizca de bicarbonato disuelto en un poco de agua.

› **Compresas frías y calientes.** Alternativamente se colocan sobre el vientre compresas mojadas en agua caliente (un par de minutos) y otras de agua fría (no más de un minuto). Si se practica al inicio de los síntomas podremos evitar el vómito.

SABÍAS QUE...

En muchos casos las náuseas y los vómitos representan el único síntoma que podemos observar en el curso de un infarto de miocardio.

ÍNDICE